PARLONS CAPVERDIEN

langue et culture

Collection **Parlons...**
dirigée par Michel Malherbe

Dernières parutions

Parlons bambara, I. MAIGA, 2001.
Parlons arabe marocain, M.QUITOUT, 2001.
Parlons bamoun, E. MATATEYOU, 2001.
Parlons live, F. de SIVERS, 2001.
Parlons yipunu, MABIK-ma-KOMBIL, 2001.
Parlons ouzbek, S. DONYOROVA, 2001.
Parlons fon, D. FADAIRO, 2001.
Parlons polonais, 2002,K. Siatkowska-Callebat.
Parlons navajo, Marie-Claude FELTES-STRIGLER, 2002.
Parlons sénoufo, Jacques RONGIER, 2002.
Parlons russe (deuxième édition, revue, corrigée et augmentée), Michel CHICOUENE et Serguei SAKHNO, 2002.
Parlons turc, Dominique HALBOUT et Gönen GÜZEY, 2002.
Parlons schwytzertütsch, Dominique STICH, 2002.
Parlons turkmène, Philippe-Schemerka BLACHER, 2002.
Parlons avikam, Jacques RONGIERS, 2002.
Parlons norvégien, Clémence GUILLOT et Sven STORELV, 2002.
Parlons karakalpak, Saodat DONIYOROVA, 2002.
Parlons poular, Anne LEROY et Alpha Oumar Kona BALDE, 2002.
Parlons lingala, Toloba lingala, Edouard ETSIO, 2003.
Parlons Purepecha, Claudine CHAMOREAU, 2003.
Parlons Mandinka, Man Lafi DRAMÉ, 2003

Fiche technique

Titre : Parlons capverdien, langue et culture

Auteur : Nicolas Quint

Consultant pour la langue capverdienne : Aires Semedo

ISBN : 2-7475-3763-3

Nicolas QUINT

PARLONS CAPVERDIEN

langue et culture

L'Harmattan
5-7, rue de l'École-Polytechnique
75005 Paris
FRANCE

L'Harmattan Hongrie
Hargita u. 3
1026 Budapest
HONGRIE

L'Harmattan Italia
Via Bava, 37
10214 Torino
ITALIE

OUVRAGES DE NICOLAS QUINT

Le parler marchois de Saint-Priest-la-Feuille (Creuse), Limoges, Éd. La Clau Lemosina, 1991.

Lexique créole de Santiago - français, Praia, Éd. de l'auteur, 1996.

Grammaire du parler occitan Nord-limousin marchois de Gartempe (Creuse), Limoges, Éd. La Clau Lemosina, 1996.

Una setmana a la bòria, Limoges, Éd. La Clau Lemosina, 1997.

Dictionnaire français - cap-verdien, Paris, Éd. L'Harmattan, 1997.

Les îles du Cap-Vert aujourd'hui, perdues dans l'immensité, Paris, Éd. L'Harmattan, 1997.

Le parler occitan alpin du Pays de Seyne, Paris, Éd. L'Harmattan, 1998.

Dicionário de caboverdiano-português, Lisbonne, Éd. Verbalis, 1998 (CD-rom/ papier).

Le parler occitan ardéchois d'Albon, Paris, Éd. L'Harmattan, 1999.

Dictionnaire cap-verdien - français, Paris, Éd. L'Harmattan, 1999.

Grammaire de la langue cap-verdienne, Paris, Éd. L'Harmattan, 2000.

Le capverdien : origines et devenir d'une langue métisse, Paris, Éd. L'Harmattan, 2000.

[en collaboration avec Mafalda Mendes, Fátima Ragageles & Aires Semedo], *Dicionário prático caboverdiano-português*, Lisbonne, Éd. Verbalis, 2002.

Traduction

Leo Tuor, *Giacumbert Nau* [traduit du romanche sursilvan] Lausanne, Éd. L'Âge d'Homme, 1997.

Aux soirs de grande sécheresse sur la terre,
lorsque les hommes en voyage disputent des choses de l'esprit
adossés à de très grandes jarres,
j'ai entendu parler de toi de ce côté du monde.
Saint-John Perse, *La gloire des Rois.*

Je dédie ce livre à Paul Teyssier, mon maître et ami, qui nous a quittés voici maintenant un peu plus d'un an. Il aimait le portugais et le créole, mais par dessus tout c'était le Savoir et la Science qu'il servait, avec rigueur, honnêteté et humanité. J'ose espérer que cet ouvrage lui aurait plu.

REMERCIEMENTS

Je tiens à remercier ici tous ceux qui m'ont aidé à élaborer cette méthode et en particulier :

- mon ami Aires Semedo, qui a relu avec moi l'ensemble des textes capverdiens et m'a largement fait profiter de ses compétences dans sa langue maternelle, le capverdien.
- François Post des éditions Africa Nostra, qui m'a si aimablement autorisé à publier les textes des chansons *Sodade* et *Petit Pays*.
- Martine Vanhove et Pierre Nougayrol, qui m'ont prodigué de nombreux et sages conseils pour parfaire la rédaction de mon texte français.
- Guillaume Segerer, qui a produit les cartes de l'ouvrage.
- Henry Tourneux pour son aide bibliographique.
- Christian Chanard et Jeanne Zerner, toujours prêts à venir à mon secours quand mon ordinateur ne se comporte pas comme je l'attendrais.
- le groupe d'étudiantes d'espagnol de l'Université de Caen qui ont suivi avec assiduité mes cours optionnels de capverdien au cours de l'année scolaire 1998-1999 et ont expérimenté les 10 premières leçons de cette méthode. Leurs remarques et leurs observations ont significativement contribué à l'amélioration de la présente version de ce livre.

***

Ce travail doit aussi beaucoup au soutien et aux encouragements de :

- Mari Paz et Élise-Marie, ainsi que tout le reste de ma famille.
- Adérito Semedo, qui fut mon premier professeur de créole.
- Mafalda Mendes, qui m'a toujours incité à aller de l'avant dans mes recherches sur le créole des îles du Cap-Vert.
- Gaby, toujours prêt à me replonger dans l'ambiance créole quand la *saudade* des Îles me prend.
- l'ensemble des Capverdiens que je fréquente depuis maintenant huit ans et en particulier ceux qui sont restés dans les Îles et que je suis si heureux de revoir à chacun de mes passages dans leur pays. Une pensée spéciale pour Mimita et sa famille.

***

Quant aux erreurs et imperfections qui de toute façon ont dû se faufiler dans cet ouvrage, je remercie d'avance les futurs utilisateurs de la méthode de me les signaler. Ils me permettront d'améliorer une éventuelle seconde édition.

INTRODUCTION

UNE MÉTHODE DE CAPVERDIEN : POURQUOI ? POUR QUI ?

Térra póbr, xei d'amor
"Un pays pauvre mais plein d'amour"
(chanson capverdienne sur le Cap-Vert)

Vous voulez apprendre le capverdien ? Vous avez bien raison. Le capverdien ou créole du Cap-Vert est la clé d'une culture déjà cinq fois centenaire, celle de la République du Cap-Vert. En connaissant le capverdien, vous pourrez apprécier davantage les chansons de Cesária Évora, comprendre ce que racontent les batouques, founanas et autres coladéras, toutes ces chansons et musiques que les Capverdiens exportent sans compter jusque dans nos contrées.

Et puis, et surtout, vous pourrez communiquer avec plus d'un million de Capverdiens, des îles ou des communautés émigrées, qui ont en partage le créole comme langue maternelle et quotidienne. Une langue fascinante, métisse, à la fois romane et africaine, qui vous semblera parfois familière et d'autres fois terriblement (il vaudrait mieux dire savoureusement) exotique, bref une langue qui mérite d'être apprise.

Cette méthode vise trois types de public :

- les débutants francophones désireux d'apprendre le créole. Cette méthode leur fournira des bases solides en langue capverdienne, ainsi que des éléments de civilisation.

- les Capverdiens d'origine ou de naissance vivant en pays francophone et n'ayant qu'une connaissance orale de leur langue. Le suivi régulier des leçons leur fournira les connaissances indispensables à la maîtrise de la grammaire et de la langue écrite capverdienne moderne.

- les simples curieux, qui veulent savoir quelque chose de la culture capverdienne, mais sans trop s'investir. Les textes de civilisation et le lexique thématique leur permettront une première approche en douceur, et leur donneront, j'espère, l'envie d'en apprendre plus.

Le capverdien n'est pas une langue particulièrement difficile pour un francophone et il est tout à fait possible d'arriver assez rapidement à un niveau d'expression correct. Cette méthode est là pour vous y aider. Un secret : la régularité. Vous apprendrez mieux le capverdien (et ceci est valable pour toute autre langue) à raison d'un quart d'heure par jour plutôt que de trois heures tous les quinze jours. Et évidemment vous apprendrez encore plus vite si vous cherchez à mettre en pratique vos connaissances avec vos amis capverdiens.

Il ne me reste plus qu'à vous souhaiter bon courage et à espérer que bientôt vous aussi vous parlerez capverdien **sima pó di téra**, *comme des îliens du cru*, ou plus littéralement "*comme les arbres du pays*".

CARTE 1. L'ARCHIPEL DU CAP-VERT

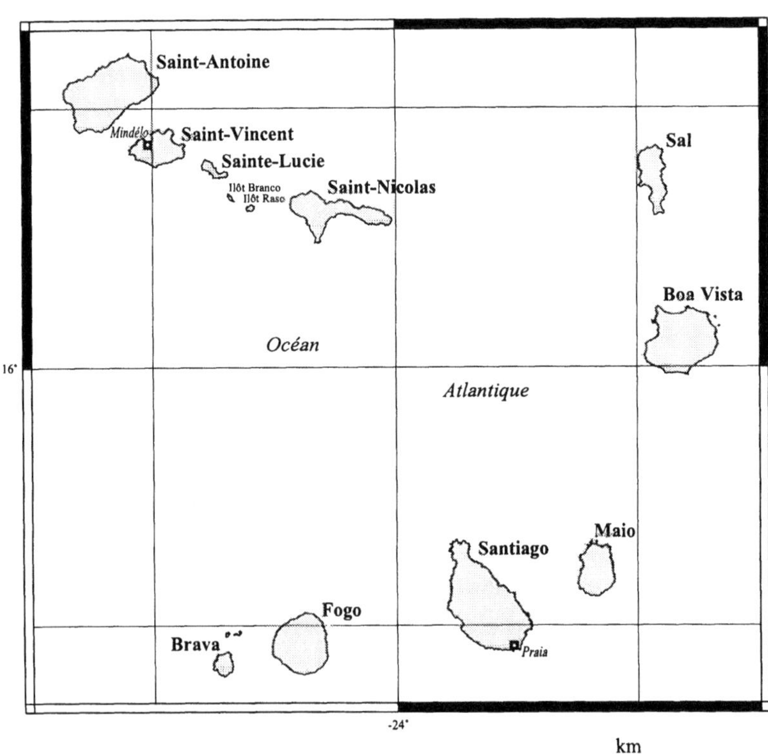

LES ORIGINES DU CAP-VERT

ET DE LA LANGUE CAPVERDIENNE

Kuándu mundu novu kunkí na portom di nós ilia, "*quand le Nouveau Monde a frappé à la porte de nos îles...*", dit un poème capverdien, mis en musique par le groupe *Os tubarões* ("*les requins*" en portugais) et qui rappelle joliment l'entrée du Cap-Vert dans l'histoire. À la fin du XVème siècle, des marins portugais, partis à la découverte des océans, découvrirent un Archipel, au large du Cap-Vert (c'est le nom de la péninsule de Dakar, en Afrique de l'Ouest). Le cap donna son nom aux îles qui devinrent les Îles du Cap-Vert. Les îles étaient arides et vierges, exemptes de tout présence humaine. Au Sud, les Îles Sous le Vent (ou Sotavento) : Santiago, Maio, Fogo, Brava. Au Nord, les Îles au Vent (ou Barlavento) : Saint-Antoine, Saint-Vincent, Sainte-Lucie, Saint-Nicolas, Sal et Boa Vista. Très vite, les découvreurs comprirent le parti qu'ils pouvaient tirer de cet archipel, situé en face du Continent Noir et suffisamment loin des côtes pour être à l'abri des attaques des peuples autochtones. Le Cap-Vert devint une base stratégique pour les flottes portugaises, qui y mouillaient avant de partir pour les Indes.

Santiago, la plus grande des îles, fut peuplée la première. Des Portugais s'y installèrent et bientôt ils amenèrent des esclaves noirs pour les servir. Puis les Lusitaniens prirent pied en Amérique, au Brésil, et l'esclavage prit alors au Cap-Vert des allures industrielles. Santiago, comme l'île de Gorée au Sénégal, et d'autres comptoirs le long des côtes africaines, devint une sorte de centre de tri pour les esclaves que les Portugais capturaient ou achetaient sur les côtes africaines et envoyaient dans les plantations sud-américaines de l'autre côté de l'Atlantique. Les captifs passaient dans les îles quelques mois : on les baptisait, on leur apprenait un métier (potier, paysan, forgeron...) et on leur enseignait des rudiments de portugais. Les Noirs ainsi formés étaient dits *ladinisés* (parce qu'ils comprenaient une langue latine, c'est-à-dire le portugais). Ils étaient revendus beaucoup plus cher sur les marchés Sud-américains et antillais. Le dix-septième siècle fut l'apogée de la Capitainerie du Cap-Vert : la capitale des îles, Ribeira Grande (l'actuelle Cidade Velha, à l'Ouest de Santiago), comptait plus de 10.000 habitants, et les cotonnades bleues (ou pagnes) du Cap-Vert servaient de monnaie d'échange (pour acquérir des esclaves) sur toutes les côtes de l'Afrique de l'Ouest.

Puis vint la décadence : vers 1650, les privilèges commerciaux des marchands portugais de Santiago furent réduits par la Couronne portugaise. Dans le siècle qui suivit, les pirates anglais et français ravagèrent Ribeira Grande. Au cours du dernier sac, les corsaires français rasèrent la ville et incendièrent la cathédrale, dont il ne reste que des ruines de nos jours.

Entre temps, un peuple capverdien commençait à se former. Des esclaves s'échappèrent des villes tenues par les Portugais et colonisèrent l'intérieur de l'île de Santiago. Les fuyards étaient appelés *vadios*, c'est à dire "*errants*" en portugais, et c'est de ce mot que dérive le nom créole des habitants de Santiago, qu'on appelle les **Badiu**, en français les Badiais. Dans les villes, les maîtres blancs avaient de nombreuses concubines noires, des enfants mulâtres naquirent de ces unions. La population se métissa de plus en plus. Il en alla de même pour la langue : le portugais des maîtres se mélangea aux langues africaines des esclaves (principalement le wolof, le mandingue et le temné). Le créole était né, une langue nouvelle, avec un vocabulaire majoritairement portugais et une grammaire très proche de celle des langues africaines. L'idiome mixte devint rapidement la langue maternelle de la quasi-totalité de la population.

À partir de Santiago, les hommes peuplèrent progressivement tout l'Archipel : de Fogo, dès le XVIème siècle, jusqu'à Sal, au XIXème siècle seulement. Des sécheresses régulières causèrent des famines terriblement meurtrières. En 1880, l'esclavage fut aboli. La population capverdienne continua de s'accroître. La terre ne suffisant plus à les nourrir, de plus en plus d'îliens émigrèrent, en particulier aux États-Unis. D'autres devinrent fonctionnaires dans l'Administration coloniale portugaise.

Le fils d'un de ces fonctionnaires, un instituteur installé en Guinée-Bissao, devait connaître une destinée hors du commun. En effet, Amilcar Cabral, né en 1924 à Bafata (Guinée-Bissao), fonde avec quelques amis, le PAIGC (Parti Africain pour l'Indépendance de la Guinée [Bissao] et du Cap-Vert), dont il devient le dirigeant. À partir de 1963, le PAIGC mène sur le continent une lutte armée contre les forces portugaises. En 1973, Amilcar Cabral est assassiné à Conakry (probablement sur ordre du gouvernement portugais). Le Cap-Vert et la Guinée-Bissao accèderont cependant ensemble à l'indépendance le 5 juillet 1975 et le PAIGC devient parti unique.

Mais l'équilibre entre Capverdiens et Guinéens est fragile dans le nouveau pays. Les Capverdiens, plus occidentalisés, ont davantage accès aux postes de commande, ce qui attise les rancœurs de nombreux Guinéens. En 1980, un coup d'État en Guinée met fin à l'union bissao-capverdienne. Le PAIGC devient alors au Cap-Vert le PAICV (Parti Africain pour l'Indépendance du Cap-Vert).

En 1991, les premières élections libres au Cap-Vert se soldent par une défaite du PAICV (d'inspiration socialiste-marxiste) au profit du MPD

(Mouvement Pour la Démocratie, de tendance libérale). António Mascarenhas Monteiro (du MPD) est élu Président de la République en 1991. Il est reconduit aux élections de 1996 où le MPD garde sa majorité à l'Assemblée Nationale, malgré l'apparition de trois nouveaux partis politiques. En 2001, le PAICV prend sa revanche en remportant les élections législatives et les présidentielles. Pedro Pires, membre d'un PAICV rénové, préside désormais aux destinées de la République du Cap-Vert.

GÉOGRAPHIE PHYSIQUE ET HUMAINE

La République du Cap-Vert est un pays indépendant, constitué de dix îles, dont neuf habitées, situées à environ cinq cents kilomètres au large de la péninsule de Dakar[1]. C'est un pays de la zone sahélienne du continent africain. Sa superficie totale est de 4.000 km² et sa population est d'environ 400.000 personnes. L'Archipel du Cap-Vert se divise en deux groupes d'îles :

- les Îles Sous le Vent (en portugais *Sotavento*) au Sud : Maio, Santiago, Fogo, Brava. La principale ville des Îles Sous le Vent est Praia (100.000 habitants), la capitale du pays, située sur l'île de Santiago.

- les Îles au Vent (en portugais *Barlavento*) au Nord : Boa Vista, Sal, Saint-Nicolas/ São Nicolau, Sainte-Lucie/ Santa Luzia (déserte), Saint-Vincent/ São Vicente, et Saint-Antoine/ Sant'Antão. La principale ville du Nord est Mindélo (55.000 habitants), sur l'île de Saint-Vincent.

De nos jours, le Cap-Vert doit faire face à de nombreuses difficultés. Du fait de sécheresses chroniques, le pays ne produit guère plus de 10% de sa consommation alimentaire. Le manque de ressources minières et énergétiques ne permet pas de palier les insuffisances du climat. Un exode rural massif gonfle les villes (Praia et Mindélo concentrent plus du tiers de la population capverdienne) où les emplois sont rares. La pêche et le tourisme semblent les deux seules voies possibles de développement économique pour le futur.

Beaucoup de Capverdiens continuent de chercher leur salut dans l'exil, vers les États-Unis (plus de 200.000 personnes), le Portugal (plus de 100.000), la France et les Pays-Bas (environ 40.000 à 50.000 personnes dans chaque pays). Il existe aussi d'importantes communautés capverdiennes au Sénégal, en Angola et dans bien d'autres pays. On

---

[1] L'extrémité de la péninsule de Dakar s'appelle le Cap-Vert, et c'est ce cap qui a donné son nom aux îles.

estime couramment qu'il y a deux Capverdiens vivant à l'étranger pour chaque Capverdien vivant dans l'Archipel. La population capverdienne, diaspora incluse, dépasse donc largement le million de personnes (peut-être 1.200.000 individus).

La langue portugaise est la langue officielle de la République du Cap-Vert. Cependant, le capverdien est la langue maternelle de la quasi-totalité (plus de 95%) de la population capverdienne vivant au Cap-Vert. Une grande partie des Capverdiens fixés à l'étranger continuent à utiliser leur langue en famille, tout en pratiquant celle de leur pays d'adoption au travail ou à l'école. En excluant les Capverdiens assimilés linguistiquement, on peut dire qu'environ **un million de personnes dans le monde ont pour langue maternelle le capverdien moderne ou créole du Cap-Vert.**

Le capverdien est une langue créole, c'est-à-dire une langue issue de la rencontre de plusieurs langues, en l'occurrence le portugais et les principales langues africaines parlées en Afrique de l'Ouest : le mandingue, le wolof et le temné. 95% environ des mots capverdiens sont d'origine portugaise. Cependant, des pans entiers de la morphologie de la langue suivent des schémas de pensée africains. La structure du système verbal en particulier porte la marque des substrats mandingue et wolof.

De nos jours, plus de 90% des enfants sont scolarisés en République du Cap-Vert. L'unique langue d'enseignement est le portugais, ce qui pose des problèmes scolaires, puisque la langue des élèves (le capverdien) diffère de celle de l'école. Le français et l'anglais sont tous deux langues étrangères obligatoires.

En République du Cap-Vert, beaucoup de gens sont capables de s'exprimer en portugais, surtout dans les grandes villes. À la campagne, le portugais (au moins les phrases simples) est généralement compris, mais souvent les gens ont du mal à l'employer. Dans tout le pays, on peut se faire comprendre en utilisant le français et l'anglais, surtout dans les grandes villes et dans les îles touristiques (Sal, Boa Vista). À Fogo et à Brava, beaucoup de gens parlent l'anglais, car les habitants de ces deux îles ont une longue tradition d'émigration vers les États-Unis. Mais quelle que soit l'île considérée, la connaissance du créole capverdien (ou au moins des bases de la langue) permet des contacts plus directs et plus faciles avec la population.

CHOIX DE LANGUE

À la différence du français, le capverdien ne dispose pas d'une forme standard de la langue reconnue par tous : chaque île habitée (il y en a neuf) parle sa propre variété de créole et à l'intérieur de chaque île, le créole parlé dans les villes n'est pas exactement celui des campagnes. La plupart de ces variétés sont cependant intercompréhensibles. Cette diversité[2] (qui rappelle un peu celle des dialectes arabes ou des parlers occitans) a son charme, mais elle n'en représente pas moins un sérieux écueil pour le non-Capverdien, qui risque de s'y retrouver perdu.

Dans le cadre de cette méthode, on a donc fait le choix d'une variété de créole, le santiagais ou badiais, parlé dans l'île de Santiago. Cela ne veut évidemment pas dire que le badiais vaille mieux que les autres dialectes créoles. Cependant, le créole de l'île de Santiago présente un certain nombre d'avantages pédagogiques et pratiques qui expliquent ce choix :

- c'est la langue maternelle de plus de la moitié de la population totale des îles du Cap-Vert ;
- le santiagais est compris par plus de 90% de la population capverdienne. C'est la variété de créole la plus couramment utilisée à la radio et à la télévision capverdiennes ;
- lorsqu'on parle le créole de Santiago, on peut comprendre sans grande difficulté la plupart des créoles capverdiens, à l'exception des parlers ruraux de Saint-Antoine (Sant'Antão) ;
- le créole de Santiago est extrêmement proche des créoles parlés dans les autres îles du Sotavento : Maio, Fogo, Brava. Si l'on ajoute la population de ces trois îles à celle de Santiago, on peut dire que la connaissance du badiais permet de communiquer sans aucun problème avec environ 70 % des Capverdiens.

Le créole de Santiago lui-même présente deux grandes variétés : le créole urbain, parlé à Praia, la capitale, et le créole rural, pratiqué dans le reste de l'île. Ces deux variétés suivent pour l'essentiel les mêmes règles grammaticales, mais le créole urbain présente de nombreuses influences du portugais moderne, langue officielle de l'Archipel. Dans cette méthode, on a systématiquement privilégié le badiais rural, et ce, pour deux raisons :

- afin d'éviter aux apprenants (qu'ils connaissent ou non le portugais) de mélanger abusivement le portugais et le créole ;
- parce que de nombreux intellectuels capverdiens considèrent le santiagais de l'arrière-pays comme un symbole de l'identité capverdienne,

---

[2] On reviendra plus loin en détail sur les différents dialectes créoles.

puisque ce parler a préservé plus de mots et de tournures africaines et moins emprunté au portugais.

Cette méthode vous propose donc un apprentissage construit et méthodique du santiagais rural, avec évidemment des ouvertures (indispensables) en direction des autres variétés de capverdien pratiquées dans l'Archipel.

CARTE 2. L'ÎLE DE SANTIAGO

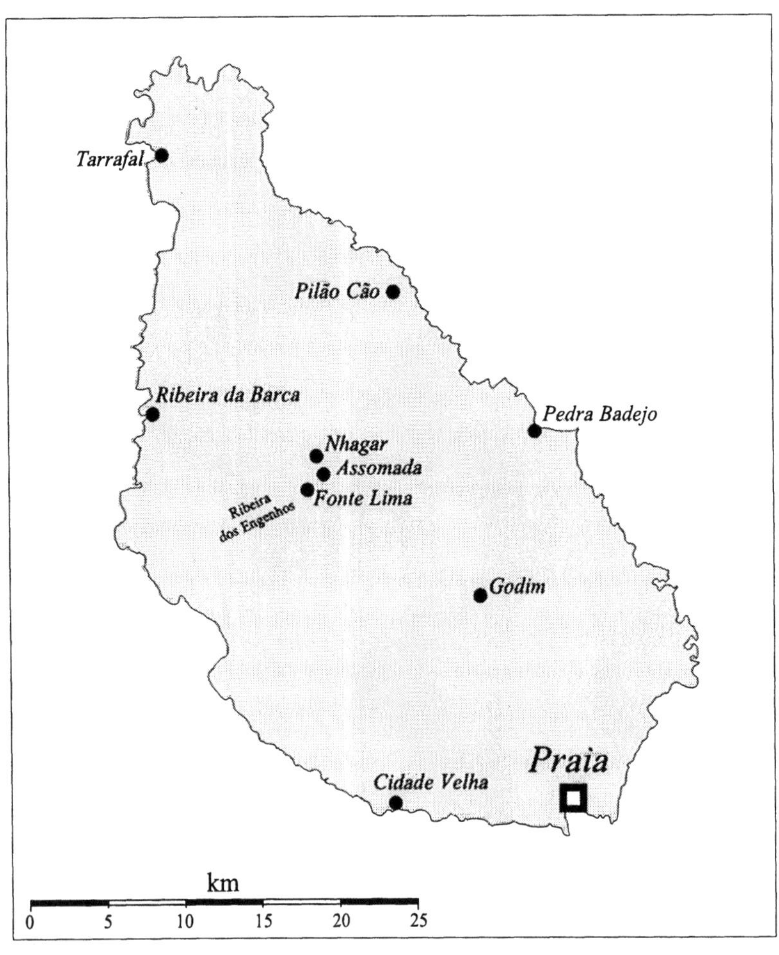

ORGANISATION DE LA MÉTHODE

Le contenu pédagogique de ce Parlons capverdien s'articule en quatre grandes parties :

1. Les leçons et le corrigé des exercices

Cette méthode de capverdien compte 23 leçons, réparties comme suit :

- la leçon 0 est destinée à vous familiariser avec la prononciation des mots et l'orthographe de la langue.

- les leçons 1 à 20 ont pour but de vous faire acquérir les bases de la morphologie du capverdien moderne. Chaque leçon comporte un texte court (généralement un dialogue), traduit en français et suivi d'un lexique des mots nouveaux, d'un commentaire grammatical, d'exercices d'application et de notes sur la civilisation capverdienne.

- dans les leçons 21 et 22, on vous proposera l'étude de textes littéraires : le premier a été écrit par un des meilleurs auteurs de langue capverdienne, Eugénio Tavares, et le second est constitué par deux chansons interprétées par Cesária Évora et composées par Nando da Cruz d'une part et Luis Morais et Amandio Cabral d'autre part.

L'ensemble des textes des leçons et des corrigés des exercices a été enregistré par des Capverdiens de langue maternelle créole. Si vous travaillez seul, et en particulier si vous ne vivez pas en milieu capverdianophone, il est indispensable de travailler avec les enregistrements. Écoutez et répétez plusieurs fois chaque leçon. N'hésitez pas à revenir en arrière et à réécouter, à répéter encore. La maîtrise de la langue orale est capitale, en particulier pour une langue comme le capverdien, encore très peu employée à l'écrit.

Le *corrigé des exercices* est donné à la fin de la méthode. Vous aurez le plus grand intérêt à faire ces exercices par écrit avant de consulter le corrigé.

Si vous apprenez sérieusement l'ensemble des leçons de cette méthode, vous devriez être en mesure de pouvoir vous exprimer et de suivre une conversation courante en capverdien moderne. De plus, grâce à la formation grammaticale que vous aurez reçue, vous aurez beaucoup plus de facilité à apprendre de nouveaux mots et de nouvelles expressions lorsque vous vous retrouverez dans un environnement capverdianophone.

Enfin, les notes sur la civilisation capverdienne vous permettront de mieux comprendre la manière de penser et d'être des Capverdiens, qui diffère parfois significativement des habitudes des Européens de l'Ouest.

2. Les mémentos grammaticaux

À la suite des leçons, vous trouverez deux mémentos grammaticaux :

- le premier, intitulé *mémento grammatical du capverdien moderne*, récapitule sous une forme synthétique l'essentiel des règles de grammaire abordées dans les leçons et développe certains autres points jugés utiles (par exemple la formation des diminutifs et des augmentatifs).
- le second, intitulé *quelques notes sur le saint-vincentin*, vise à vous donner un aperçu du dialecte mindélien, utilisé et compris dans tout le Nord de l'Archipel du Cap-Vert.

3. Les lexiques

Trois lexiques viennent compléter cet ouvrage :

- le *lexique capverdien-français des mots des leçons* fournit l'ensemble des termes capverdiens présentés dans les leçons 1 à 22, avec leur traduction française et la mention du numéro de la leçon où ils apparaissent pour la première fois.
- la *liste des mots français employés dans le texte des leçons* permet de faire une recherche en sens inverse. En partant des traductions françaises des mots capverdiens utilisés dans les leçons 1 à 22, vous pourrez retrouver le numéro de la leçon où est introduit le terme capverdien qui vous manque.
- le *lexique thématique capverdien-français* est un mini-guide de conversation. Il sera particulièrement utile aux utilisateurs francophones qui n'ont pas eu le temps d'apprendre le capverdien avant d'arriver au Cap-Vert et doivent commencer à prendre langue avec des Capverdiens.

4. Index

Un *index grammatical*, un *index des notes de civilisation* et un *index des cartes* vous permettront d'accéder plus aisément au contenu de l'ouvrage.

LISTE DES ABRÉVIATIONS

adj : adjectif.
adv : adverbe.
ALUPEC : Alphabet Unifié pour l'Écriture du Capverdien.
AP : actif-présent.
APas : actif-passé.
API : Alphabet Phonétique International.
AVT : aspect-voix-temps.
BV : Brava.
CA : complément d'accompagnement.
CDE : complément de destination.
COD : complément d'objet direct.
COI : complément d'objet indirect.
conj : conjonction.
dém : démonstratif.
FC : forme clitique.
fém : féminin.
FL : forme libre.
fv : forme verbale.
indéf : indéfini.
itj : interjection.
lit. : littéralement.
loc : locution.
masc : masculin.
npr : nom propre.
pa : particule aspectuelle.
plur : pluriel.
POPO : pronom personnel (objet) de premier ordre.
POSO : pronom personnel (objet) de second ordre.
possat : possessif atone.
posston : possessif tonique.
PP : passif-présent/ personne du pluriel.
pp : pronom personnel.
PPas : passif-passé.
ppsuj : pronom personnel sujet.
ppti : pronom personnel tonique initial.
ppts : pronom personnel tonique simple.
prép : préposition.
pron : pronom.
PS : personne du singulier.
qqch : quelque chose.
qqun : quelqu'un.
rel : relatif.
SF : subjonctif futur.
SI : subjonctif imparfait.
sing : singulier.
st. : santiagais.
subst : substantif (nom commun).
SV : Saint-Vincent (São Vicente).
v : verbe.
vf : verbe fort.
vfi : verbe fort impersonnel.

CONVENTIONS GRAPHIQUES

{a} : forme orthographique du terme ou du phonème considéré.
/ɐ/ : notation phonologique (prononciation) en API.
skóla : mot capverdien.

N.B. : les conventions de notation phonologique sont explicitées en détail dans la leçon 0 et dans le Mémento Grammatical.

LEÇON ZÉRO :

PRONONCIATION ET ORTHOGRAPHE

Cette leçon a uniquement pour objectif de vous familiariser avec la prononciation et l'orthographe du créole capverdien. Lisez l'ensemble de la leçon une fois, puis répétez tous les mots enregistrés. N'hésitez pas à répéter plusieurs fois chaque mot, jusqu'à ce que vous les prononciez comme sur l'enregistrement.

Conseil : en cas de doute ou si vous êtes pressé, reportez-vous aux tableaux récapitulatifs de la prononciation dans le mémento grammatical. Avant d'aborder les autres leçons, il pourra être profitable de faire une photocopie de ces tableaux afin de les avoir toujours sous la main et de pouvoir s'y reporter rapidement lorsque l'on n'est pas sûr de la prononciation d'un mot.

I. L'accent tonique

À la différence du français et comme l'anglais, l'italien, l'espagnol ou le portugais, le capverdien a un accent tonique variable : l'une des voyelles du mot est prononcée avec plus de force que les autres (pour les substantifs, adjectifs, verbes, adverbes et certains pronoms). Cette voyelle est dite tonique (les autres voyelles du mot sont dites atones). La voyelle tonique peut avoir 3 positions différentes :

- dernière syllabe : **Tarafal**, *Tarrafal (nom de ville)* ;
- avant-dernière syllabe : **sukuru**, *obscurité* ;
- avant-avant-dernière syllabe : **kunómitru**, *économique.*

Vous devez absolument vous efforcer de prononcer correctement les syllabes toniques sinon vous ne serez pas compris.

L'orthographe employée dans cette méthode vous permettra d'identifier à coup sûr la voyelle tonique, au moyen des règles suivantes :

- **1.** si une voyelle du mot est surmontée d'un accent aigu {´} ou circonflexe {ˆ}, cette voyelle est forcément tonique.

Exemples :

- accent aigu : **filís**, *heureux*, **fransés**, *français*, **már**, *mer*, **nhó**, *vous (monsieur)*, **kuskús**, *couscous*, **baínha**, *gaine/fourreau* ;
- accent circonflexe : **e kumê-l**, *il l'a mangé*, **balansiâ**, *pastèque*, **e kompô-l**, *il l'a réparé.*

- **2.** s'il n'y a pas d'accent écrit :
- les mots terminé par une voyelle ou une voyelle suivie de -{s} sont accentués sur l'avant dernière voyelle.

Exemples : **minina**, *jeune fille*, **mininas**, *jeunes filles*, **kadera**, *chaise*, **lolu**, *glisser*.

- les mots terminés par une consonne autre que -{s} sont accentués sur la dernière voyelle.

Exemples : **pedregal**, *éboulis*, **mudjer**, *femme*.

N.B. : pour plus de commodité, dans l'ensemble de cette leçon, les voyelles toniques seront systématiquement soulignées.

II. Les voyelles

II.1. Les voyelles orales

Le capverdien de Santiago possède huit voyelles orales :

- **1.** /i/ : se prononce comme la lettre {i} du français *tri*, et peut s'écrire **i** ou **í**.

Exemples : **ri**, *rire*, **bisti**, *s'habiller*, **filís**, *heureux*, **pititi**, *appétit*.

- **2.** /u/ : se prononce comme les lettres {ou} du français *trou*, et peut s'écrire **u** ou **ú**.

Exemples : **kru**, *cru*, **sukuru**, *obscurité*, **duspi**, *se déshabiller*, **fututú**, *brut/ pur*, **kuskús**, *couscous*.

- **3.** /e/ : se prononce comme la lettre {é} du français *mangé*, et peut s'écrire **e, ê** ou **é** (en fin de mot seulement).

Exemples : **el**, *lui/ elle*, **ês**, *eux/ elles*, **seti**, *huile*, **mudjer**, *femme*, **e kumê-l**, *il l'a mangé*, **kusé ?**, *quoi ?*

- **4.** /ɐ/ : se prononce à peu près comme les lettres {œu} du français *cœur* ou plus exactement comme les deux lettres {a} du mot portugais *chama*, et peut s'écrire **a** ou **â**.

Exemples : **Tarafal**, *Tarrafal (nom de ville)*, **sabi**, *savoir*, **balansiâ**, *pastèque*.

- **5.** /o/ : se prononce comme les lettres {eau} du français *drapeau*, et peut s'écrire **o, ô** ou **ó** (en fin de mot seulement).

Exemples : **foga**, *étouffer*, **kololu**, *borgne*, **e po-l**, *il l'a mis*, **nhó**, *vous (monsieur)*, **tchokó**, *écume du sirop de canne*.

- **6.** /ɛ/ : se prononce comme la lettre {è} du français *j'achète*, et s'écrit toujours **é**.

Exemples : **téra**, *pays*, **prétu**, *noir*, **fransés**, *français*.

- **7.** /a/ : se prononce comme la lettre {a} du français *patte*, et s'écrit toujours **á**.

Exemples : **sábi**, *agréable*, **káru**, *voiture*, **kára**, *visage*, **már**, *mer*.

- **8.** /ɔ/ : se prononce comme la lettre {o} du français *homme*, et s'écrit toujours **ó**.

Exemples : **bódi**, *bouc*, **sónu**, *sommeil*, **fórsa**, *force*, **pursóra**, *institutrice/ professeur (femme)*, **kunómitru**, *économique*.

II.2. Les voyelles nasales

Le capverdien de Santiago possède huit voyelles nasales. Par convention, ces voyelles sont orthographiées :

- voyelle + M en fin de mot ou devant {b, p}.

- voyelle + N devant toute consonne autre que {b, p}.

- **1.** /ĩ/ : n'existe pas en français, se prononce comme les lettres {im} du mot portugais *jardim*. Il faut prononcer un {i} en faisant sortir de l'air par le nez. Vous pouvez aussi vous rapprocher de cette voyelle capverdienne en prononçant le -{ing} du français *parking* sans faire entendre le -{g}. La voyelle /ĩ/ peut s'écrire **in, im, i-m** ou **í-m**.

Exemples : **lisinsim**, *ici même*, **limpu**, *propre*, **pinta**, *peindre*, **indimingu**, *ennemi*, **e fri-m**, *il m'a blessé*, **e bistí-m**, *il m'a habillé.*

- **2.** /ũ/ : n'existe pas en français, se prononce comme les lettres {um} du mot portugais *algum*. Il faut prononcer un {ou} en faisant sortir de l'air par le nez. Vous pouvez aussi vous rapprocher de cette voyelle capverdienne en prononçant le -{ung} de *Samsung (nom de marque)* sans faire entendre le -{g}. La voyelle /ũ/ peut s'écrire **un, um** ou **ú-m**.

Exemples : **um**, *un/ une*, **kumpra**, *acheter*, **funti**, *point d'eau*, **algum**, *quelque*, **e bombú-m**, *il m'a porté sur le dos.*

- **3.** /ẽ/ : se prononce à peu près comme les lettres {in} du français *vin*, et peut s'écrire **en, em, e-m** ou **ê-m**.

Exemples : **bem**, *venir*, **e bemba**, *il était venu*, **kenti**, *chaud*, **entra**, *entrer*, **e kre-m**, *il m'aime*, **e ntendê-m**, *il m'a compris.*

- **4.** /ɐ̃/ : se prononce à peu près comme les lettres {un} du français *un* (pour ceux des francophones qui distinguent *un* de *Ain*), et peut s'écrire **an, am, a-m** ou **â-m**.

Exemples : **kampia**, *déguerpir, partir*, **manti**, *maintenir*, **kankam**, *tabac*, **e fla-m**, *il m'a dit*, **e tchomâ-m**, *il m'a appelé.*

- **5.** /õ/ : se prononce à peu près comme les lettres {on} du français *front*, et peut s'écrire **on, om, o-m** ou **ô-m**.

Exemples : **pom**, *pain*, **e kompô-l**, *il l'a réparé*, **mondom**, *chefaillon*, **lonji**, *loin*, **e po-m médu**, *il m'a fait peur*, lit. "*il m'a mis peur*", **e konkô-m**, *il m'a frappé.*

- **6.** /ɛ̃/ : se prononce à peu près comme les lettres {in} du français *enfin* articulé avec un fort accent du Sud-ouest de la France, et peut s'écrire **ém** ou **én**.

Exemples : **témpu**, *temps*, **korénta**, *quarante.*

- **7.** /ã/ : se prononce à peu près comme les lettres {an} du français *chanter*, et peut s'écrire **ám** ou **án**.

Exemples : **kámba**, *entrer/ pénétrer*, **támbra**, *datte*, **kánta**, *chanter.*

- **8.** /ɔ̃/ : se prononce à peu près comme les lettres {on} du français *front* articulé avec un fort accent du Sud-ouest de la France, et peut s'écrire **óm** ou **ón**.

Exemples : **sómbra**, *ombre*, **ónti**, *hier*.

III. Les consonnes

Le capverdien de Santiago possède vingt-deux consonnes :

- dix-huit consonnes simples /p, t, k, b, d, g, f, ʃ, s, v, ʒ, z, m, n, ñ, ŋ, r, l/, orthographiées respectivement {p, t, k, b, d, g, f, x, s, v, j, z, m, n, nh, ñ, r, l}.

- deux semi-consonnes /j, w/, orthographiées respectivement {i, u}.

- deux affriquées (articulations complexes), [dʒ, tʃ], orthographiées respectivement {dj, tch}.

Nous ne détaillerons ici que les consonnes dont l'orthographe ou la prononciation peut poser problème pour un francophone :

III.1. Les consonnes simples

- **1.** /g/ : se prononce toujours comme la lettre {g} du français *gâteau*, et s'écrit toujours **g**.

Exemples : **gósi**, *maintenant*, **sigi**, *suivre*, **gentis**, *famille*.

Attention : **sigi** se prononce "six guis" et non pas "ci-gît".

- **2.** /ʃ/ : se prononce toujours comme les lettres {ch} du français *chanter*, et s'écrit toujours **x**.

Exemples : **puxa**, *tirer*, **xinta**, *s'asseoir*, **séx**, *six*.

Attention : **séx** se prononce "seiche" et non pas "sexe".

- **3.** /s/ : se prononce toujours comme la lettre {s} du français *sang*, et s'écrit toujours **s**.

Exemples : **kása**, *chasser*, **séku**, *sec*, **mudjeris**, *femmes*.

Attention : **kása** se prononce "cassa" et non pas "casa".

- **4.** /ʒ/ : se prononce toujours comme la lettre {j} du français *jus*, et s'écrit toujours **j**.

Exemples : **jinéla**, *fenêtre*, **beju**, *baiser*.

- **5.** /ñ/ : se prononce comme les lettres {gn} du français *trognon*, et s'écrit toujours **nh**.

Exemples : **nhó**, *vous (Monsieur)*, **sánha**, *se fâcher*.

- **6.** /ŋ/ : n'existe pas en français, se prononce comme les lettres {ng} de l'anglais *to sing* ou de l'allemand *singen*, et s'écrit **ñ** ou **m-** (devant une forme verbale commençant par une voyelle).

Exemples : **ñánha**, *trognon d'épi de maïs*, **m-odja**, *j'ai vu*, **m-al bem**, *il se peut que je vienne*.

N.B. : cette consonne est assez rare en capverdien.

- **7.** /r/ : se prononce "roulé" comme la lettre {r} de l'espagnol ou du portugais *caro*, et s'écrit toujours **r**.

Exemples : **buru**, *âne*, **rixu**, *fort/ solide*, **mudjer**, *femme*.

***

Les autres consonnes simples du capverdien existent aussi en français et se prononcent et s'écrivent de la même façon dans les deux langues.

III.2. Les semi-consonnes

- **1.** /j/ : se prononce comme la lettre {y} du français *yole*, et s'écrit toujours **i**. Cette consonne peut :

- précéder une voyelle orale dans les combinaisons **iu** (à l'intérieur d'un mot ou en position finale atone), **ie, iâ/ ia, io, iá, ié, ió**.

Exemples : **siuméntu**, *jaloux*, **rádiu**, *radio*, **fiel**, *fidèle*, **diâ**, *jour*, **limia**, *briller*, **miodu**, *menu*, **firiésa**, *froid/ froidure*, **diábu**, *diable*, **Diós**, *Dieu*, **pabióla**, *sorte de brancard*.

- précéder une voyelle nasale dans les combinaisons **ien**, **ian/ iam/ iâ-m**, **ion/ iom, ién, ián/ iám**.

Exemples : **mbienti**, *milieu/ atmosphère*, **diantádu**, *en avance*, **iam**, *coi, silencieux*, **e spiâ-m**, *il m'a fixé avec attention*, **lionsinhu**, *petit lion*, **piom**, *toupie*, **firiéntu**, *frileux*, **fiánsa**, *confiance*, **fiámbri**, *jambon cuit*.

- suivre une voyelle orale dans les combinaisons **ui, ei, ai, oi, éi, ái, ói**.

Exemples : **ui**, *ouille, aïe*, **treizi**, *treize*, **pai**, *père*, **boi**, *taureau*, **réi**, *roi*, **ráiba**, *fureur*, **bóita**, *occupation*.

- **2.** /w/ : se prononce comme les lettres {ou} du français *fouet*, et s'écrit toujours **u**. Cette consonne peut :

- précéder une voyelle orale dans les combinaisons **uí, ue/ uê/ ué, uâ/ ua, ué, uá**.

Exemples : **tchuíti**, *groïnk (cri du cochon)*, **duedu**, *douloureux*, **sata duê-l**, *ça lui fait mal*, **rué**, *médire*, **luâ**, *lune*, **tágua**, *planche*, **muéla**, *gésier*, **maguádu**, *chagriné/ affligé*.

- précéder une voyelle nasale dans les combinaisons **uím**, **uen/ uê-m, uan/ uâ-m, uén, uán/ uám**

Exemples : **tuím**, *plouf (bruit que fait un objet quand il tombe dans l'eau)*, **duensi**, *tomber malade*, **sata duê-m**, *ça me fait mal*, **uandam**, *exprime un mouvement brusque et ample (comme une porte qui s'ouvre d'un coup et en grand)*, **suâ-m**, *j'en ai bavé*, lit. "*ça m'a sué*", **duénsa**, *maladie*, **Luánda**, *Luanda (capitale de l'Angola)*, **Uámbu**, *Huambo (ville de l'Angola)*.

- suivre une voyelle orale dans les combinaisons **iu** (seulement en fin de mot et en position tonique), **i-u/ í-u, ú-u, eu/ e-u/ ê-u, ou/ o-u/ ô-u, au/ a-u/ â-u**.

Exemples : **friu**, *froid*, **e fri-u**, *il t'a blessé*, **e obí-u**, *il t'a entendu*, **e bombú-u**, *il t'a porté sur le dos*, **seu**, *ciel*, **e kre-u**, *il t'aime*, **e djobê-u**, *il t'a regardé*, **silou**, *slow (danse)*, **e po-u**, *il t'a mis*, **e kompô-u**, *il t'a réparé (ta voiture...)*, **mau**, *mauvais*, **e fla-u**, *il t' a dit*, **e odjâ-u**, *il t'a vu*.

N.B. : en capverdien, la suite **au/ a-u/ â-u** se prononce toujours comme si **a** devenait **ó** ou {o} de *homme*. **Mau** se prononce comme si l'on avait écrit "**móu**".

III.3. Les affriquées

- **1.** /dʒ/ : se prononce comme les lettres {dj} du français *adjoint*, et s'écrit toujours **dj**.

Exemples : **djuga**, *jouer*, **kodji**, *ramasser*.

- **2.** /tʃ/ : se prononce comme les lettres {tch} du français *tchèque*, et s'écrit toujours **tch**.

Exemples : **tchoma**, *appeler*, **koltchom**, *matelas*, **fitcha**, *fermer*.

III.4. Les prénasalisations

En capverdien, comme dans beaucoup d'autres langues d'Afrique, de nombreux mots peuvent commencer par une consonne nasale (orthographiée **m** ou **n**) suivie d'une autre consonne.

Exemples : **mpregáda**, *femme de ménage*, **ntola**, *s'embourber*, **ndjutu**, *faire peu de cas de*, **nguli**, *avaler*.

Attention : il faut bien vous efforcer de prononcer la consonne nasale et d'enchaîner sur la consonne qui suit sans rajouter de voyelle avant ou au milieu. **Nguli** ne se dit pas "Aine-goût-lit" ni "né-goût-lit" mais bien "ngouli". Essayez de bien prononcer les mots enregistrés et si vous n'y arrivez pas, ne vous découragez pas : cela viendra au fur et à mesure.

N.B. : Le pronom sujet (atone) de première personne du singulier, orthographié **m-**, se combine avec toutes les consonnes initiales des verbes et donne de nombreuses combinaisons prénasales.

Exemples : **m-gosta**, *j'aime*, qui se prononce exactement comme **ngosta**, *garer (une voiture)*, **m-skrebi**, *j'ai écrit*, **m-le-l**, *je l'ai lu*.

IV. Exercices

Soulignez les voyelles toniques des mots suivants, et efforcez-vous de les prononcer correctement :

- **kalkanháda, pó, Mérka, Senegal, París, Dakár, kapás, e odjâ-l, kapús, kápa**, *talon, bois, Amérique, Sénégal, Paris, Dakar, capable, il l'a vu, paupière, manteau/ cape* ;
- **podi, komesa, pá, pa, fórti, kumi, báza, korpu, fri, féru**, *pouvoir, commencer, pelle, pour, fort, manger, verser, corps, blesser, fer* ;
- **sabi, sábi, korda, kórda, parti, párti, géra, gera, noda, nóda**, *savoir, bon/ agréable, se réveiller, stolon, partir, partie, bagarre, se bagarrer, tacher, tache* ;
- **konta, kónta, pontu, kánta, spantádju, mémbra, lembra, kongu, funku, argem, na rilantim, konku, bom**, *compter, opération (mathématique), pont, chanter, épouvantail, copine/ petite amie, se rappeler, pois d'Angole, hutte en pierre, quelqu'un/ être humain, au ralenti, frapper (à la porte), bon* ;
- **papia, kumida, lingua, bombia, lágua, laguâ, nderia, fatiâ, fatia, Práia, mágua, magua**, *parler, nourriture, langue, meugler, larme, flaque, se tordre/ déformer, tranche, trancher, Praia (capitale du Cap-Vert), chagrin, chagriner* ;
- **konxi, tchuba, bedju, ñanhi, nháku, tchobi, gredja, xarem, ñuli, nguli, m-obi, djobi**, *connaître, pluie, vieux, ronger, super/ génial, pleuvoir, grill, maïs concassé, fusiller du regard, avaler, j'ai entendu, regarder.*
- **kai, e djobê-u, sai, kau, ratchuéla, poziâ, dué, suísa, gáita, faíska, noiba, ráiba, suâ**, *tomber, il t'a regardé, sortir, endroit, échancrure (d'une jupe), poésie, faire mal, favori (barbe), accordéon, étincelle, fiancée, fureur, suer.*
- **liom, duenti, ruénta, e bistí-m, e ruê-m, e pentiâ-m, e maguâ-m, parodiánti**, *lion, malade, langue de vipère, il m'a habillé, il m'a calomnié, il m'a peigné, il m'a causé du chagrin, fêtard.*
- **mbruga, mbipu, m-bai, ntendi, nkádja, m-skrebi, ndjárga, mporta, ntrega, ngori**, *verrue, piège, j'y suis allé, comprendre, s'échouer, j'ai écrit, côté/ flanc, importer/ compter, remettre (en mains propres), guêpe maçonne.*

PURMERU LISOM : FLA MANTENHA

1. Djom é berdiánu di Santiágu. Anne é minina di Fránsa.
2. Djom : Es korpu ?
3. Anne : Alê-m li, es bida ?
4. Djom : Alê-m li dretu, gentis é módi ?
5. Anne : Tudu sta dretu ? Di bo ?
6. Djom : Támbi sta dretu, grásas-a Diós !
7. Anne : Módi bu tchoma ?
8. Djom : M-tchoma Djom. Di bo, é módi ?
9. Anne : M-tchoma Anne.
10. Djom : Undi bu mora ?
11. Anne : M-mora na Práia. A-bo undi bu mora ?
12. Djom : A-mi m-mora na Somáda.

Vocabulaire

a-bo, *ppti*, toi.
alê-m li, *loc*, je vais bien.
a-mi, *ppti*, moi.
berdiánu, *subst*, capverdien.
bida, *subst*, vie.
bu, *ppsuj*, tu.
di, *prép*, de.
di bo, *posston*, *(ici)* le tien, la tienne.
Diós, *subst*, Dieu.
Djom, *npr*, Jean.
dretu, *adj/ adv*, correct, correctement, bien.
é, *v*, être.
es, *dém*, ce.
fla, *v*, dire, **fla mantenha**, saluer.
Fránsa, *npr*, France.
gentis, *subst*, famille.
grásas-a Diós, *loc*, Dieu merci.
korpu, *subst*, corps.
lisom, *subst*, leçon.
m-, *ppsuj*, je.
mantenha, *subst*, salutation.
minina, *subst*, jeune fille.
módi, *inter*, comment.
mora, *vf*, habiter.
na, *prép*, dans, à.
Práia, *npr*, Praia, capitale du Cap-Vert, sur l'île de Santiago.
purmeru, *num*, premier.
Santiágu, *npr*, île de Santiago, dans l'Archipel du Cap-Vert.
Somáda, *npr*, Assomada, principale ville du centre de Santiago.
sta, *vf*, être (quelque part, dans un état donné).
támbi, *adv*, aussi, également.
tchoma, *vf*, s'appeler.
tudu, *adv*, tout, en totalité.
undi, *inter*, où.

Traduction. Première leçon : les salutations

1. Jean est un Capverdien de l'île de Santiago. Anne est une jeune fille originaire de France.
2. Jean : est-ce que tu vas bien ?
3. Anne : je vais bien, (et) toi comment vas-tu ?
4. Jean : je vais bien, comment va ta famille ?
5. Anne : tout le monde va bien. Et ta famille ?
6. Jean : ils vont bien aussi, Dieu merci.
7. Anne : comment t'appelles-tu ?
8. Jean : je m'appelle Jean. Et toi, comment t'appelles-tu ?
9. Anne : je m'appelle Anne.
10. Jean : où habites-tu ?
11. Anne : j'habite à Praia. Et toi, où habites-tu ?
12. Jean : moi, j'habite à Assomada.

Traduction littérale. Première leçon : dire salutation

N.B. : dans les leçons 1 à 5, on vous propose une traduction littérale des leçons, afin que vous puissiez bien comprendre les constructions créoles et voir les différences avec le français.

1. Jean être capverdien de Santiago. Anne être jeune fille de France.
2. Jean : ce corps ?
3. Anne : ici me ici (= je vais bien), cette vie ?
4. Jean : ici me ici, correct, famille être comment ?
5. Anne : tout être correct ! De toi (= la tienne) ?
6. Jean : aussi être correct, grâce à Dieu !
7. Anne : comment tu s'appeler ?
8. Jean : je s'appeler Jean. Le tien (= ton nom) être comment ?
9. Anne : je s'appeler Anne.
10. Jean : où tu habiter ?
11. Anne : je habiter à Praia. Toi où tu habiter ?
12. Jean : moi je habiter à Assomada.

Commentaire grammatical

Voilà votre premier contact avec un texte créole. Comme vous le montre la traduction littérale, le créole ne fonctionne pas comme le français. Vous allez devoir vous habituer à une autre façon de dire, à une autre manière de penser. Ne vous en faites pas : cela viendra vite.

1. Le principe d'économie

Le capverdien est une langue créole, née d'un besoin immédiat de communication entre des peuples différents (en l'occurrence des esclaves africains et leurs maîtres portugais). Cette genèse tourmentée a eu pour conséquence une tendance à l'économie dans la langue. Presque toujours, il faut moins de mots créoles que de mots français pour dire la même chose. C'est le principe d'économie, qui régit toute la langue capverdienne. Aujourd'hui, nous en rencontrons déjà quelques applications :

- le capverdien ne connaît pas d'article (défini ou indéfini) : **Anne é minina di Fránsa** : *Anne est **une** jeune fille française (de France)*, **gentis é módi**, *comment va **la** famille*. En capverdien, **minina**, *jeune fille*, et **gentis**, *famille*, sont employés sans article.

- **tchoma** signifie *s'appeler*. Très souvent, le verbe capverdien ne marque pas formellement la forme réfléchie, quand le français y a systématiquement recours.

Vous vous habituerez progressivement au principe d'économie, qui est une des principales difficultés de la langue capverdienne pour quelqu'un qui parle une langue européenne : les Occidentaux en disent toujours trop quand ils parlent le créole et du coup, leur capverdien semble lourd et ampoulé. Bien parler le créole, c'est apprendre à dire l'essentiel en peu de mots (comme en latin) : le principe d'économie est une des clés de l'élégance de la langue du Cap-Vert.

2. Les pronoms personnels

Dans ce texte, on rencontre deux types de pronoms personnels (aux deux premières personnes du singulier seulement) :

- **1.** une série atone (qui ne porte pas d'accent tonique), les pronoms personnels sujets (ppsuj) : **m-, bu**, *je, tu*. Ils servent à conjuguer le verbe, et ils sont toujours placés devant le verbe : **m-tchoma Djom, módi bu tchoma ?**, *je m'appelle Jean, comment tu t'appelles ?* ou *comment t'appelles-tu ?* L'inversion verbe-sujet dans les questions n'existe pas en capverdien. Comme en français, l'emploi du pronom personnel sujet est obligatoire (en l'absence de sujet exprimé), sauf quand le sujet est neutre (*ça, cela*) et/ ou sous-entendu : **é módi ?**, *c'est comment ?*

Attention : à la prononciation de **m-** suivi du verbe : il ne faut pas rajouter de voyelle devant ou derrière le **m-**. On ne dit pas "ème tchoma" ou "mé tchoma", seulement **m-tchoma,** *je m'appelle...*

- **2.** une série tonique, les pronoms personnels toniques initiaux (ppti) : **a-mi, a-bo**. Ils ne s'emploient qu'en début de phrase ou de proposition et servent à insister sur la personne qu'ils désignent (ils ont une valeur emphatique). Ainsi, **a-mi m-tchoma Djom** signifie *moi, je m'appelle Jean* (on insiste sur la première personne) et s'oppose à **m-tchoma Djom**, *je m'appelle Jean* (sans insistance particulière sur la première personne).

Attention : les pronoms personnels toniques initiaux peuvent renforcer le sens du pronom personnel sujet, mais pas le remplacer. On ne peut pas dire *"**a-mi tchoma**", il faut obligatoirement mettre le pronom personnel sujet : **a-mi m-tchoma** (ici, le **m-** du sujet nasalise le {**i**} de **a-mi**).

3. Les verbes forts et le verbe être

Nous avons rencontré quatre verbes conjugués dans cette leçon : **sta, tchoma, é, mora**, *être (dans un certain état), s'appeler, être, habiter.* Voilà ce que vous devez savoir à ce sujet :

- **1.** les verbes capverdiens ne changent jamais de forme en fonction du sujet : **m-tchoma, bu tchoma,** *je m'appelle, tu t'appelles* ;

- **2.** il existe deux types de verbes en capverdiens : les verbes faibles et les verbes forts. Que le verbe soit faible ou fort, toute forme verbale prend en compte trois notions : l'aspect (A), la voix (V), et le temps (T). Les marques d'aspect précèdent le verbe, les marques de voix puis de temps le suivent, soit A + verbe + V + T. Nous expliciterons plus tard chacune de ces notions. Pour le moment, nous constatons que les formes **mora, sta, tchoma** ne possèdent aucune marque spécifique devant ou derrière le verbe. L'absence de marque c'est zéro : eh bien ne rien dire c'est déjà dire quelque chose en capverdien :

- aspect = zéro : le verbe est à l'aspect accompli (nom de l'aspect), qui correspond à une action complètement faite.

- voix = zéro : le verbe est à la voix active.

- temps = zéro : le verbe est au temps présent.

Ainsi, dans **módi bu tchoma ?**, le verbe **tchoma** est conjugué à l'aspect accompli, à la voix active et au temps présent. Vous vous habituerez progressivement à cette analyse des formes verbales.

- **3.** les formes **mora, sta, tchoma**, sont celles que vous trouverez dans le dictionnaire en face de *habiter, être (dans un certain état), s'appeler*, en français. Si l'on fait abstraction de l'aspect (placé devant le verbe), on peut dire que ces formes ont une désinence nulle (temps et voix = zéro). Ces verbes sont à l'actif-présent. L'actif-présent (AP) est la forme la plus simple du verbe créole, et celle que l'on utilise pour le classement alphabétique (il n'y a pas d'infinitif en capverdien) ;

- **4. mora, sta** et **tchoma** sont des verbes forts (vf), car à l'actif-présent, leur accompli correspond au présent du français : **bu mora** = *tu habites*. On verra qu'il n'en va pas de même pour les verbes faibles ;

- **5. é**, le verbe *être*, est très irrégulier. Il ne s'insère dans aucun des deux groupes de verbes du capverdien. Nous étudierons peu à peu son comportement. Pour le moment, retenez que **é** correspond généralement au présent du verbe *être* en français ;

- **6.** le capverdien connaît deux verbes, **é** et **sta**, correspondant au français *être*. **É** est employé dans cette leçon avec des substantifs attributs : **berdiánu, minina**, ainsi qu'avec l'adverbe interrogatif **módi**. **Sta** s'emploie ici avec le sens de *être dans un certain état*. Nous reviendrons plusieurs fois sur **é** et **sta** et leurs emplois respectifs. Si vous avez fait de l'espagnol ou du portugais, retenez que les verbes *ser* et *estar* de ces deux langues correspondent à peu près à **é** et **sta** en capverdien.

Exercices

I. Familiarisation avec le texte :

1. Comptez tous les verbes du texte (à l'exception des mots du titre). Si un même verbe est employé plusieurs fois, comptez-le à chaque fois qu'il apparaît; pour chaque verbe, relevez les numéros des phrases où il apparaît.
2. Comptez les pronoms personnels atones sujets du texte; pour chaque forme, relevez les numéros des phrases où elle apparaît.
3. Comptez les pronoms personnels toniques initiaux du texte; pour chaque forme, relevez les numéros des phrases où elle apparaît.
4. Écoutez successivement : **módi, korpu**. Que remarquez-vous ?
5. Prononcez : **m-tchoma, m-sta, m-mora**.

II. Emploi des verbes forts à l'accompli. Traduisez en capverdien les phrases suivantes :

1. Tu habites à Praia ?
2. Où habites-tu ? - J'habite à Santiago.
3. J'habite en France.
4. Tu t'appelles Jean.
5. Comment t'appelles-tu ? - Je m'appelle Anne.
6. La famille va bien.

III. Emploi des pronoms toniques initiaux. Traduisez en capverdien les phrases suivantes :

1. Toi tu habites à Praia.
2. Moi j'habite à Santiago.
3. Moi j'habite en France.
4. Toi tu t'appelles Jean.
5. Moi je m'appelle Anne.
6. Toi tu vas (es) bien.

Civilisation : les salutations

Cette leçon comporte plusieurs des salutations créoles (santiagaises) les plus typiques : **es bida, es korpu**, lit. "*cette vie, ce corps*" équivalent au français *comment vas-tu* ? La réponse **alê-m li**, *je vais bien*, est également une construction caractéristique. En créole, *salutation* se dit **mantenha**, mot qui vient d'une expression portugaise ancienne : *Deus vos mantenha*, *"que Dieu vous maintienne (en bonne santé)"*. Comme dans de nombreux pays du monde, les Capverdiens et particulièrement les Badiais de Santiago, accordent beaucoup d'importance aux formules de salutation. Retenez les formules de cette leçon, elles vous seront très utiles dans la vie courante.

SUGUNDU LISOM : NA PILORINHU

1. Anne : batáta é kántu ?
2. Bendidera : duzéntus merés kada kilu.
3. Djom : káru !
4. Bendidera : da senti-oiténta.
5. Anne : a-li nha. Djobi Djom, kel é kusé ?
6. Djom : a-bo bu ka sabi é kusé ?
7. Anne : m-ka sabi nau !
8. Djom : é mafáfa, é sábi. Kántu kilu bu kré ?
9. Anne : a-mi m-ka kré, a-mi m-mesti batáta, m-ka mesti mafáfa.
10. Bendidera : bu ka kré náda más ?
11. Anne : m-kré sim. A-mi m-mesti també um kilu di papáia.

Vocabulaire

a-li, *adv*, ici, voici.
batáta, *subst*, patate douce.
bendidera, *subst*, vendeuse.
da !, *fv*, donne (impératif).
djobi !, *fv*, regarde (impératif).
duzéntus, *num*, deux cents.
ka, *adv*, ne...pas (négation verbale).
kada, *indéf*, chaque.
kántu, *inter*, combien.
káru, *adj*, cher.
kel, *dém*, ceci, cela.
kilu, *subst*, kilo.
kré, *vf*, vouloir.
kusé, *inter*, quoi.
mafáfa, *subst*, sorte d'igname.
más, *adv*, plus.
merés, *subst*, escudo (unité monétaire capverdienne).
mesti, *vf*, avoir besoin de.
náda, *indéf*, rien.
nau, *adv*, non.
nha, *pp*, madame.
papáia, *subst*, papaye.
pilorinhu, *subst*, marché (où l'on vend de la nourriture).
sabi, *vf*, savoir.
sábi, *adj*, bon, agréable.
senti-oiténta, *num*, cent quatre-vingts.
sim, *adv*, si, renforce l'affirmation verbale.
sugundu, *num*, second
també, *adv*, aussi, également, variante urbaine de **támbi**.
um, *num*, un.

Traduction. Deuxième leçon : au marché

1. Anne : à combien sont les patates douces ?
2. La vendeuse : deux cents escudos le kilo.
3. Jean : c'est cher !
4. La vendeuse : je vous les fais à cent quatre-vingts.
5. Anne : tenez Madame. Regarde Jean, qu'est-ce que c'est que ça ?
6. Jean : tu ne sais pas ce que c'est ?
7. Anne : non je ne le sais pas.
8. Jean : ce sont des ignames, c'est [un] excellent [légume]. Combien de kilos en veux-tu ?
9. Anne : je n'en veux pas, moi j'ai besoin de patates douces, je n'ai pas besoin d'ignames.
10. La vendeuse : vous ne voulez rien d'autre ?
11. Anne : si. J'ai aussi besoin d'un kilo de papayes.

Traduction littérale. Deuxième leçon : dans marché

1. Anne : patate (douce) être combien ?
2. Vendeuse : deux cents escudos chaque kilo.
3. Jean : cher !
4. Vendeuse : donner cent quatre-vingts.
5. Anne : voici Madame. Regarder Jean, ça est quoi ?
6. Jean : toi tu ne pas savoir être quoi ?
7. Anne : je ne pas savoir non.
8. Jean : être igname, être bon. Combien kilo tu vouloir ?
9. Anne : moi je ne pas vouloir, moi je avoir besoin de patate (douce), je ne pas avoir besoin d'igname.
10. Vendeuse : tu ne pas vouloir rien plus ?
11. Anne : je vouloir si. Moi je avoir besoin aussi un kilo de papaye.

Commentaire grammatical

1. Le principe d'économie

Le principe d'économie de la langue capverdienne se manifeste de nouveau dans cette leçon. Certaines des économies faites par la langue capverdienne vous surprendront sans doute. Ne vous inquiétez pas, lisez et relisez les explications, et surtout continuez à étudier régulièrement les textes. Un contact régulier et répété avec la langue créole est le meilleur moyen d'arriver à vous pénétrer de son génie propre.

1.1. Absence de marquage du pluriel

En français, on dit : *à combien sont les patates douces ?* Divers éléments nous indiquent qu'il y a plusieurs patates douces : la forme du verbe (*sont* au lieu de *est*), l'article défini (*les* au lieu de *la*) et, à l'écrit, les -{s} de *patates* et de *douces*. En créole, rien dans la forme du verbe **é** ou du nom **batáta** ne permet de savoir s'il s'agit d'une ou de plusieurs patates douces.

Mais le contexte permet de lever l'ambiguïté : généralement, sur un étal de marché, il y a plus d'une patate à vendre. En français on utilise le pluriel dès qu'on est en présence de plus d'un élément. En capverdien, toutes les fois que le contexte suffit à indiquer le nombre, on n'utilisera pas le pluriel.

Ainsi le pluriel n'est pas non plus marqué en créole pour les mots :

- **merés**, *escudo* : le numéral **duzéntus**, *deux cents*, suffit pour savoir qu'on a affaire à un pluriel ;
- **mafáfa**, *igname* : sur l'étal du marché, il y a sûrement plus d'un igname, comme il y a plus d'une patate douce ;
- **kilu**, *kilogramme*, dans l'expression **kántu kilu**, *combien de kilogrammes*. Si on demande combien il y en a, c'est qu'on suppose qu'il peut y en avoir plusieurs.
- **papáia**, *papaye* : un kilogramme de papayes peut inclure plusieurs unités (sauf si la papaye est très grosse).

N.B. : beaucoup de noms créoles ont néanmoins des formes pour le pluriel, nous les étudierons plus tard.

1.2. Élision du verbe *être*

Dans la phrase 3, on dit **káru !** là où en français on dirait *c'est cher !* ou *que c'est cher !* On aurait aussi pu dire **é káru !** en créole. La phrase serait ainsi correcte, mais l'adjectif seul suffit pour exprimer le fait que deux cents escudos est un prix élevé. Dans ce cas précis, le verbe **é** peut donc être élidé.

2. La négation verbale

La marque de négation verbale en capverdien est **ka**. Elle est toujours placée devant le verbe et après le pronom personnel sujet.

Exemple : **bu sabi**, *tu sais* > **bu KA sabi**, *tu NE sais PAS*.

Exception : avec le seul verbe **é**, *être*, **ka** est le plus souvent placé après le verbe, surtout lorsque l'attribut est un adjectif.

Exemple : **é sábi**, *c'est bon* > **é KA sábi**, *ça N'est PAS bon.*

3. Interrogation et interrogatifs

3.1. Place du mot interrogatif

Seule l'intonation de la voix marque l'interrogation en capverdien (il n'y a pas d'inversion verbe-sujet, à la différence du français et de l'anglais) :

- **módi bu tchoma** ? *comment t'appelles-tu ?*, cf. leçon 1.

Nous avons déjà rencontré plusieurs mots interrogatifs :

- **módi, undi**, *comment, où*, dans la leçon 1.
- **kántu, kusé**, *combien, quoi*, dans la leçon 2.

Les mots interrogatifs peuvent occuper deux places différentes en fonction du type d'énoncé :

- avec tous les verbes sauf **é**, les mots interrogatifs sont généralement placés devant le groupe sujet-verbe.

Exemple : **kántu kilu bu kré**, *combien de kilos veux-tu ?*, lit. "*combien (de) kilos tu veux* ?"

- en présence du verbe **é**, le mot interrogatif est placé après le verbe.

Exemple : **kel é kusé ?**, *qu'est-ce que c'est ?*, lit. "*c'est quoi* ?"

3.2. Réponse assertive renforcée

Pour renforcer le caractère affirmatif ou négatif d'une réponse, le capverdien reprend le verbe de l'interrogation suivi d'un adverbe :

- **sim** dans le cas d'une affirmation renforcée.

Exemple : **bu ka kré náda más ? > m-kré sim**, *tu ne veux rien d'autre ? > si/ mais si !*, lit. "*si, je veux !*"

- **nau** dans le cas d'une négation renforcée.

Exemple : **bu ka sabi é kusé ? > m-ka sabi nau**, *ne sais-tu pas ce que c'est ? > non/ pas du tout !*, lit. "*non, je ne sais pas !*"

Exercices

I. Traduisez les phrases suivantes, puis mettez-les à la forme négative.

Exemple : *je m'appelle Jean*
> Traduction : **m-tchoma Djom**
> Forme négative : **m-ka tchoma Djom**.

1. *Tu as besoin de patates douces.*
2. *Moi je veux des ignames.*
3. *Anne habite à Praia.*
4. *Les patates douces sont* (utilisez le verbe **é**) *chères.*
5. *Jean va bien (Jean est correct).*

II. Remettez dans le bon ordre les interrogations suivantes, puis traduisez-les en français

1. **kántu + é + papáia**
2. **bendidera + tchoma + módi**
3. **kántu + mesti + di papáia + bu + kilu**
4. **kántu + é + kel**
5. **mora + Djom + undi**
6. **kré + kusé + bu**
7. **é + módi + gentis**

III. Traduisez en capverdien

1. Est-ce que tu sais ce que c'est ? - Bien sûr que je le sais !
2. À combien sont les ignames ?
3. Sais-tu à combien (ils) sont ?
4. Tu n'as pas besoin de papayes ? – Si, j'en ai besoin !
5. Veux-tu deux cents kilogrammes de papayes ? - Non, je n'en veux pas !

Civilisation : les marchés capverdiens

Il existe deux types de marchés au Cap-Vert :

- 1. ceux où l'on vend de la nourriture s'appellent **pilorinhu** ou **merkádu**. Le mot **pilorinhu** vient du portugais *pelourinho*, qui signifie *pilori*. Le pilori était une colonne à laquelle on attachait les esclaves coupables de révoltes ou de tentatives d'évasion afin de les supplicier. Aux premiers temps de la colonisation, les Portugais firent du Cap-Vert une plaque tournante du trafic des esclaves noirs, que l'on achetait en Afrique et que l'on revendait en Amérique. Ces esclaves étaient vendus aux enchères aux îles du Cap-Vert sur la place du pilori, à Cidade Velha (première capitale du Cap-Vert, à l'Ouest de l'île de Santiago). Le pilori était donc le centre de la vie économique de la cité, et c'est ainsi que ce mot a pris le sens de *marché* en capverdien. Le mot **merkádu** est un emprunt récent au portugais, qu'il vaut mieux éviter d'employer. Il y a plusieurs marchés alimentaires à Praia, ainsi que dans les principales villes et bourgs de l'Archipel. Les vendeurs sont généralement des Capverdiens, soit des ruraux venus de la campagne vendre leurs produits, soit des marchands installés en ville ;

- 2. les marchés où l'on vend des vêtements (ainsi que divers accessoires électriques, des meubles, de la vaisselle...) s'appellent **sukupira**. Celui de la capitale est de loin le plus important lieu de négoce du Cap-Vert. Beaucoup de vendeurs y sont originaires du continent africain (Sénégalais, Nigérians, Guinéens...). Les Continentaux dominent en particulier le commerce des piles, des transistors et des montres.

En dehors des marchés permanents, il existe aussi des foires dans certaines localités. La foire hebdomadaire d'Assomada est particulièrement réputée en pays santiagais pour son marché aux bestiaux.

Le marchandage existe au Cap-Vert, mais les baisses concédées par les vendeurs excèdent très rarement 5 ou 10% du premier prix demandé. Cette pratique est donc très différente des habitudes de l'Afrique de l'Ouest (Sénégal, Mali, Cameroun...), où les transactions se concluent à des prix souvent inférieurs à la moitié du premier prix.

La marchande a parlé à Anne (une jeune femme) en utilisant **bu**, pronom de tutoiement, tandis que Anne a utilisé **nha**, une forme de vouvoiement féminin, préférable pour s'adresser à quelqu'un de plus âgé que l'on ne connaît pas. On ne tutoie (ni ne vouvoie) pas en capverdien comme en français. Nous reviendrons plus tard sur ces règles de politesse.

TIRSERU LISOM : BU PÁSA BOM FIM DI SUMÁNA ?

1. Anne : é módi Djom, bu pása bom fim di sumána ?
2. Djom : m-pása sim.
3. Anne : undi bu bai ?
4. Djom : sábru, m-fika déntu kása, diâ dimingu m-bá Tarafal, mi ku um amigu.
5. Anne : moki nhós pása la ?
6. Djom : di parmanham, nu bá bera-már, nu náda, nu diskánsa. Di párti-tárdi, ês poi som na mei di koku, nu bá bádja, nu kunsa bem Somáda.
7. Anne : nhós pása sábi mé.
8. Djom : sábi só sábi. A-bo, kusé bu fasi ?
9. Anne : sábru, m-bá sinéma, mi ku Sándra. Diâ dimingu, m-bá almusa ku Pedru.
10. Djom : a-bo, nem bu ka bádja kel fim di sumána.
11. Anne : m-ka sabi bádja bádju di Kau Berdi.
12. Djom : bu ka podi fika sim. Bu tem ki prendi bádju di li.
13. Anne : m-ka teni dinheru di pága óla.
14. Djom : a-mi m-tem amigu pursor. A-el e konxi tudu bádju di Santiágu ku Ilias. Ku el nem bu ka mesti pága.
15. Anne : é kenha?
16. Djom : é mi.

Vocabulaire

a-el, *ppti*, lui.
almusa, *v*, déjeuner.
amigu, *subst*, ami.
bá, *v*, aller, variante de **bai** (cf. grammaire).
bádja, *v*, danser.
bádju, *subst*, danse.
bai, *v*, aller.
bem, *v*, venir.
bera-már, *subst*, plage, lit. "bord de la mer".
bom, *adj*, bon.
déntu, *prép*, dans, à l'intérieur de.
di parmanham, *loc*, le matin.
di párti-tárdi, *loc*, l'après-midi.
diâ dimingu, *subst*, dimanche.
dinheru, *subst*, argent.
diskánsa, *v*, se reposer.
e, *ppsuj*, il/ elle.
el, *pp*, lui/ elle.
ês, *ppsuj*, ils/ elles.
fasi, *v*, faire.
fika, *v*, rester.
fim, *subst*, fin, **fim di sumána**, week-end, fin de semaine.
Ilias, *npr*, (*ici*) les îles du Cap-Vert autres que Santiago.
kása, *subst*, maison.
Kau Berdi, *npr*, Cap-Vert.
kenha, *inter*, qui.
koku, *subst*, (*ici*) cocotier.
konxi, *vf*, connaître.
ku, *prép*, avec.
kunsa, *v*, faire qqch ensuite/ après (cf. grammaire).
la, *adv*, là-bas.
li, *adv*, ici.
mé, *adv*, vraiment, à proprement parler.

Traduction. Troisième leçon : as-tu passé un bon week-end ?

1. Anne : comment ça va Jean, as-tu passé un bon week-end ?
2. Jean : oui, tout à fait.
3. Anne : où es-tu allé ?
4. Jean : samedi, je suis resté à la maison, dimanche je suis allé à Tarrafal, avec un ami.
5. Anne : qu'est-ce que vous avez fait là-bas ?
6. Jean : le matin, nous sommes allés à la plage, nous avons nagé, et nous nous sommes reposés. L'après-midi, des gens ont installé une sono au milieu des cocotiers, nous sommes allés danser, puis nous sommes revenus à Assomada.
7. Anne : vous vous êtes vraiment bien amusés.
8. Jean : ah oui, c'était fantastique. (Et) toi qu'as-tu fait ?
9. Anne : samedi, je suis allée au cinéma, avec Sandra. Dimanche, je suis allée déjeuner avec Pierre.
10. Jean : (alors) toi tu n'as même pas dansé ce week-end.
11. Anne : je ne connais pas les danses capverdiennes.
12. Jean : tu ne peux pas rester comme ça. Tu dois apprendre les danses de chez nous.
13. Anne : je n'ai pas d'argent pour payer les cours.
14. Jean : moi j'ai un ami professeur. Il connaît toutes les danses de Santiago et des (autres) îles. Avec lui tu n'as même pas besoin de payer.
15. Anne : qui est-ce ?
16. Jean : c'est moi.

Vocabulaire (suite)

meiu, *subst*, milieu, **na mei di**, au milieu de.
mi, *pp*, moi.
moki, *inter*, comment.
náda, *v*, nager.
nem...ka, *loc*, même pas.
nhós, *ppsuj*, vous (tous).
nu, *ppsuj*, nous.
óla, *subst*, cours.
pága, *v*, payer.
pása, *v*, passer, **pása sábi**, s'amuser, se divertir.
Pedru, *npr*, Pierre.
podi, *vf*, pouvoir.
poi, *v*, mettre.
prendi, *v*, apprendre.
pursor, *subst*, professeur.
sábru, *subst*, samedi.
Sándra, *npr*, Sandra.
sim, *adv*, ainsi, comme ça.
sinéma, *subst*, cinéma.
só, *adv*, seulement, **sábi só sábi**, extrêmement agréable, fantastique.
som, *subst*, sono.
sumána, *subst*, semaine.
Tarafal, *npr*, Tarrafal.
tem, *vf*, avoir (de façon inaliénable), **tem ki**, devoir, être dans l'obligation de.
teni, *vf*, avoir (à portée de la main).
tirseru, *num*, troisième.

Traduction littérale. Troisième leçon : tu passer bonne fin de semaine

1. Anne : être comment Jean, tu passer bonne fin de semaine ?
2. Jean : je passer si.
3. Anne : où tu aller ?
4. Jean : samedi, je rester à l'intérieur de maison, dimanche je aller Tarrafal, moi avec un ami.
5. Anne : comment que vous passer là-bas ?
6. Jean : de matin, nous aller bord-mer, nous nager, nous reposer. De après-midi, ils mettre sono dans milieu de cocotier, nous aller danser, nous faire ensuite venir Assomada.
7. Anne : vous passer agréable vraiment.
8. Jean : agréable seulement agréable. Toi quoi tu faire ?
9. Anne : samedi, je aller cinéma, moi avec Sandra. Dimanche, je aller déjeuner avec Pierre.
10. Jean : toi même pas tu ne pas danser cette fin de semaine.
11. Anne : je ne pas connaître danse de Cap-Vert.
12. Jean : tu ne pas pouvoir rester comme ça. Tu devoir apprendre danse d'ici.
13. Anne : je ne pas avoir argent de payer cours.
14. Jean : moi je avoir ami professeur. Lui il connaître tout danse de Santiago avec îles. Avec lui tu même pas ne pas avoir besoin payer.
15. Anne : être qui ?
16. Jean : être moi.

Commentaire grammatical

1. Les pronoms personnels

1.1. Pronoms personnels sujets

Voici le tableau des pronoms personnels sujets du capverdien moderne :

Personne	Singulier	Pluriel
1	**m-**	**nu**
2	**bu**	**nhós**
3	**e**	**ês**

Exemple : **m-tem amigu pursor**, *j'ai un ami (qui est) professeur.*

Ces formes sont valables pour tous les verbes à l'exception de **é**, *être.*

N.B. : le capverdien ne différencie pas le masculin du féminin pour les pronoms de 3ème personne. **E** = *il* ou *elle*, **ês** = *ils* ou *elles.*

1.2. Pronoms personnels toniques initiaux

Voici les formes des 3 personnes du singulier :

Personne	Singulier
1	**a-mi**
2	**a-bo**
3	**a-el**

Tous les pronoms toniques initiaux commencent par **a-**.

Exemple : **a-el e konxi tudu bádju di Kau Berdi**, *lui, il connaît toutes les danses du Cap-Vert.*

2. Aspect verbal

2.1. Accompli des verbes faibles

Dans ce texte, on voit qu'un verbe non fléchi peut correspondre à deux temps différents en français :

- phrase 14 : **m-tem amigu pursor**, *j'ai un ami (qui est) professeur* (présent) ;

- phrase 4 : **m-fika déntu kása**, *je suis restée à la maison* (passé composé).

Les deux verbes créoles sont conjugués au même aspect, l'accompli (marque nulle). Mais **fika** est un verbe faible, tandis que **tem** est un verbe fort. On a déjà vu (leçon 1) que, à l'actif-présent (AP), l'accompli des verbes forts correspond généralement au présent français.

L'accompli des verbes faibles correspond lui au passé (passé composé ou passé simple le plus souvent) en français.

Une même marque verbale (ici la marque nulle) a donc une valeur différente en capverdien selon que le verbe est fort ou faible.

2.2. Verbes faibles et verbes forts

Pour comprendre le fonctionnement d'un verbe capverdien, on vient de le voir, il faut impérativement savoir s'il est faible ou fort. Or il n'existe aucun moyen de reconnaître les verbes forts des verbes faibles.

Ceci ne doit pas vous faire peur. En effet, les verbes forts sont peu nombreux en capverdien : il y en a 15. Tous les autres verbes sont faibles (à l'exception de **é**, *être*). Il vous faudra donc apprendre la liste des verbes forts par cœur. Voici ceux que nous avons déjà rencontrés au cours des leçons 1 à 3 :

konxi, *connaître*
mesti, *avoir besoin de*
mora, *habiter*
podi, *pouvoir*
sabi, *savoir*
sta, *être (quelque part, dans un certain état)*
tchoma, *s'appeler*
tem, *posséder*, et son dérivé **tem ki**, *devoir*
teni, *avoir (à sa disposition)*

3. Emploi de *kunsa* et de *nem*

Cette leçon est l'occasion de vous faire découvrir deux idiomatismes très courants du capverdien moderne :

- **kunsa** est un verbe modal qui n'a pas d'équivalent exact en français ni en portugais. Placé devant un verbe de mouvement, comme **bai, bem**, *aller, venir/ revenir*, il indique que le mouvement se fait après les autres actions déjà mentionnées.

Exemple : **nu bá bádja, nu kunsa bem Somáda**, *nous sommes allés danser, puis nous sommes revenus à Assomada*. La traduction la plus proche de **kunsa** en français est généralement *puis, et puis, et alors, avant de (+ infinitif)*.

- **nem** placé en tête de phrase et combiné avec la négation verbale **ka** est l'équivalent du français *même pas, pas même.*

Exemple : **nem bu ka bádja kel fim di sumána**, *tu n'as même pas dansé ce week-end.*

4. Autres points dignes d'intérêt :

- **1.** On a déjà vu que le capverdien possède deux verbes *être*, **é** et **sta**. Le créole possède également deux verbes correspondant au français *avoir* :

- **tem** marque la possession définitive ou inaliénable.

Exemple : **m-tem amigu, m-tem dinheru**, *j'ai un ami (de confiance), j'ai de l'argent (= je suis riche).*

- **teni** exprime une appartenance plus concrète, c'est le fait d'avoir quelque chose qui est disponible, à portée de la main.

Exemple : **m-teni amigu, m-teni dinheru**, *j'ai un ami (=une connaissance), j'ai de l'argent (sur moi).*

On reviendra plus loin sur les usages de ces deux verbes.

- **2.** dans le texte, on remarque une alternance des formes **bai** et **bá** pour le verbe *aller*. Le capverdien n'a qu'un seul verbe *aller*. Mais ce verbe change de forme en fonction des éléments qui l'entourent :

- la forme pleine **bai** est obligatoire en fin de phrase.

Exemple : **undi bu bai ?**, *où es-tu allé* ?

- quand le verbe *aller* est suivi d'un autre verbe ou d'un complément de lieu, la forme **bá** est la plus employée.

Exemples : **m-bá Tarafal, nu bá bádja**, *je suis allé à Tarrafal, nous sommes allés danser.*

Notez aussi que le complément de lieu (destination) de **bai** n'est pas introduit par une préposition : **m-bá Tarafal** ≠ *je suis allé À Tarrafal.* Cette remarque est aussi valable pour **bem**, *venir/ revenir* : **nu kunsa bem Somáda**, *nous sommes revenus À Assomada.*

- **3.** dans la phrase 5, on pourrait employer **módi**, *comment*, à la place de **moki**. La forme **moki** est une contraction de **módi ki**, lit. "*comment que*". Les mots interrogatifs placés en tête de phrase sont assez souvent suivis de **ki**. Lorsque le mot interrogatif est polysyllabique (cas de **módi**), l'usage de **ki** peut être considéré comme un calque (superflu) des tournures interrogatives portugaises.

Exercices

I. Traduisez en capverdien les phrases suivantes

1. Il ne s'est pas bien amusé.
2. J'ai de l'argent (sur moi).
3. Je n'ai pas d'ami (de confiance).
4. Elle a dansé avec Jean.
5 Ce week-end, elles ne se sont pas reposées, elles sont allées danser à Assomada.
6 Toi, tu ne sais pas nager, lui, il ne sait pas danser.
7 Moi je ne connais pas Sandra.

II. Traduisez en capverdien les phrases suivantes, en pensant à employer *kunsa* :

1. Je suis allé à Tarrafal, puis je suis revenu à Praia.
2. Vous vous êtes reposés, vous êtes allés au cinéma, et enfin vous êtes allés danser.
3. Tu as dansé, tu es allé à la plage, tu as nagé, et pour finir tu es allé à Assomada.
4. Nous avons appris les danses du Cap-Vert, nous nous sommes reposés avant de revenir (= puis nous sommes revenus) à la maison.

III. Remettez dans le bon ordre les phrases suivantes, puis traduisez-les en français

1. dinheru + e + teni + a-el + ka
2. ês + bem + na mei di koku + Práia + ês + bádja + kunsa
3. bádju + ka + nhós + prendi + di Santiágu
4. ka + nem + bu + bádja

IV. Traduisez en capverdien les phrases suivantes, en pensant à employer *nem*.

1. Elle ne sait même pas nager.
2. Tu ne t'es même pas reposé ce week-end.
3. Vous n'avez même pas d'argent pour payer les cours.
4. Ils n'ont même pas payé.

Civilisation : la plage de Tarrafal et les danses

Tarrafal, située au Nord de l'île de Santiago, est réputée être la meilleure plage de l'île. De nombreux habitants de Praia y passent leurs week-ends. C'est aussi le seul endroit où l'on rencontre des touristes en nombre important à Santiago.

La danse est un des loisirs favoris des Capverdiens. Il existe 4 types principaux de compositions :

- la **koladera** (*coladéra*), au rythme rapide, est originaire des îles du Nord de l'Archipel ;

- la **mórna** (*morne*), mélodie langoureuse qui rappelle le *fado* portugais, est originaire de Brava et de Boa Vista ;

- la **funaná** (*founana*), au tempo africain, est caractéristique de l'île de Santiago ;

- le **batuku** (*batouque*) est une autre danse traditionnelle de Santiago, directement influencée par les danses africaines. On ne pratique le batouque que lors des fêtes traditionnelles ou rituelles (mariages, baptêmes...).

Le zouk et les musiques d'Afrique francophone sont aussi très appréciés au Cap-Vert. Ainsi, Kassav' est un groupe populaire dans tout l'Archipel.

KUÁRTU LISOM : A-MI M-KRÉ BÁ FRÁNSA

1. Djom : Anne, m-mesti papia ku bo.
2. Anne : di kusé ?
3. Djom : a-mi m-kré bá Fránsa.
4. Anne : ki lingua bu ta papia ?
5. Djom : a-mi m-ta papia kiriolu ku purtugés.
6. Anne : a-bo, módi ki bu ta bai? Bu ka ta papia fransés. Si bu bai la, náda bu ka ta ntendi.
7. Djom : ontom, m-tem ki prendi.
8. Anne : bu ta prendi fáxi, pamódi fransés tem tcheu palábra ki ta parsi ku badiu o purtugés.
9. Djom : nglés ta prendi fáxi támbi ?
10. Anne : nglés más difisi, pamódi tcheu palábra ka tem nád'avér ku kiriolu.
11. Djom : é simé, nglés é trankádu mé. Um diâ, m-bá kumi na kása di amigu merkánu. Ês ku ês, ês ta papia só nglés. A-mi náda m-ka ta pursebi.
12. Anne : ontom, kel diâ bu pása mal.
13. Djom : aiam. Purisu m-tem ki prendi nglés támbi.
14. Anne : fransés ku nglés. Fórti trabádju.
15. Djom : si m-tem ki trabádja, m-ta trabádja. Má um diâ, m-ta papia fransés ku nglés. Dispós m-ta konxi Fránsa ku Mérka.
16. Anne : m-tem kása na Fránsa, si bu bá la, bu ta átcha gazádju.

Vocabulaire

aiam, *adv*, oui.
átcha, *v*, trouver.
badiu, *adj*, badiais, santiagais, originaire de l'île de Santiago.
bo, *pp*, toi.
diâ, *subst*, jour.
difisi, *adj*, difficile.
dispós, *conj*, ensuite.
fáxi, *adj/ adv*, 1. rapide, vite, 2. facile, facilement.
fórti, *adv*, beaucoup.
fransés, *adj/ subst*, français.
gazádju, *subst*, hospitalité, asile.
ki, *conj/ inter/ rel*, I. *conj*, que ; II. *inter*, quel ; III. *rel*, qui, que.
kiriolu, *adj/ subst*, créole, capverdien.
kuártu, *num*, quatrième.
kumi, *v*, manger.
lingua, *subst*, langue.
má, *conj*, mais.
mal, *adv*, mal, **pása mal**, s'ennuyer, ne pas s'amuser.
Mérka, *npr*, États-Unis d'Amérique.
merkánu, *adj/ subst*, américain, états-unien.
nád'aver, *loc*, rien à voir.
nglés, *adj/ subst*, anglais.
ntendi, *v*, comprendre.

Traduction. Quatrième leçon : moi je veux aller en France

1. Jean : Anne, il faut que je te parle.
2. Anne : à quel sujet ?
3. Jean : je veux aller en France.
4. Anne : quelles langues parles-tu ?
5. Jean : je parle créole et portugais.
6. Anne : toi [alors] comment iras-tu en France ? Tu ne parles pas le français. Si tu vas là-bas, tu ne comprendras rien.
7. Jean : alors, il faut que j'apprenne [le français].
8. Anne : tu [l']apprendras vite, parce que le français a beaucoup de mots qui ressemblent au créole ou au portugais.
9. Jean : et l'anglais, ça s'apprend vite aussi ?
10. Anne : l'anglais est plus difficile, parce que beaucoup de mots n'ont rien à voir avec le créole.
11. Jean : c'est vrai, l'anglais est vraiment dur à comprendre. Un jour je suis allé manger chez un ami américain. Entre eux ils parlaient seulement l'anglais. Moi, je n'y ai rien compris.
12. Anne : alors ce jour-là tu as dû t'ennuyer.
13. Jean : ah ça oui. C'est pour cela qu'il faut que j'apprenne aussi l'anglais.
14. Anne : le français et l'anglais. [Ça fait] beaucoup de travail [en perspective].
15. Jean : s'il faut que je travaille, je travaillerai. Mais un jour, je parlerai le français et l'anglais. Après je visiterai la France et les États-Unis.
16. Anne : j'ai une maison en France, si tu y vas, tu auras un endroit où loger.

Vocabulaire (suite)

o, *conj*, ou, ou bien.
ontom, *conj*, alors.
palábra, *subst*, mot.
pamódi, *conj*, parce que.
papia, *v*, parler.
parsi, *v*, ressembler.
purisu, *conj*, pour cela, de ce fait.
pursebi, *v*, comprendre, percevoir.
purtugés, *adj/ subst*, portugais.
si, *conj*, si (valeur conditionnelle).
simé, *adv*, ainsi.
ta, *pa*, marque de l'habituel (cf. grammaire).
trabádja, *v*, travailler.
trabádju, *subst*, travail.
trankádu, *adj*, fermé, verrouillé, (*ici*) dur à comprendre.
tcheu, *adj/ adv*, nombreux, beaucoup.

Traduction littérale. Quatrième leçon : moi je vouloir aller France

1. Jean : Anne, je avoir besoin de parler avec toi.
2. Anne : de quoi ?
3. Jean : moi je vouloir aller France.
4. Anne : quelle langue tu (habituel) parler ?
5. Jean : moi je (habituel) parler créole avec portugais.
6. Anne : toi comment tu (habituel) aller France ? Tu ne pas (habituel) parler français. Si tu aller là-bas, rien tu ne pas (habituel) comprendre.
7. Jean : alors, je devoir apprendre.
8. Anne : tu (habituel) apprendre vite, parce que français avoir beaucoup mot qui (habituel) ressembler avec créole ou portugais.
9. Jean : anglais (habituel) apprendre vite aussi ?
10. Anne : anglais être plus difficile, parce que beaucoup mot ne pas avoir rien à voir avec créole.
11. Jean : c'est de cette façon, anglais être fermé vraiment. Un jour je aller manger dans maison de ami américain. Eux avec eux ils (habituel) parler seulement anglais. Moi rien je ne pas (habituel) comprendre.
12. Anne : alors ce jour tu passer mal.
13. Jean : oui. Pour cela je devoir apprendre anglais aussi.
14. Anne : français avec anglais. Beaucoup travail.
15. Jean : si je devoir travailler, je (habituel) travailler. Mais un jour, je (habituel) parler français avec anglais. Après je (habituel) connaître France avec États-Unis.
16. Anne : je avoir maison en France, si tu aller là-bas, tu (habituel) trouver hébergement.

Commentaire grammatical

1. Le verbe : l'habituel

Ta est la marque de l'*habituel*, le second aspect verbal du capverdien que nous rencontrons (le premier aspect rencontré est l'*accompli*, marque nulle).

1.1. Emploi avec les verbes faibles

Il indique fondamentalement qu'une action verbale a lieu <u>d'habitude</u>, indépendamment du moment où elle se déroule. En pratique, on peut établir les correspondances suivantes avec le français :

- **1. ta** correspond au présent de l'indicatif français (mais uniquement avec un sens d'habitude).

Exemple : **a-mi m-TA papia kiriolu**, *moi, je parle le créole (capverdien)*, c'est-à-dire que *j'ai l'habitude de le parler, je sais le parler* (phrase 5).

- **2.** le futur de l'indicatif du français correspond presque toujours à **ta** en capverdien.

Exemple : **um diâ m-TA papia fransés**, *un jour je parlerai le français* (phrase 15).

- **3. ta** peut aussi correspondre (plus rarement) à un passé français (imparfait, passé composé ou passé simple) si le contexte s'y prête.

Exemple : **ês TA papia só nglés**, *ils ne parlaient que l'anglais* (phrase 11). Dans la phrase 11, Jean a déjà dit que *un jour* (= **um diâ**) *il est allé chez un ami américain.* Le contexte indique donc clairement que ce qui s'est déroulé chez cet ami est situé dans le passé. L'habituel créole correspond donc ici à un passé français.

Ces trois valeurs françaises de l'habituel vous montrent la grande différence qui sépare le système verbal français (fondé sur le temps) de celui du capverdien (fondé sur l'aspect).

Retenons en particulier que :

- il n'y a généralement pas d'équivalence absolue entre un temps particulier du français et un aspect du capverdien ;

- le créole ne distingue pas formellement le futur des verbes. **Ta** est la marque la plus communément utilisée en créole pour désigner une action au futur. Mais ce même **ta** peut renvoyer à des actions présentes ou passées. En capverdien, la notion de futur est donc essentiellement déduite du contexte général.

1.2. Emploi avec les verbes forts

De par leur sens, la plupart des verbes forts ne peuvent généralement pas être employés avec **ta** pour des actions se situant dans le présent (ou le passé) du français. Par exemple, si en créole je dis **m-tchoma Djom**, *je m'appelle Jean*, cela signifie que *j'ai l'habitude de m'appeler Jean.* L'aspect accompli (marque zéro) des verbes forts suffit donc à rendre la notion d'habitude.

Lorsque **ta** est utilisé avec un verbe fort, il correspond la plupart du temps à un futur français.

Exemple : **m-ta konxi Fránsa**, *je visiterai (= connaîtrai) la France.*

1.3. Syntaxe (place dans l'énoncé) de *ta*

Ta est toujours placé entre le sujet et le verbe.

Exemple : **m-ta trabádja,** *je travaillerai* (phrase 15).

Si la phrase est négative, **ta** est placé entre la négation **ka** et le verbe.

Exemple : **náda bu ka ta ntendi**, *tu ne comprendras rien* (phrase 6).

2. Le principe d'économie

Dans cette leçon, on note un cas particulièrement flagrant d'application du principe d'économie : **nglés ta prendi fáxi**, *l'anglais, ça s'apprend vite* (phrase 9). Dans un autre contexte, cette phrase pourrait signifier *l'Anglais apprend vite (ses leçons...),* ou bien *un Anglais apprend vite* ou bien même *les Anglais apprennent vite.* Mais le contexte permet de déduire que l'on parle ici de la langue anglaise et non d'un Anglais (ou des Anglais en général), et ce même contexte permet aussi de déduire la valeur réfléchie (ou passive) du verbe. En effet seuls les êtres doués de raison (hommes, animaux) peuvent apprendre quelque chose, la langue anglaise ne peut donc pas apprendre, mais seulement être apprise ou s'apprendre. Dans ce texte, **nglés ta prendi fáxi** ne peut être compris en français que comme *l'anglais (ça) s'apprend vite* ou "*l'anglais est vite appris*" [*par les gens qui l'étudient*], bien que le verbe créole ne porte aucune marque de passif et qu'on n'observe pas non plus de pronom réfléchi.

3. Idiomatismes

3.1. La préposition/ conjonction *ku*

Ku a de nombreux équivalents en français :

- **1.** Valeur prépositionnelle.

Ku correspond généralement au français *avec.*

Exemple : **papia ku** = *parler avec*

Mais il se traduit parfois par d'autres prépositions françaises :

- **parsi ku** = *ressembler à*, lit. "*ressembler avec*" ;
- **ês ku ês** = *entre eux*, lit. "*eux avec eux*".

- **2.** Valeur conjonctive.

Ku correspond très souvent au français *et*, et permet de relier deux éléments de même nature (groupes nominaux, verbes, adverbes).

Exemple : **fransés ku nglés**, *le français et l'anglais.*

N.B. : on ne peut généralement pas utiliser **ku** pour coordonner deux propositions (ce cas de coordination sera abordé plus loin).

3.2. Subordonnée prospective introduite par *si*

Le verbe est généralement à l'accompli (marque nulle ou zéro) dans les propositions subordonnées introduites par **si**, *si*, lorsque la proposition principale a un sens de futur.

Exemple : **si bu** (marque zéro) **bá la, náda bu ka TA ntendi**, *si tu vas là-bas, tu ne comprendras rien.*

3.3. Emploi de *só*

Só, *seulement*, permet aussi de rendre la tournure restrictive *NE + verbe + QUE* du français.

Exemple : **ês ta papia só nglés**, *ils parlaient seulement l'anglais* ou *ils NE parlaient QUE l'anglais.*

3.4. Réponse affirmative

Nous avons déjà vu (cf. leçon 2) comment répondre de façon appuyée (affirmativement ou négativement) à une question ou à une suggestion.

Le capverdien dispose aussi d'adverbes équivalents au français *oui* et *non* :

- **aiam** = *oui* (phrase 13). On entend parfois **sim** (forme issue du portugais) et même **iâ** (de l'anglais *yes*), mais **aiam** est incontestablement plus idiomatique quand le verbe n'est pas repris dans la réponse. De plus, l'usage de **aiam** par un étranger est particulièrement apprécié par les Capverdiens, qui considèrent que ce mot est caractéristique de leur langue.
- **nau** = *non.*

Exercices

I. Traduisez en capverdien les phrases suivantes

1. Je n'irai pas manger dans la maison de Jean.
2. Nous parlons l'anglais.
3. Tu ne travailleras pas.
4. Elle recevra l'hospitalité.
5. Ils ne comprennent pas le portugais.

II. Mettez les verbes précédés de (A) **à l'aspect qui convient puis traduisez les phrases capverdiennes en français**

Exemple : **um diâ, m-ta prendi nglés, dispós m-**(A) **bá Mérka**
> **um diâ, m-ta prendi nglés, dispós m-TA bá Mérka**
> *un jour, j'apprendrai l'anglais, (et) après j'irai en Amérique.*

1. M-konxi Mérka, má m-ka (A) **konxi Fránsa.**
2. Fransés (A) **parsi ku purtugés.**
3. Bu (A) **papia nglés má bu ka** (A) **papia kiriolu.**
4. Nhós ka ntendi Djom pamódi nhós ka (A) **ntendi kiriolu.**
5. Nu tem ki prendi fransés, dispós nu (A) **bá konxi Fránsa.**
6. Ês bá kumi na kása di amigu merkánu; ês (A) **pása mal pamódi ês ka** (A) **papia nglés.**

III. Traduisez en capverdien les phrases suivantes en employant les verbes au bon aspect

*1. Ce (**es**) week-end, vous irez à Tarrafal mais vous ne nagerez pas.*
2. Je parle anglais mais je ne sais pas nager.
3. Il a travaillé à Santiago, mais il ne comprend pas le créole.
4. Si tu vas en France, tu ne t'amuseras pas parce que tu ne parles pas le français.
5. Nous vivons à Praia, mais tous les week-end, nous allons à Assomada.
6. Je ne connais pas l'Amérique mais un jour j'apprendrai l'anglais et puis j'irai là-bas.

IV. Traduisez en capverdien les phrases suivantes en employant la conjonction/ préposition *ku*

1. Anne et Sandra sont allées au cinéma.
2. Entre eux ils ne parlent que le créole.
3. La France ne ressemble pas à l'Amérique.
4. J'ai besoin de patates douces et d'ignames.
5. J'ai parlé avec Jean.
6. Vous apprendrez l'anglais et le portugais.
7. Nous ne mangeons que de l'igname et des bananes.

Civilisation : les langues parlées au Cap-Vert

Le créole est la langue maternelle de la quasi-totalité (plus de 95%) des Capverdiens vivant au Cap-Vert. Cependant, le portugais est la principale langue de culture écrite de l'Archipel (tous les documents officiels ainsi que les journaux sont rédigés dans cette langue, la radio et la télévision s'expriment principalement en portugais), et la majorité des jeunes l'ont étudié à l'école. Beaucoup de Capverdiens sont capables de tenir une conversation en portugais, bien qu'ils s'expriment plus spontanément en créole.

D'autres langues cohabitent avec le créole et le portugais en République du Cap-Vert :

- le français et l'anglais sont enseignés dans toutes les écoles. Certaines îles entretiennent des rapports plus étroits avec une de ces langues en fonction de leurs traditions d'émigration. Ainsi, les habitants de Fogo et surtout de Brava émigrent traditionnellement vers les États-Unis, et l'anglais est la seconde langue de nombreux habitants de Brava. Le français est plus parlé à Santiago, et en particulier à Praia, où vivent de nombreux Capverdiens ayant passé une partie de leur vie en France ou au Sénégal (pays francophone).

- le wolof (principale langue du Sénégal) et d'autres langues africaines sont pratiqués par les immigrés africains (essentiellement présents dans les villes) et un certain nombre de Capverdiens ayant vécu sur le Continent.

En capverdien, on dit d'une langue difficile à comprendre qu'elle est **trankádu**, c'est-à-dire *fermée* ou *verrouillée*, comme si on ne pouvait pas entrer dedans.

LISOM SINKU : KAU MAU !

1. Sándra : bo tárdi Anne.
2. Anne : bo tárdi Sándra.
3. Sándra : djobi, m-kumpra kuátu pastel, dós pa mi, dós pa bo, toma !
4. Anne : obrigádu.
5. Sándra : obrigádu ka mesti fla. Obi-li Anne, ónti nu papia na bo.
6. Anne : nhós papia na mi ? A-bo ku kenha ?
7. Sándra : mi ku Pedru.
8. Anne : a-nhós, kusé ki nhós fla ?
9. Sándra : a-bo bu sta sempri bo-só déntu kása, ka ta da, bu tem ki bá bádja, bu tem ki pása sábi na Kau Berdi. Obi-li, manham, nu fika di bá buáti. Bu kré bá ku nós ?
10. Anne : m-ta bai sim.
11. Sándra : fixi, ontom ti manham. I...
12. Anne : kusé ?
13. Sándra : Djom, bu ta bá bádju senh-el ?
14. Anne : m-ta tilifona pa el gósi-li. (...) Djom, é módi, manham Pedru ku Sándra ta bá buáti, m-ta bai ku ês. Bu kré bá ku nós ?
15. Djom : ka ta da. Es fim di sumána m-ka podi sai.
16. Anne : kusé ki fasi ? Bu sta duenti ?
17. Djom : a-mi m-sta dretu, má m-sta na bika. M-ka teni dinheru di sai.
18. Anne : kau mau !

Vocabulaire

a-nhós, *ppti*, vous.
bika, *subst*, dénuement.
bo tárdi, *loc*, bonjour, lit. "bonne après-midi", salutation utilisée entre midi et la tombée de la nuit.
buáti, *subst*, discothèque, boîte de nuit.
da, *v*, 1. donner, 2. (*ici*) convenir.
dós, *num*, deux.
duenti, *adj*, malade.
el, *ppts*, lui/ elle.
fixi, *adv*, super (mot familier).
gósi-li, *adv*, immédiatement, tout de suite.
i, *conj*, et.
kau, *subst*, lieu, **kau mau !**, pas de chance !, tout va mal !
kuátu, *num*, quatre.
kumpra, *v*, acheter.
manham, *adv*, demain.
mau, *adj*, mauvais.
nós, *ppts*, nous.
obi, *v*, entendre, **obi-li** !, écoute !
obrigádu, *itj*, merci.
ónti, *adv*, hier.

Traduction : cinquième leçon : pas de chance !

1. Sandra : bonjour Anne.
2. Anne : bonjour Sandra.
3. Sandra : regarde, j'ai acheté quatre beignets, deux pour toi, deux pour moi.
4. Anne : merci.
5. Sandra : il n'y a pas de quoi. Écoute Anne, hier nous avons parlé de toi.
6. Anne : vous avez parlé de moi ? Toi et qui d'autre ?
7. Sandra : Pierre et moi.
8. Anne : et qu'avez-vous dit tous les deux (=vous).
9. Sandra : toi tu restes toujours toute seule chez toi (=dans la maison), ça n'est pas bon, il faut que tu ailles danser, il faut que tu t'amuses au Cap-Vert. Écoute, demain, nous avons décidé d'aller en boîte. Veux-tu aller avec nous ?
10. Anne : oui, avec plaisir.
11. Sandra : c'est très bien, alors à demain. À propos...
12. Anne : qu'est-ce qu'il y a ?
13. Sandra : Jean, tu vas danser sans lui ?
14. Anne : je lui téléphone tout de suite. (...) Jean, comment ça va, demain Pierre et Sandra vont en boîte, et j'[y] vais avec eux. Veux-tu [y] aller avec nous ?
15. Jean : ça n'est pas possible. Je ne peux pas sortir ce week-end.
16. Anne : qu'est-ce qui t'est arrivé (qu'est-ce qui s'est passé) ? Tu es malade ?
17. Jean : moi je vais bien, mais je suis fauché. Je n'ai pas d'argent pour sortir.
18. Anne : pas de chance !

Vocabulaire (suite)

pa, *prép*, pour, vers.

pastel, *subst*, beignet salé.

sai, *v*, sortir.

sem, *prép*, sans.

sempri, *adv*, toujours.

senh-, *prép*, variante de **sem** employée devant **el** et **ês** (cf. grammaire).

sinku, *num*, cinq.

só, *adv*, précédé d'un pronom tonique simple : tout seul (cf. grammaire).

tárdi, *subst*, après-midi.

ti, *prép*, jusqu'à, **ti manham**, à demain.

tilifona, *v*, téléphoner.

toma, *v*, prendre, **toma !**, prends !

Traduction littérale : leçon cinq : lieu mauvais !

1. Sandra : bonne après-midi Anne.
2. Anne : bonne après-midi Sandra.
3. Sandra : regarde, je acheter quatre beignet, deux pour toi, deux pour moi.
4. Anne : merci.
5. Sandra : pas avoir besoin de dire merci. Entendre ici Anne, hier nous parler sur toi.
6. Anne : vous parler sur moi ? Toi avec qui ?
7. Sandra : moi avec Pierre.
8. Anne : vous quoi que vous dire.
9. Sandra : toi tu être toujours toi seulement chez toi dans maison, ne pas (habituel) donner, tu devoir aller danser, tu devoir passer agréable dans Cap-Vert. Entendre ici, demain, nous rester d'aller boîte. Tu vouloir aller avec nous ?
10. Anne : moi (habituel) aller si.
11. Sandra : très bien, alors jusqu'à demain. Et...
12. Anne : quoi ?
13. Sandra : Jean, tu aller danser sans lui ?
14. Anne : je (habituel) téléphoner pour lui maintenant ici. (...) Jean, être comment, demain Pierre avec Sandra aller boîte, je aller avec eux. Tu vouloir aller avec nous ?
15. Jean : ne pas (habituel) donner. Ce week-end, je ne pas pouvoir sortir.
16. Anne : quoi qui faire ? Tu être malade ?
17. Jean : moi je être correct, mais je être dans dénuement. Je ne pas avoir argent de sortir.
18. Anne : lieu mauvais !

Commentaire grammatical

1. Les pronoms personnels toniques

Il existe deux séries de pronoms personnels toniques en capverdien, dont voici les formes :

		Pronoms personnels		
Nombre	Personne	Toniques initiaux	Toniques simples	Traduction
Singulier	1	**a-mi**	**mi**	*moi*
	2	**a-bo**	**bo**	*toi*
	3	**a-el**	**el**	*lui/ elle*
Pluriel	1	**a-nós**	**nós**	*nous*
	2	**a-nhós**	**nhós**	*vous*
	3	**a-ês**	**ês**	*eux/ elles*

Du point de vue de leur forme, les pronoms personnels toniques initiaux se distinguent des pronoms personnels toniques simples uniquement par la présence de l'élément **a-**, que l'on retrouve dans quelques autres éléments de la langue.

Quant à l'usage :

- **1.** les pronoms toniques initiaux (ppti), on l'a déjà vu (leçon 1), ne peuvent s'utiliser qu'au début d'une phrase ou d'une proposition indépendante.

Exemple : **a-bo ku kenha ?**, *toi et qui (d'autre) ?*

- **2.** les pronoms toniques simples (ppts) ont un champ d'usage beaucoup plus vaste :

- ils peuvent être utilisés en lieu et place des toniques initiaux.

Exemple : **bo ku kenha ?** est un énoncé correct en capverdien, au même titre que **a-bo ku kenha ?** Cependant, en début d'énoncé, les formes en **a-** sont beaucoup plus fréquentes.

- ils sont systématiquement utilisés après les prépositions.

Exemple : **bu kré bá ku nós ?**, *veux-tu y aller avec nous.*

- ils sont aussi utilisés en combinaison avec certains adverbes (comme **só**, phrase 9) et certaines formes verbales. Nous découvrirons ces combinaisons progressivement.

Exemple : **bu sta sempri bo-só**, *tu es toujours toute seule*, lit. "*toi seulement.*" En combinaison avec **só**, on peut former de même **mi-só, el-só, nós-só**..., *tout seul (moi), tout seul (lui), tout seul (nous)....*

2. Quelques prépositions capverdiennes

Au cours de ces 5 premières leçons, nous avons déjà rencontré 6 des prépositions les plus courantes en créole :

- **di**, *de* ;
- **ku**, *avec* ;
- **na**, *en, à, dans, sur, chez* ;
- **pa**, *pour, par* ;
- **sem**, *sans* ;
- **ti**, *jusqu'à.*

Les sens qui sont donnés ci-dessus pour chacune de ces prépositions sont bien entendu approximatifs. Bien souvent, le capverdien n'utilise pas la même préposition que le français pour construire une expression équivalente. Ainsi :

- *parler de* = **papia na** (phrase 5), lit. "*parler dans*" (**papia di** est également possible : cf. leçon 4, phrase 2) ;

- *à demain* = **ti manham** (phrase 11), lit. "*jusqu'à demain*" ;

- *l'argent pour sortir (en boîte)* = **dinheru di sai** (phrase 17), lit. "*argent de sortir*".

Dans le même ordre d'idées, on a déjà vu (leçon 4) quelques-unes des multiples traductions françaises de la préposition capverdienne **ku** en capverdien. Il vous faudra mémoriser progressivement les constructions les plus usuelles, car il n'est pas toujours facile d'établir des correspondances systématiques entre les prépositions capverdiennes et leurs homologues capverdiennes.

Si une préposition est suivie d'un pronom personnel en créole, c'est toujours la forme tonique simple du pronom qui est employée (cf. plus haut). Certaines prépositions ont des formes contractées, lorsqu'elles sont combinées à des pronoms personnels toniques de troisième personne :

	Contraction	
Préposition	Avec **el**	Avec **ês**
di	**d-el**	**d-ês**
ku	**ku el** /kwel/	**ku ês** /kwes/
na	**n-el**	**n-ês**
sem	**senh-el**	**senh-ês**

Exemples :

- **bu ta bá bádju senh-el ?**, *vas-tu aller danser sans lui ?*
- **m-ta bá ku ês**, *j'irai avec eux.* Le plus souvent, on ne prononce pas "kou" + "éss", mais "kwéss", ou /kwes/ en transcription phonologique.

Les formes contractées **n-el, n-ês**, sont facultatives et coexistent avec les formes pleines **na el, na ês**.

3. Usage de *é* et *sta*

Les deux verbes *être* du créole, **é** et **sta**, posent au francophone le même type de problème que *ser* et *estar* en espagnol ou en portugais. Voici une première récapitulation sur ce point délicat.

3.1. Emploi de *é*

É s'emploie généralement en capverdien quand :

- **1.** l'attribut du verbe *être* en français est un nom commun.

Exemple : **Anne é minina di Fránsa**, *Anne est une jeune fille française.*

- **2.** on emploie en français la tournure présentative *c'est* suivie d'un nom commun, pronom, adjectif, interrogatif, groupe nominal....

Exemples :

- **é Djom**, *c'est Jean* ;
- **é mi**, *c'est moi* ;
- **é kántu ?**, *c'est combien ?*

3.2. Emploi de *sta*

Sta s'emploie généralement quand :

- **1.** l'attribut du verbe *être* en français est un adjectif ou un adverbe exprimant l'état dans lequel on se trouve.

Exemples :

- **tudu sta dretu**, *tout(e ma famille) va bien* ;
- **bu sta duenti**, *tu es malade.*

- **2.** il est suivi d'un complément de lieu, en particulier si ce complément est introduit par la préposition **na**.

Exemple :

- **m-sta na bika**, *je suis fauché, sans argent*, lit. "*je suis dans le dénuement*".

4. Emploi de *kusé + ki*

L'interrogatif **kusé** est employé deux fois suivi de **ki** dans cette leçon :

- **kusé ki nhós fla ?**, *qu'avez-vous raconté ?* (phrase 8). Ici, **kusé** a une fonction de complément d'objet direct (*vous avez raconté <u>quelque chose</u>*). L'emploi du **ki** est facultatif (influence portugaise). On pourrait aussi dire **kusé nhós fla ?**

- **kusé ki fasi ?**, *qu'est-ce qui s'est passé (se passe) ?* (phrase 16). Ici, **kusé** a une fonction de sujet (*quelque chose s'est passé*, lit. "*s'est fait*" en créole). L'usage du relatif **ki** est alors obligatoire.

Exercices

I. Complétez les phrases suivantes avec les pronoms personnels toniques (P). Utilisez les pronoms toniques initiaux chaque fois que c'est possible. Puis traduisez les phrases en français

Exemple : (P) **e ka ta bá bádja sem bo**

> a-el e ka ta bá bádja sem bo

> *lui, il n'ira pas danser sans toi* (ou *elle, elle n'ira pas danser sans toi*).

1. (P) **m-ka sabi,** (P) **nhós tem ki sabi.**
2. (P) **si bu bai la, m-ta bai ku** (P).
3. (P) **nu papia na** (P), **pamódi e ta fika sempri** (P)**-só déntu kása.**
4. (P) **ês kré papia ku Djom, má Djom ka kré papia ku** (P).

II. Traduisez en capverdien les phrases suivantes, en utilisant les contractions préposition-pronom personnel tonique chaque fois que cela est possible

1. J'ai acheté des beignets pour toi. Est-ce que tu en veux ?
2. Jean ne vous a pas téléphoné.
3. Vous, vous êtes allés au cinéma sans elle.
4. Si vous allez à Tarrafal, vous recevrez l'hospitalité chez (**na**) *elles.*
5. Eux, ils ne veulent pas acheter des ignames pour nous.
6. Ce week-end, je ne peux pas sortir avec eux.
7. Vous avez de l'argent pour sortir.

III. Complétez les phrases suivantes en remplaçant (E) **par** ***é*** **ou** ***sta*****, puis traduisez-les en français**

Exemple : (E) **kusé ? -** (E) **mafáfa**.
> **é kusé ? - É mafáfa.**
> *qu'est-ce que c'est ?, - c'est de l'igname* (ou *ce sont des ignames*).

1. A-el e (E) **na bika**
2. (E) **kántu ? -** (E) **duzéntus merés.**
3. Sándra (E) **ka minina di Fránsa.**
4. Si bu (E) **duenti, bu tem ki fika déntu kása**
5. (E) **kenha ? - M-ka sabi** (E) **kenha**

IV. Traduisez les phrases suivantes en capverdien

1. Quant à nous (= nous), nous allons bien (= nous sommes en bon état).
2. C'est facile.
3. Je suis à Praia.
4. Le "Zero Hora" est une boîte (de nuit) de Praia.
5. John est un ami de Sandra et d'Anne.

V. Traduisez en capverdien les interrogations suivantes en n'employant ***ki*** **que s'il est absolument nécessaire**

1. Comment iras-tu à Praia ?
2. Qu'est-ce que tu as acheté ?
3. Combien (en) veux-tu ?
4. Qu'est-ce qui se passera ?

Civilisation : la politesse capverdienne

Les Capverdiens, comme tous les peuples, respectent un certain nombre de conventions pour s'adresser à leurs interlocuteurs. Cependant le système de politesse capverdien diffère parfois nettement de celui des Français ou des Occidentaux en général :

- Sandra (phrase 2), propose des beignets à son amie Anne. Elle lui dit **toma**, c'est-à-dire *«prends !»* La personne qui offre propose sans aucune restriction son cadeau à son interlocuteur. Dans un tel contexte, un francophone pourrait facilement proposer les beignets en disant : *«tu en veux ?»*, ce qui se traduirait littéralement par **bu kré ?** en capverdien. Mais en créole, poser une telle question est considéré comme un manque total d'éducation. En effet, lorsqu'on propose quelque chose à quelqu'un, il faut ménager la fierté de celui qui reçoit le cadeau. En demandant au récipiendaire s'il veut quelque chose, on l'oblige à réclamer ce qui est proposé, c'est-à-dire qu'on le transforme en mendiant. Sur ce point, les Capverdiens manifestent une sensibilité à laquelle les Européens ne sont absolument pas habitués.

- à l'inverse, l'usage du mot **obrigádu**, correspondant au français *merci*, est très limité en Capverdien. On ne l'utilise que dans des circonstances exceptionnelles, pour un cadeau somptueux (une voiture, une aide financière importante...) ou alors pour marquer une rupture définitive entre deux personnes à la suite d'une dispute. Par exemple, deux amis qui se séparent fâchés peuvent se dire **obrigádu**, *merci*, c'est-à-dire *je ne te dois plus rien*, donc *je n'ai plus besoin de te revoir*. La tendance des francophones à dire *merci* à tout bout de champ, par exemple lorsque quelqu'un vous tient une porte ou vous passe le pain, est donc quelque chose d'extrêmement surprenant pour un Capverdien. Ainsi, lorsque Anne remercie (phrase 4) Sandra pour deux beignets, ce **obrigádu** est manifestement exagéré au vu du service rendu et la réponse **obrigádu ka mesti fla**, *il n'est pas nécessaire de dire merci*, de Sandra est celle que feraient beaucoup de Capverdiens à un étranger en pareil cas.

Du fait de l'influence des modes occidentales (par le biais de la télévision, de l'éducation, des étrangers présents au Cap-Vert, surtout à Praia), beaucoup de Capverdiens sont désormais habitués aux règles de politesse occidentale et les suivent parfois en partie : certains urbains emploient de plus en plus souvent **obrigádu**, par exemple. Cependant, le système de politesse traditionnel est présent dans bien des esprits et il est bon de l'avoir en tête afin d'éviter de vexer inutilement les gens que l'on rencontre et aussi pour mieux les comprendre. Ainsi, au Cap-Vert, lorsqu'une vendeuse ne dit pas *merci* à son client qui vient de régler ses achats, elle n'est pas grossière, elle se conforme simplement à d'autres conventions.

LISOM SAX : KUSÉ BU STA N-EL LI ?

1. Djom : é módi Anne ?
2. Anne : alê-m li. Es bida ?
3. Djom : más o ménus.
4. Anne : más pa más ?
5. Djom : más pa ménus. Anne, kusé bu sta n-el li ?
6. Anne : a-mi m-sata studa.
7. Djom : kusé bu sata studa ?
8. Anne : m-sata prendi purtugés.
9. Djom : ontom bu ka teni témpu di bá pasia.
10. Anne : m-ka teni nau. M-ka podi bá ku bo. M-teni tcheu kusa-fasi. M-tem ki studa ti noti.
11. Djom : ontom ti dispós.
(...)
12. Djom : kusé bu sata fasi gósi ?
13. Anne : a-mi m-sta na kusia.
14. Djom : kusé bu sata kusia ?
15. Anne : m-sata purpára um gizádu fransés.
16. Djom : é sábi ?
17. Anne : bu podi purba si bu kré.
18. Djom : mmm, é réi di sábi.
19. Anne : bu ka teni náda-fasi gósi ?
20. Djom : m-ka teni nau.
21. Anne : ontom, dja ki bu gosta di gizádu, bu podi djánta ku mi.

Vocabulaire

dja ki, *conj*, puisque, étant donné que.
djánta, *v*, dîner.
gizádu, *subst*, ragoût, plat mijoté.
gósi, *adv*, maintenant.
gosta, *vf*, aimer.
kusa, *subst*, chose.
kusia, *v*, cuisiner.
ménus, *adv*, moins.
n-, *prép*, forme contractée de **na**, utilisée en particulier devant les pronoms **el** et **ês** (cf. leçon 5).
noti, *subst*, nuit.
pasia, *v*, se promener.
purba, *v*, goûter.
purpára, *v*, préparer.
réi di, *loc*, très, extrêmement.
sata, *pa*, marque du progressif (cf. grammaire).
sax, *num*, six.
studa, *v*, étudier.
témpu, *subst*, temps.

Traduction. Sixième leçon : qu'est-ce que tu es en train de faire ?

À partir de cette leçon, nous supprimons la traduction littérale. Il faut maintenant vous habituer à comprendre le texte créole sans passer par le français. Évidemment, chaque fois qu'une tournure capverdienne diffère par trop du français, elle sera expliquée en détail.

1. Jean : comment ça va, Anne ?
2. Anne : je vais bien. Et toi, comment vas-tu ?
3. Jean : couci-couça (plus ou moins).
4. Anne : plutôt bien (plus vers [le] plus) ?
5. Jean : plutôt mal (plus vers [le] moins). Anne, qu'est-ce que tu es en train de faire (quoi tu es dans lui ici).
6. Anne : (moi), je suis en train d'étudier.
7. Jean : qu'est-ce que tu étudies ?
8. Anne : j'apprends le portugais.
9. Jean : alors tu n'as pas le temps d'aller te promener.
10. Anne : non (je ne l'ai pas). Je ne peux pas aller avec toi. J'ai beaucoup de choses à faire. Je dois étudier jusqu'à ce soir.
11. Jean : alors, à plus tard.

(...)

12. Jean : qu'est-ce que tu es en train de faire maintenant ?
13. Anne : (moi) je suis en train de cuisiner.
14. Jean : qu'est-ce que tu es en train de cuisiner ?
15. Anne : je suis en train de préparer un ragoût français.
16. Jean : c'est bon ?
17. Anne : tu peux (le) goûter si tu veux.
18. Jean : mmm, c'est très bon.
19. Anne : tu n'as rien à faire à présent ?
20. Jean : non.
21. Anne : alors, puisque tu apprécies (mon) ragoût, tu peux souper avec moi.

Commentaire grammatical

1. L'aspect : le progressif

1.1. Emploi

Sata est la marque du progressif en capverdien. Placée devant le verbe, elle signifie qu'une action est <u>en train de se faire</u>.

Exemple : **m-SATA prendi purtugés,** *je suis <u>en train d'</u>apprendre le portugais.*

Combiné avec les verbes faibles à l'Actif-Présent (c'est la seule forme du verbe que nous connaissons pour le moment), **sata** correspond presque toujours à la tournure française *être (au présent de l'indicatif) en train de + infinitif.*

De par leur sens, la plupart des verbes forts ne sont généralement pas compatibles avec la particule **sata**. En effet, si je dis **m-tchoma Djom**, *je m'appelle Jean*, ceci veut aussi dire implicitement que *je suis en train de m'appeler Jean.*

1.2. Syntaxe (place dans l'énoncé) de *sata*

Sata suit les mêmes règles syntaxiques que **ta**. Rappelons-les :

- **sata** est toujours placé entre le sujet et le verbe.

Exemple : **a-mi m-sata studa**, *je suis en train de travailler.*

- si la phrase est négative, **sata** est placé entre la négation **ka** et le verbe.

Exemple : **a-mi m-ka sata studa**, *je ne suis pas en train de travailler.*

1.3. Variantes

Sata en santiagais a deux principales variantes qu'il faut au moins savoir reconnaître :

- **sta**, très fréquemment utilisé dans le créole urbain de Praia. Il vaut mieux éviter d'employer cette forme car elle peut provoquer des confusions avec le verbe **sta**, *être (quelque part).*
- **aita, ata**, sont des variantes minoritaires, mais très courantes dans certaines régions du **fóra**, c'est-à-dire de la campagne santiagaise.

De plus, dans les créoles des Îles au Vent (Boa Vista, Sal, Saint-Nicolas, Saint-Vincent, et Saint-Antoine), la marque du progressif est généralement **ti ta** (saint-vincentin), ou une forme similaire (**te ta, t'ta**...).

2. Le superlatif de l'adjectif et de l'adverbe

Il y a plusieurs façons d'exprimer le superlatif de l'adjectif et de l'adverbe en capverdien. L'une des plus courantes est l'usage de la marque **réi di**, placée devant l'adjectif ou l'adverbe :

- **é sábi**, *c'est bon* > **é réi di sábi**, *c'est très bon*;
- **m-sta dretu**, *je vais bien*, lit. *"je suis correct"* > **m-sta réi di dretu**, *je vais très bien.*

Pour les férus d'étymologie, signalons que **réi di** provient du portugais *rei de*, qui signifie *roi de*. Le *roi du bon*, c'est ce qui est *très bon* : voici l'origine du superlatif créole !

3. Idiomatismes

3.1. La construction progressive *sta na*

À côté de la marque d'aspect **sata**, le créole capverdien connaît une autre manière d'exprimer le fait qu'une action est en train de se faire : **sta na** + verbe.

Exemple : **a-mi m-STA NA kusia**, *je suis en train de cuisiner*, lit. "*je suis dans cuisiner*".

Cette tournure a un sens quasi-équivalent à celui de **sata**, mais elle est nettement moins fréquente. Cependant, la locution **sta na** intervient dans certaines expressions d'usage très courant, comme **kusé bu sta n-el (li) ?** (phrase 5), *qu'est-ce que tu es en train de faire ?*, lit. "*quoi tu es dans lui ici*". On peut aussi poser cette question en employant **sata** : **kusé bu sata fasi ?** (phrase 12). Néanmoins, dans ce cas précis, l'usage de **sta na** est nettement plus idiomatique.

3.2. Le verbe *teni*

On a déjà vu (leçon 3) que le capverdien a deux verbes *avoir* :

- **tem**, qui marque la possession définitive et inaliénable ;
- **teni**, qui exprime une appartenance plus transitoire.

Les emplois de **teni** dans cette leçon sont caractéristiques du sens de ce verbe :

- **bu ka teni témpu**, *tu n'as pas le temps* (phrase 9). Le temps est par définition quelque chose qu'on ne peut pas posséder au sens propre. On ne peut que disposer (provisoirement) d'un moment pour faire quelque chose. *Avoir le temps* se traduira donc toujours par **teni témpu** en capverdien ;

- **bu ka teni náda-fasi**, *tu n'as rien à faire* (phrase 19). Ici, encore, le fait d'avoir quelque chose à faire ne relève pas du domaine de la possession (on n'a pas quelque chose à faire de la même façon que l'on a une maison), mais juste d'une façon possible d'occuper son temps. Le choix de **teni** est ici quasi automatique en créole.

Exercices

I : Traduisez en capverdien les phrases suivantes en employant l'aspect progressif des verbes

1. Qu'est-ce que tu est en train de faire (2 possibilités) ?
2. Je suis en train de nager.
3. Nous, nous sommes en train de cuisiner.
4. Elle, elle n'est pas en train de travailler.
5. Vous n'êtes pas en train de manger.
6. Elles sont en train d'apprendre le français.

II. Mettez les verbes précédés de (A) **à l'aspect qui convient puis traduisez les phrases capverdiennes en français**

Exemple : **kusé nhós** (A) **sta n-el li ? - a-nós nu** (A) **studa**
> **kusé nhós sta n-el li ? - a-nós nu SATA studa**
> *qu'est-ce que vous êtes en train de faire ? - nous sommes en train d'étudier.*

1. **A-ês ês** (A) **trabádja na Práia.**
2. **Gósi, m-**(A) **studa, dispós m-**(A) **sai pasia ku bo.**
3. **Kusé Djom** (A) **sta n-el li ? - A-el e** (A) **papia ku Anne.**
4. **Kusé nhós sata fasi ? - A-nós nu** (A) **kusia, má bo bu ka** (A) **kumi ku nós.**
5. **A-bo sempri bu** (A) **bádja dretu, má gósi, bu** (A) **bádja réi di dretu.**
6. **Es fim di sumána, m-**(A) **kré bai Somáda, má gósi m-ka** (A) **sai ku bo.**
7. **Djom** (A) **gosta di gizádu, má e ka** (A) **djánta ku Anne pamódi e** (A) **teni kusa-fasi.**

III. Traduisez en capverdien les phrases suivantes en employant les verbes au bon aspect

1. *Je n'ai rien à faire maintenant, alors je ne fais rien.*
2. *Il sait parler l'anglais et le portugais, il apprend le créole, après il apprendra le français.*
3. *Eux, ils ne veulent pas étudier : après ils ne trouveront pas de travail.*
4. *Qu'êtes-vous en train de faire ? - Nous nous promenons sur la plage.*
5. *Nous parlons le français et l'anglais, mais en ce moment (= maintenant) nous parlons le créole.*
6. *Si tu vas au cinéma, je ne cuisinerai pas pour toi, (et) toi tu ne mangeras pas.*
7. *J'ai le temps, mais je n'ai pas d'argent.*

IV. Traduisez en capverdien les phrases suivantes en employant les adjectifs ou les adverbes au superlatif absolu

1. *Le portugais est très difficile.*
2. *Nous nous sommes énormément amusés.*
3. *Jean nage très bien.*
4. *L'anglais (ça s')apprend extrêmement vite.*
5. *Les patates douces sont très chères* [en ce moment].

Civilisation : les aléas de la vie au Cap-Vert

Le petit dialogue des phrases 3 à 5 peut être entendu extrêmement souvent au Cap-Vert, en particulier à Praia. En français, lorsqu'on demande à quelqu'un comment il va (*quoi de neuf ?, comment allez-vous ?...*), il répond très généralement que *tout va bien* (même si tout ne va pas toujours très bien) ou quelque chose d'approchant (*ça va, on fait aller...*). En capverdien, on répond très souvent **más o ménus**, *plus ou moins*, et si la personne insiste : **más pa más ?**, *plutôt plus que moins ?*, un Capverdien dira presque toujours **más pa ménus**, *plutôt moins que plus*.

Mais qu'on ne s'y trompe pas : la plupart des Capverdiens ne sont pas des dépressifs, et ils aiment la vie et la fête, y compris ceux qui répondent **más pa ménus**. Cependant, il est vrai que la vie au Cap-Vert est sujette à bien des aléas. Les ressources naturelles de l'Archipel sont particulièrement réduites, aujourd'hui seules les importations permettent de nourrir la population (la dernière famine, celle de 1947-1948 a tué 30.000 personnes, soit un cinquième de la population capverdienne de l'époque!). L'emploi manque, et par voie de fait l'argent. La langue capverdienne offre souvent un reflet de ces incertitudes. À côté de **más pa ménus**, vous entendrez aussi **mundu é duedu !**, *le monde est douloureux*, c'est-à-dire quelque chose comme le *chienne de vie !* des francophones, ou encore le mot **koitádu**, *malheureux, sans ressources*, qui reviennent souvent dans les conversations.

Mais le créole témoigne aussi de l'extraordinaire ingéniosité avec laquelle les Capverdiens font face aux difficultés du quotidien : **disgobedja, distránka, dizaráska, labuta, mosgedja, ngeta, tchafandi...** Tous ces verbes veulent dire peu ou prou la même chose en capverdien : *se débrouiller !*

LISOM SÉTI : M-KA ODJÂ-L

1. Djom : é módi Pedru, bu ka odja Anne ?
2. Pedru : m-ka odjâ-l nau.
3. Djom : nu fika di kontra oxi trés óra, má e ka bem. A-mi m-ka ta sperâ-l más di ki si.
4. Sándra : Djom, Djom, obi-li. Anne tilifonâ-m gósi-li. Káru fra-l róda na Somáda. Nu tem ki bá sperâ-l la Tcháda Grándi. E ta atchá-nu la dispós.
5. Djom : e ka fla-u más di ki si ?
6. Sándra : témpu ka da-l. E tem ki kompu róda fáxi, o e ta dura ku tchiga.
7. Pedru : undi nhós sata bai ?
8. Djom : nu sata bá Tcháda Grándi. Bu sata bai támbi ?
9. Pedru : gósi-li m-ka teni témpu. Dispós m-ta átcha-nhós la.
10. Zinhu : é módi Pedru ? Bu ka odja Sándra ku Djom ?
11. Pedru : m-odjâ-s sim. Ês sai gósi-li.
12. Zinhu : p-undi ?
13. Pedru : ês bai la Tcháda Grándi. Bu ta atchâ-s la.

Vocabulaire

dura, *v*, **dura ku**, mettre longtemps à.
fra, *v*, (se) trouer, (*ici*) crever.
gósi-li, *adv*, à l'instant, il y a peu.
kompu, *v*, réparer.
kontra, *v*, (se) rencontrer.
-l, *popo*, le/ la, lui.
-m, *popo*, me.
-nhós, *popo*, vous.
-nu, *popo*, nous.
odja, *v*, voir.
óra, *subst*, heure.
oxi, *adv*, aujourd'hui.
p-undi, *inter*, où, vers où, contraction de **pa + undi**.
róda, *subst*, roue.
-s, *popo*, les, leur.
séti, *num*, sept.
si, *adv*, ainsi.
spéra, *v*, attendre.
Tcháda Grándi, *npr*, Achada Grande, quartier de Praia situé près de l'aéroport de la capitale.
tchiga, *v*, arriver.
trés, *num*, trois.
-u, *popo*, te.
Zinhu, *npr*, Jo, diminutif de **Djuzé**, Joseph.

Traduction. Septième leçon : je ne l'ai pas vu

1. Jean : comment vas-tu Pedro, tu n'as pas vu Anne ?
2. Pierre : non (je ne l'ai pas vue).
3. Jean : nous avions convenu de (nous) rencontrer aujourd'hui à trois heures, mais elle n'est pas venue. Moi je ne vais pas l'attendre plus longtemps (plus que ainsi).
4. Sandra : Jean, écoute (entends ici). Anne vient de me téléphoner (m'a téléphoné à l'instant). Elle a crevé un pneu (la voiture lui a crevé une roue) à Assomada. Il faut (nous devons) aller l'attendre à Achada Grande. Elle nous y rejoindra (trouvera) plus tard.
5. Jean : elle ne t'a rien dit d'autre (elle ne t'a pas dit davantage qu'ainsi) ?
6. Anne : elle n'en a pas eu le temps (le temps ne lui a pas donné). Elle doit réparer [sa] roue rapidement, ou elle mettra longtemps à arriver.
7. Pierre : où allez-vous ?
8. Jean : nous allons à Achada Grande. Y vas-tu (toi) aussi ?
9. Pierre : juste maintenant, je n'ai pas le temps [d'y aller]. Je vous y rejoindrai plus tard.
10. Joseph : comment vas-tu Pierre ? N'as-tu pas vu Sandra et Jean ?
11. Pierre : si je les ai vus. Ils viennent de partir (sortir).
12. Joseph : où [sont-ils allés] ?
13. Pierre : ils sont allés à Achada Grande. Tu les trouveras là-bas.

Commentaire grammatical

1. Les pronoms personnels objets de premier ordre

Les pronoms personnels objets sont toujours suffixés au verbe, lorsque celui-ci est à l'actif-présent.

Exemple : **m-ka odjâ-l**, *je ne l'ai pas vu*, lit. "*je pas voir lui*".

Dans cette leçon, nous n'étudierons que les pronoms objets de premier ordre (c'est-à-dire non suivis d'un autre pronom objet).

1.1. Morphologie

Modèle	Modèle 1 : Polysyllabe		Modèle 2 : Monosyllabe	
Personne	Verbe **odja**, *voir*		Verbe **fla**, *dire*	
1 sing	e odj**â-m**	*il m'a vu*	e fl**a-m**	*il m'a dit*
2 sing	e odj**â-u**	*il t'a vu*	e fl**a-u**	*il t'a dit*
3 sing	e odj**â-l**	*il l'a vu*	e fl**a-l**	*il lui a dit*
1 plur	e odj**á-nu**	*il nous a vus*	e fl**á-nu**	*il nous a dit*
2 plur	e **o**dja-**nhós**	*il vous a vus*	e fl**a-nhós**	*il vous a dit*
3 plur	e odj**â-s**	*il les a vus*	e fl**a-s**	*il leur a dit*

Forme libre et forme clitique

Les voyelles qui apparaissent en grisé (**a**) sont celles qui portent l'accent tonique.

On observe qu'il existe deux types d'associations entre le verbe et les pronoms objets de premier ordre (POPO) :

- type 1 : le pronom objet est atone (il ne porte pas d'accent tonique) et dépend donc de la tonicité du verbe (cas de tous les POPO sauf **nhós**). On dira alors que le verbe est à la forme clitique (FC).

- type 2 : le pronom objet est tonique (cas de la deuxième personne du pluriel). La tonicité du verbe et celle du pronom sont indépendantes. On dira alors que le verbe est à la forme libre (FL), c'est-à-dire à la même forme que s'il n'avait pas de pronom.

Voyelle finale de la forme clitique

À la forme clitique, la voyelle finale du verbe change en fonction du pronom qui suit :

- on a un {**â**} ou {**a**} fermé à toutes les personnes du singulier et à la troisième personne du pluriel : **e odjâ-l, e fla-l**, *il l'a vu, il lui a dit.*

- la voyelle est ouverte {**á**} à la première personne du pluriel : **e odjá-nu, e flá-nu**.

Verbes polysyllabiques

Lorsqu'il n'est pas suivi d'un pronom objet atone (forme libre), tout verbe créole de plus d'une syllabe est accentué à l'actif-présent sur l'avant-dernière syllabe.

Exemple : **odja, kompu**, e **odja-nhós**

Par contre, à la forme clitique, le verbe est accentué sur la dernière syllabe. Les POPO atones provoquent donc une modification de la tonicité du verbe qui les précède.

Verbes monosyllabiques

Dans le cas des verbes composés d'une seule syllabe (comme **fla**, *dire*), l'accent tonique du verbe ne change pas de place à la forme clitique.

Il faut donc apprendre à la fois les formes des pronoms objets créoles et les modifications qu'ils provoquent dans les formes du verbe. Dans cette leçon nous nous sommes contentés d'aborder les pronoms objets combinés aux verbes créoles terminés en -**a**.

Les combinaisons avec les autres types de verbes (comme **fasi**, *faire*, ou **kompu**, *réparer*) seront abordées plus loin.

N.B.1. : pour la deuxième personne du singulier, on entend aussi **odjâ-bu** et **fla-bu**, surtout dans les zones rurales.

N.B.2. : attention ! Le **-m** nasalise la voyelle précédente. Ainsi **kantâ-m** se prononce à peu près comme "*qu'en temps*" en français, et non comme "*qu'entame*".

1.2. Cas des verbes polysyllabiques dont l'avant-dernière voyelle est *á, ó, é* à la forme libre

Les verbes polysyllabiques dont l'avant-dernière voyelle est **á, ó, é**, à la forme libre ferment respectivement cette voyelle en **a, o, e**, à la forme clitique.

Exemples :

á > a = átcha, *trouver* > **bu ta atchâ-s**, *tu les trouveras.*

é > e = spéra, *attendre* > **m-ka ta sperâ-l**, *je ne l'attendrai pas.*

Ce phénomène suit les lois générales de la phonologie créole (leçon 0), qui stipulent qu'une voyelle ouverte (**á, ó, é**) ne peut exister qu'en position tonique.

1.3. Compléments d'objet direct et indirect

Le capverdien, contrairement au français, ne distingue pas morphologiquement les compléments d'objet direct (COD ou accusatif) et indirect (COI ou datif), et ceci est valable pour les pronoms personnels.

Exemples :

- **m-ka odjâ-l**, *je ne l'ai pas vu.*
- **káru fra-l róda**, lit. "*la voiture lui a crevé une roue*" = *elle a crevé un pneu.*

Nous reviendrons plus en détail sur cette caractéristique du capverdien. Remarquons dès à présent que quand un complément d'objet direct et un complément d'objet indirect dépendent du même verbe, le direct est toujours placé après l'indirect. Ainsi, dans le second exemple ci-dessus, **róda**, complément d'objet direct, est placé après **-l**, complément d'objet indirect.

2. Emploi de *sata* avec les verbes de mouvement

Avec les verbes **bai** et **bem**, et quelques autres de sens proche (**parti**, *partir...*), la marque d'aspect **sata** a souvent une valeur de futur proche. Ainsi, **undi nhós sata bai** (9) peut se traduire par *où allez-vous ?* ou bien *où allez-vous partir ?*

On peut même employer **sata** dans des contextes plus explicitement futurs.

Exemple : **manham m-sata bá Práia**, *demain j'irai à Praia* (l'usage de **ta** reste également possible dans ce contexte). Il est à noter que le français familier permet lui l'emploi d'un présent dans un tel contexte : *demain je vais à Praia.*

Dans la langue parlée, on entend souvent la contraction **sat'á** = **sata** + **bai** :

- **m-sat'á Práia** = **m-sata bá Práia**.

Cette contraction est plus rarement observée si **bai** est le dernier mot accentué de la phrase, comme dans **undi nhós sata bai ?**, *où allez-vous* ?

3. Autres points dignes d'intérêt

3.1. Adverbes de lieu

Le créole capverdien possède deux adverbes de lieu permettant le repérage :

- **li**, *ici*, indique la proximité. C'est aussi le sens qu'il a en composition.

Exemple : **gósi**, *maintenant* > **gósi-li**, *à l'instant même, juste maintenant.*

- **la**, *là-bas*, indique l'éloignement.

Exemple : **bu ta atchâ-s la**, *tu les trouveras là-bas.*

Nous reviendrons plus en détail sur les divers emplois de **li** et de **la**.

3.2. Constructions directes et prépositionnelles créoles

Beaucoup de constructions prépositionnelles introduites par la préposition *à* en français sont directes en créole. C'est en particulier le cas des compléments :

- de destination.

Exemple : **nu sata bá Tcháda Grándi**, *nous allons À Achada Grande.*

- d'objet indirect.

Exemple : **Anne tilifona Sándra**, *Anne a téléphoné À Sandra.*

Le texte offre encore un autre cas plus anecdotique (repérage dans le temps) : **oxi trés óra**, *aujourd'hui À trois heures.*

Cependant, il arrive que le créole puisse aussi employer des constructions prépositionnelles à côté des constructions directes. Dans le cas des compléments d'attribution et de destination, on observe fréquemment l'emploi de **pa**, *pour* :

- **m-ta tilifona pa el** (leçon 5, phrase 14), *je lui téléphonerai* = **m-ta tilifonâ-l**.

- **p-undi ?** (phrase 12), *(vers) où ?* = **undi**.

L'usage de **pa** est parfois dû à l'influence du portugais (qui construit généralement ces compléments de façon proche du français). C'est vrai en particulier avec le verbe **tilifona**, qui s'emploie plus couramment en construction directe en capverdien, mais beaucoup moins pour **p-undi**, qui est souvent employé pour désigner le lieu où l'on va, par contraste avec **undi** ou **napundi**, qui désignent le lieu où l'on se trouve.

Enfin le complément de destination peut être introduit par **li** ou **la**.

Exemples :

- **ês bai la Tcháda Grándi**, *ils sont allés (là-bas) à Achada Grande*.

- **ês bem li Práia**, *ils sont venus (ici) à Praia.*

Mais dans ce cas, **li** et **la** restent clairement des adverbes, et ils portent toujours un accent tonique (contrairement aux prépositions, qui sont atones).

N.B. : dans la phrase **ês bai la Tcháda Grándi**, où le verbe *aller* précède l'adverbe **la** introduisant un complément de destination, la forme **bai** est obligatoire.

Exercices

I. Complétez les phrases suivantes avec le verbe et le pronom objet qui vous sont indiqués puis traduisez-les en français

Exemple : **a-mi m-ka sata (odja** + 2PS)
> **a-mi m-ka sata odjâ-u**
> *moi je ne te vois pas.*

1. **A-el e ka** (**fla** + 1PP) **náda**.
2. **M-ka kré** (**tilifona** + 3PP).
3. **M-ka sabi papia fransés, má um diâ, m-ta** (**papia** + 3PS).
4. **Pamódi bu ka bem djánta na mi ? - Káru** (**fra** + 1PS) **róda la Somáda.**
5. **E** (**odja** + 2PP) **na Práia, má nhós nhós ka** (**odja** + 3PS).
6. **Nu** (**spéra** + 2PS) **na Tcháda Grándi, má bu ka** (**átcha** + 1PP).

N.B. : PS = personne du singulier/ PP = personne du pluriel.

II. Traduisez en capverdien les phrases suivantes

1. Elle nous a téléphoné.
2. Je ne vous ai pas vus.
3. Ils lui ont cuisiné un plat.
4. Tu m'as dit beaucoup de choses (**kusa**).
5. Nous ne t'avons pas trouvée.
6. Tu leur as crevé les pneus.

III. Remettez dans le bon ordre les phrases suivantes, puis traduisez-les en français

1. sperâ/ sata/-s/ m-
2. dura/ bem/ a-nhós/ ku/ nhós
3. támbi/a-mi/ bai/ m-/ la/ sata
4. ka/ má/ obi/ bu/ fla/ ês/ -l
5. -nu/ ta/ atchá/ la/ ka/ a-bo/ bu
6. kré/ m- / nhós/ si/ ta/ tilifona/ -nhós
7. nau/ ka/ -l/ odja/ ?/ -/ m-/ ka/ bu/ odjâ/ Djom

IV. Traduisez en capverdien les phrases suivantes en employant les pronoms qui conviennent

1. L'anglais je ne le parle pas bien (= correctement).
2. Toi, nous ne t'avons pas vu, lui, il t'a vu.
3. Ne lui avez-vous pas cuisiné un plat savoureux ?
4. Ce (**es**) *beignet, je l'ai acheté pour toi.*
5. Il nous trouvera à Achada Grande.
6. Vous, vous n'avez pas eu le temps.
7. Ils habitent à Assomada, mais ils ne les ont pas vus.

V. Traduisez en capverdien les phrases suivantes en employant *bai* à (aux) aspect(s) qui convien(nen)t

1. Où vas-tu ? - Je vais à Praia.
2. Je suis allé nager.
3. Demain, nous irons à Assomada, tu veux venir avec nous ?
4. J'ai décidé d'aller en France.
5. Un jour vous irez en Amérique.

Civilisation : les routes capverdiennes

Il n'existe (en 2003) que quelques kilomètres de routes goudronnées en République du Cap-Vert (à Santiago et à Saint-Vincent). Les autres voies carrossables se répartissent en deux catégories :

- **1.** les routes pavées (**stráda kalsitádu**), qui constituent les axes principaux de circulation. Les pavés utilisés sont caractéristiques des pays de civilisation lusophone. Ils sont petits (moins de 10 cm de côté), et de forme cubique. L'État encourage le pavage de nouvelles routes. Ces travaux sont menés à bien par un nombreux personnel, souvent recruté en partie dans la région où passe la route, et les salaires versés sont alors un complément appréciable, en particulier en zone rurale. Le pavage des routes a donc des avantages au niveau de l'emploi. En revanche, il présente deux graves inconvénients :

- **1.1.** les petits pavés résistent souvent mal au passage des camions et autres poids lourds et des trous se forment dans la route, ce qui peut endommager les pneus des autres véhicules ;

- **1.2.** par temps de pluie, les routes pavées deviennent de véritables patinoires, la poussière de la route formant alors une boue glissante, tandis que la surface lisse des pavés empêche toute adhérence.

- **2.** les pistes de terre (**stráda**) sont très fréquentes en zone rurale. Elles représentent la seule voie d'accès à de nombreux villages. Les plus importantes tendent à être pavées. À l'inverse, on ouvre encore de nouvelles pistes de terre aujourd'hui pour relier certains hameaux isolés. Ainsi, le village de Chaminé (en créole **Tchiminé**) a été relié en 1996 au réseau de pistes de l'île de Santiago (auparavant on ne pouvait y accéder qu'à pied).

LISOM OITU : BU PILIDU É MÓDI ?

1. Anne : mok'é bu pilidu ?
2. Sándra : nha pilidu é Baréla Gómi. Di bo, é módi ?
3. Anne : di meu é Martin.
4. Sándra : bunitu !
5. Anne : pilidu di Pedru é módi ?
6. Sándra : si pilidu é Samedu Mendónsa. Bu gosta di pilidu di nós téra ?
7. Anne : pilidu di nhós téra é bunitu má é kumpridu. Pilidu di nós é más kurtu ki di nhós.
8. Sándra : má di nós ka bunitu sima di nhós.
9. Anne : só ka si ! Pilidu berdiánu é bunitu tambá.

***

10. Pedru : Djom ! Djuzé ku Kabrinka tem káru ?
11. Djom : ês tem sim, má ses káru é bedju. Di bo más nóbu.
12. Pedru : é simé, má káru di ses é más grándi ki di meu.

***

13. Sándra : Anne, Kau Berdi ku Fránsa, kal ki bu gosta más ?
14. Anne : a-mi m-gosta di tudu dós.
15. Sándra : téra di bo más sábi, a-la tem tudu kusa, téra di nós é pikinóti, póbri.
16. Anne : tudu téra tem si sábi ku si ka-sábi. Djobi, na nós téra, nu ta pása friu, a-li nhós sta sempri ku sol.
17. Sándra : stranjeru ta pása sábi na Kau Berdi, má Berdiánu ta pensa só na bá stranjeru.
18. Anne : algem nunka ka sta kontenti ku di sel.

Vocabulaire

a-la, *adv*, là-bas.
algem, *subst/ indéf*, être humain, personne, quelqu'un.
Baréla, *npr*, Varela.
bedju, *adj*, vieux.
bu, *possat*, ton/ ta.
bunitu, *adj*, joli.
di bo, *posston*, à toi, le tien/ la tienne.
di meu, *posston*, à moi, le mien/ la mienne.
di nhós, *posston*, à vous, le/ la vôtre.
di nós, *posston*, à nous, le/ la nôtre.
di sel, *posston*, à lui/ elle, le sien/ la sienne.
di ses, *posston*, à eux/ elles, le/ la leur.
Djuzé, *npr*, Joseph.
friu, *adj/ subst*, froid.
Gómi, *npr*, Gomes.
grándi, *adj*, grand, de grande dimension.
Kabrinka, *npr*, Kabrinka, nom de femme.
kal, *inter*, lequel.
ka-sábi, *subst*, désagrément.
kontenti, *adj*, content, satisfait.
kumpridu, *adj*, long.
kurtu, *adj*, court.
más...ki, *loc*, plus...que.
Mendónsa, *npr*, Mendonça.
mok'é, contraction de **moki** + **é**.

Traduction. Huitième leçon : quel est ton nom de famille ?

1. Anne : quel est ton nom de famille (ton nom de famille est comment) ?
2. Sandra : mon nom de famille est Varela Gomes. (Et) le tien qu'est-ce que c'est ?
3. Anne : moi je m'appelle (le mien est) Martin.
4. Sandra : (qu'est-ce que c'est) joli !
5. Anne : comment s'appelle Pierre ?
6. Sandra : son nom de famille est Semedo Mendonça. (Est-ce que) tu aimes les noms de famille de notre pays ?
7. Anne : les noms de famille de votre pays sont jolis, mais ils sont longs. Nos noms sont plus courts que les vôtres.
8. Sandra : mais les nôtres ne sont pas aussi jolis que (ne sont pas jolis comme) les vôtres.
9. Anne : mais pas du tout (seulement pas ainsi) ! Les noms capverdiens sont jolis aussi.

***

10. Pierre : Jean ! Joseph et Kabrinka ont-ils une voiture ?
11. Jean : oui ils [en] ont [une], mais leur voiture est vieille. La tienne est plus neuve.
12. Pierre : c'est vrai (ainsi), mais la leur est plus grande que la mienne.

***

13. Sandra : Anne, entre le Cap-Vert et la France, qu'est-ce que (lequel) tu préfères ?
14. Anne : je les aime tous les deux.
15. Sandra : ton pays est plus agréable, là-bas, il y a de tout (toutes choses), [alors que] notre pays est petit et pauvre.
16. Anne : tous les pays ont des avantages et des inconvénients. Regarde [par exemple] dans notre pays, nous souffrons du froid, [et] ici vous avez toujours du soleil.
17. Sandra : les étrangers prennent du bon temps (passent agréablement) au Cap-Vert, mais les Capverdiens ne pensent qu'à partir à l'étranger.
18. Anne : les gens (quelqu'un) ne sont jamais contents de (avec) ce qu'ils ont (le sien).

Vocabulaire (suite)

nha, *possat*, mon/ ma.
nhós, *possat*, votre.
nóbu, *adj*, neuf, récent.
nós, *possat*, notre.
nunka, *adv*, jamais.
oitu, *num*, huit.
pensa, *v*, penser.
pikinóti, *adj*, petit.
pilidu, *subst*, nom de famille.
póbri, *adj*, pauvre.
Samedu, *npr*, Semedo.
ses, *possat*, leur.
si, *possat*, son/ sa.
sima, *conj*, comme, aussi...que, **ka...sima**, pas aussi...que, moins...que.
sol, *subst*, soleil.
stranjeru, *adj/ subst*, étranger (personne, pays).
téra, *subst*, pays.

Commentaire grammatical

1. Les possessifs

Le capverdien moderne connaît deux séries de possessifs :
- les possessifs atones (possat) ;
- les possessifs toniques (posston).

1.1. Les possessifs atones

Tableau des possessifs atones capverdiens				
Personne	Singulier	Sens	Pluriel	Sens
1	**nha**	*mon, ma*	**nós**	*notre*
2	**bu**	*ton, ta*	**nhós**	*votre*
3	**si**	*son, sa*	**ses**	*leur*

Ils sont toujours employés devant les noms ou les groupes nominaux auxquels ils se rapportent. Ils ont toujours une fonction d'adjectifs possessifs.

Exemple : **mok'é bu pilidu ?**, *quel est ton nom ?*

N.B. : les adjectifs possessifs capverdiens ont la même forme au masculin et au féminin.

1.2. Les possessifs toniques

Tableau des possessifs toniques capverdiens		
Personne	Singulier	Pluriel
1	**di meu**	**di nós**
2	**di bo**	**di nhós**
3	**di sel**	**di ses**

Les possessifs toniques peuvent avoir deux valeurs en capverdien :

- **1**. adjectif possessif. Lorsqu'il est adjectif, le possessif tonique est toujours placé après le groupe nominal auquel il se rapporte. Il peut être employé en lieu et place du possessif atone, mais il a généralement une valeur d'insistance.

Exemple :

- **téra di nós**, *notre pays à nous* (on insiste plus sur la notion de possession que quand on dit **nós téra**, *notre pays*, avec le possessif atone).

- **2**. pronom possessif.

Exemple :

- **di nós ka bunitu sima di nhós**, *les nôtres ne sont pas aussi jolis que les vôtres.*

N.B.1 : les possessifs toniques sont invariables (ils ont la même forme au masculin, féminin, singulier et pluriel).

N.B.2 : la préposition **di** (utilisée pour former les possessifs toniques) sert aussi à exprimer la notion de possession lorsque le possesseur est un nom (et pas un pronom) : **pilidu di Pedru**, *le nom de famille de Pierre*, **di Pedru é bunitu**, *celui* (ou *celle*) *de Pierre est joli*(*e*).

2. Le comparatif de l'adjectif qualificatif et de l'adverbe

Soit A l'adjectif qualificatif (ou l'adverbe) considéré. Le capverdien connaît deux degrés de comparaison pour A :

- **1.** la supériorité.

Construction : **más** + A + (**di**) **ki** = *plus* + A + *que.*

Exemple : **pilidu di nós é más kurtu ki di nhós**, *nos noms de famille (à nous) sont plus courts que les vôtres.*

N.B. : on entend parfois **di ki** au lieu de **ki**. Sauf dans quelques expressions figées comme **más di ki si** (leçon 7) combiné avec la négation, la forme en **ki** est préférable en capverdien.

- **2.** l'égalité.

Construction : A + **sima** (ou **móda**) = *aussi* + A + *que.*

Exemple : **di nhós é bunitu sima di nós**, *les vôtres sont aussi beaux que les nôtres.*

Il n'existe pas de forme particulière pour le comparatif d'infériorité (français *moins* + A + *que*) en badiais rural. Le capverdien dispose néanmoins de deux moyens pour rendre le comparatif d'infériorité français. Ainsi, pour traduire en capverdien la phrase française *ma voiture est moins grande que la tienne*, on peut produire :

- une comparaison de supériorité en utilisant l'adjectif antonyme (de sens opposé) : **nha káru é más pikinóti ki di bo**, *ma voiture est plus petite que la tienne* (donc elle est *moins grande*).

- une comparaison d'égalité négative : **nha káru (é) ka grándi sima di bo**, *ma voiture n'est pas aussi grande que la tienne* (donc elle est *moins grande*).

N.B. : on peut toutefois entendre, surtout en créole urbain, des comparatifs d'infériorité en **ménus** + A + **ki**, calqués sur le portugais. Il vaut mieux vous habituer à ne pas les employer.

3. L'élision du verbe *é*

Dans de nombreux contextes, l'emploi du verbe **é**, *être*, n'est pas obligatoire en capverdien. Nous avons rencontré trois de ces cas dans le texte de cette leçon :

- **1.** ainsi que nous l'avons déjà vu (leçon 2), l'élision de **é** est quasi-systématique dans les phrases exclamatives pouvant se traduire par *qu'est-ce que c'est* + adjectif !, en français.

Exemple : **bunitu !**, *qu'est-ce que c'est joli !* (phrase 4).

- **2.** dans une comparaison de supériorité (affirmative ou négative).

Exemple : **di bo más nóbu**, *la tienne (voiture) est plus neuve* (phrase 11).

On pourrait avoir aussi **di bo ka más nóbu**, *la tienne n'est pas plus neuve (que l'autre).*

- **3.** dans une comparaison négative d'égalité.

Exemple : **má di nós ka bunitu sima di nhós**, *mais les nôtres ne sont pas aussi jolis que les vôtres* (phrase 8).

Il est toujours possible d'employer le verbe **é** comme en français dans de telles phrases, mais les tournures avec **é** sont plus souvent entendues dans la bouche des personnes les plus influencées par le portugais (le portugais, comme le français, a besoin du verbe *être* dans de tels contextes), alors que l'élision est incontestablement plus caractéristique de la langue créole (en conformité avec le principe d'économie). Habituez-vous à n'employer le verbe **é** que s'il est absolument nécessaire : votre créole sera plus élégant et vous comprendrez plus facilement les nombreux Capverdiens qui pratiquent couramment l'élision de **é** dans les cas signalés.

Exercices

I. Complétez les phrases suivantes en employant le possessif à la personne indiquée, puis traduisez-les en français

1. (2PS) **káru é bedju,** (1PS) **más nóbu.**
2. (1PP) **kása é ka grándi sima** (3PP).
3. M-ka konxi (3PS) **nominhu.**
4. (3PP) **pilidu é más kumpridu ki** (2PP).
5. Moki bu ta bá Tarafal ? - M-ta bá ku (1PS) **káru.**
6. Téra stranjeru ka más sábi ki téra (1PP).
7. (1PS) **nómi é kurtu,** (2PS) **más kumpridu,** (3PS) **más bunitu.**
8. (2PP) **téra tem tcheu sábi.**

II. Traduisez en capverdien les phrases suivantes

1. C'est ma voiture, (cette) voiture est à moi.
2. C'est notre nom de famille, (ce) nom de famille est à nous.
3. C'est leur patate douce, (cette) patate douce est à eux.
4. C'est sa roue, (cette) roue est à lui.
5. C'est votre maison, (cette) maison est à vous.
6. C'est ton beignet, (ce) beignet est à toi.

N.B. : ne traduisez pas les démonstratifs *ce, cette.*

III. Traduisez en capverdien les phrases suivantes

1. Notre voiture est vieille, la tienne est grande.
2. Sa maison est grande, mais la mienne est plus grande que la sienne.
3. Votre pays est grand, le leur est très petit.
4. Le nom de famille de Sandra est court, celui de Jean est long.
5. Mon travail est dur (**duru**), *le sien est agréable.*
6. Je suis allé à Tarrafal avec ma voiture, vous, vous y êtes allés (=vous êtes allés) avec la vôtre.

IV. Traduisez en capverdien les phrases suivantes

1. Leur nom de famille est plus long que le vôtre, mais votre prénom est plus joli que le leur.
2. Pierre est plus vieux que Jean.
3. Qu'est-ce que c'est bon (nourriture) !
4. Le nom de famille de Jean est moins long que le mien.
5. Ta voiture est aussi grande que celle de Sandra.
6. Notre pays est moins agréable que le Cap-Vert.
7. La France est plus petite que l'Amérique.

Civilisation : les noms des Capverdiens

La plupart des Capverdiens ont trois types de noms à leur disposition pour exprimer leur identité :

- **1.** le **nómi** (*prénom*). Quand un Capverdien demande à quelqu'un **módi bu tchoma ?**, *comment t'appelles-tu ?*, il répond généralement en donnant son prénom. Les Capverdiens emploient spontanément le prénom des étrangers qu'ils côtoient (sauf dans des situations très formelles), cependant dans une conversation en capverdien ou entre Capverdiens, on aura généralement recours au surnom (voir ci-dessous).

- **2.** le **nominhu** (*surnom*, lit. "*petit nom*"). C'est le nom le plus utilisé par les Capverdiens dans la vie courante, familiale et professionnelle. La plupart des Capverdiens ont un surnom, souvent différent de leur prénom.

Parfois, le **nominhu** est dérivé du prénom. Ainsi les surnoms **Zinhu, Nhélas, Tó**, sont-ils les diminutifs créoles de **Djuzé, Daniel, Ntóni** (portugais *José, Daniel, António*), *Joseph, Daniel, Antoine*.

Mais le surnom peut avoir d'autres origines, très diverses : nom d'un champion sportif (les footballeurs sont particulièrement prisés) ou d'une vedette du show-biz, mot issu d'une anecdote familiale restée dans les mémoires...

Dans toutes les situations où des francophones se tutoieraient, les Capverdiens emploient spontanément les surnoms pour s'interpeller. Un directeur emploiera facilement leurs surnoms pour s'adresser à ses employés (la réciproque n'est pas vraie). Dans un cadre familier (village, quartier d'une ville), les gens ne se connaissent que par leurs surnoms, et lorsque l'on recherche quelqu'un, il est souvent impossible de le retrouver si on ne connaît pas son **nominhu**. Comme certains surnoms (comme **Zinhu**) sont très fréquents, on demande aux gens s'ils connaissent un certain **Zinhu**, en essayant de le caractériser par son physique (celui qui est grand, qui est toujours bien rasé, qui a un chapeau...) ou son origine géographique (il est né dans tel hameau, ses parents viennent de telle île)... Si vous vous liez d'amitié à des Capverdiens, vous pourrez les fréquenter des mois durant en ne connaissant d'eux que leur seul surnom.

- **3.** le **pilidu** (*nom de famille*). Comme dans les autres pays de langue officielle portugaise, les Capverdiens ont un nom de famille double : le premier nom de famille est celui de leur mère, le second celui de leur père. Ainsi, dans le texte, le nom de famille de Sandra est **Baréla Gómi**. **Baréla** est le second nom de sa mère, et **Gómi** le second nom de son père. L'ami de Sandra a pour prénom **Pedru**, *Pierre*. Si le **pilidu** de **Pedru** est **Mendi Furtádu**, les enfants de Pierre et de Sandra auront pour nom de famille **Gómi** (second nom de Sandra) **Furtádu** (second nom de Pierre).

N.B. : comme le portugais est la seule langue écrite dans les documents officiels, les prénoms et noms de famille capverdiens respectent toujours les normes portugaises à l'écrit. Cependant, beaucoup de noms portugais ont une forme créolisée, employée plus fréquemment à l'oral, surtout à la campagne.

À titre d'exemple, voici quelques équivalences entre noms portugais et noms créoles :

Type de nom	Nom portugais	Équivalent créole
Noms de famille	Borges	**Bórzi**
	Gomes	**Gómi**
	Mendes	**Mendi**
	Semedo	**Samedu**
	Varela	**Baréla**
Prénoms	António	**Ntóni**
	Paulo, Paula	**Pálu, Pála**

LISOM NÓVI : A-EL E KA SATA NTENDÊ-NU

1. Anne : oxi nh'armum François sata bem undê-m di Fránsa.
2. Djom : bu armum sata bem undê-u ! Ontom bu tem ki sta sábi ! A-nhós é kántu na nhós mai ?
3. Anne : a-nós é trés, dós fémia, um mátchu.
4. Djom : nhós é armum só di mai ?
5. Anne : nau, a-nós é armum di mai ku pai.
6. (Na oroportu...)
7. Anne : Pedru, Djom, a-li nh'armum François.
8. Djom : é módi François, viáxi korê-u dretu ?
9. Pedru : Kau Berdi sta-u sábi, François ?
10. François : ...
11. Pedru : Anne, bu armum ka sabi kiriolu ?
12. Anne : a-el e ka sabi nau.
13. Pedru : purisu k-e ka kudí-nu, e ka sata ntendê-nu. Obi-li Anne, bu armum tem ki prendi kiriolu.
14. Anne : nhós ta seta nxinâ-l nhós lingua ?
15. Pedru ku Djom : nu ta sim. Nu ta nxinâ-l kiriolu ti kabésa duê-l.
16. Anne : ***François, voici tes professeurs de créole.***
17. François : ***bonjour, comment allez-vous*** **?**
18. Pedru : ui, a-si nu ka ta ntendi-nhós. A-nhós nhós tem ki kudí-nu na kiriolu.
19. Djom : Djobi François, di li pa frenti, nu ta papia só kiriolu ku bo, di li um poku bu ta diskesi fransés. Óki bu bai téra di bu gentis, a-ês ês ta papia, a-bo bu ka ta ntendê-s más.

Vocabulaire

a-ês, *ppti*, eux.
a-nós, *ppti*, nous.
armum, *subst*, frère.
a-si, *adv*, ainsi.
diskesi (**e**), *v*, oublier.
dué, *v*, faire mal.
fémia, *adj/ subst*, femelle.
frenti, *adv*, devant, en avant.
kabésa, *subst*, tête.
k-e, contraction de **ki** + **e**.
kóri (**e**), *v*, 1. courir, 2. se passer.
kudi (**i**), *v*, répondre.
mai, *subst*, mère.
mátchu, *adj/ subst*, mâle.
nh', *possat*, variante de **nha** devant un mot qui commence par **a**.
nóvi, *num*, neuf.
ntendi (**e**), *v*, comprendre.
nxina, *v*, enseigner.
óki, *conj*, quand, lorsque.
oroportu, *subst*, aéroport.
pai, *subst*, père.
poku, *adv*, peu.
seta, *v*, accepter.
ui, *itj*, ouh là là, aïe.
undi (**e**), *v*, rendre visite à (toujours précédé de **bai** ou de **bem**).
viáxi, *subst*, voyage.

Traduction. Neuvième leçon : (lui) il ne nous comprend pas

1. Anne : aujourd'hui mon frère François vient de France (pour) me rendre visite.
2. Jean : ton frère vient te voir ! Alors tu dois te sentir contente (être agréable). Combien as-tu de frères et sœurs (vous êtes combien [de frères et sœurs] sur votre mère) ?
3. Anne : nous sommes trois, deux filles et un garçon (deux femelles, un mâle).
4. Jean : est-ce que vous avez seulement votre mère en commun (vous êtes frères et sœurs seulement de mère) ?
5. Anne : non, nous avons même père et même mère.
6. (À l'aéroport...)
7. Anne : Pierre, Jean, voici mon frère François.
8. Jean : comment vas-tu François, [ton] voyage s'est bien passé (t'a couru correctement) ?
9. Pierre : le Cap-Vert te plaît (t'est agréable), François ?
10. François :...
11. Pierre : Anne, ton frère ne sait pas (parler) le créole ?
12. Anne : non (il ne sait pas).
13. Pierre : c'est pour cela qu'il ne nous a pas répondu, il ne nous comprend pas. Écoute (entends ici) Anne, ton frère doit apprendre le capverdien (créole).
14. Anne : vous voulez (acceptez [de]) lui enseigner votre langue ?
15. Pierre et Jean : mais bien sûr. Nous allons lui enseigner le créole jusqu'à ce qu'il [en] ait mal à la tête (la tête lui fasse mal).
16. Anne : *François, voici tes professeurs de créole.*
17. François : *bonjour, comment allez-vous* ?
18. Pierre : ouh là là, [si vous parlez] comme ça, nous ne vous comprendrons pas. Il faut (vous devez) nous répondre en créole.
19. Jean : Écoute (regarde) François, dorénavant (d'ici vers devant), nous ne te parlerons qu'en créole, [et] d'ici quelque temps (un peu) tu oublieras le français. Quand tu retourneras dans ton pays (le pays de ta famille), les gens (te) parleront, (mais) toi tu ne les comprendras plus.

Commentaire grammatical

1. Les pronoms personnels objets de premier ordre (suite)

1.1. Le verbe : notion de groupe morphologique

Les verbes **ntendi** et **kudi** se terminent tous les deux en -**i** atone à la forme libre (FL) de l'actif-présent. Pourtant, en combinaison avec un pronom personnel objet de premier ordre (leçon 7), ils ont des formes clitiques différentes :

- **purisu k-e ka kudí-nu, e ka sata ntendê-nu**, *c'est pour cela qu'il ne nous a pas répondu : il ne nous comprend pas.*

La forme clitique du verbe **ntendi** se termine en **-ê**.

La forme clitique du verbe **kudi** se termine en -**í**.

Kudi et **ntendi** appartiennent à deux groupes morphologiques différents. Il existe six groupes morphologiques de verbes en badiais, qui diffèrent par leur voyelle terminale à la forme clitique. On appelle ces voyelles les voyelles thématique. Chaque voyelle thématique caractérise donc un groupe. Voici les trois groupes qui nous intéressent pour le moment :

- **1.** les verbes en -**á-**. Ce sont tous les verbes terminés en **-a** à la FL.

Exemple : **bádja, djánta**, *danser, dîner...*

- **2.** les verbes en -**e-**. Ce sont tous les verbes terminés en -**e** (ou **ê**...) à la forme clitique.

Exemple : **kóri, ntendi**, *courir/ se passer, comprendre....*

- **3.** les verbes en -**i-**. Ce sont tous les verbes terminés en -**i** (ou **í**...) à la forme clitique.

Exemple : **kudi**, *répondre...*

Les verbes en **-e-** et en **-i-** posent un problème particulier. En effet presque tous ces verbes sont terminés en -**i** à la forme libre. Il n'est donc pas possible de savoir s'ils sont en -**e-** ou en -**i-** sans connaître leur forme clitique. Désormais leur voyelle thématique sera donc explicitement mentionnée dans le lexique.

Exemple :

- **ntendi** (**e**), *comprendre.* Le (**e**) est la voyelle thématique du verbe **ntendi**.

- **kudi** (**i**), *répondre.* Le (**i**) est la voyelle thématique du verbe **kudi**.

Dorénavant, il vous faudra faire un petit effort de mémoire supplémentaire et apprendre la voyelle thématique pour chaque nouveau verbe rencontré qui se termine en -**i** à la FL.

N.B.1. : la notion de groupe morphologique, liée à la nature de la voyelle thématique, est absolument indépendante du fait que le verbe soit fort ou faible. Ainsi, **konxi** (verbe fort), *connaître*, fait-il partie des verbes en -**e**- au même titre que **ntendi** (verbe faible), *comprendre*.

N.B.2. : les verbes **bem, tem, kompu**, *venir, avoir, réparer*, appartiennent à d'autres groupes morphologiques que nous étudierons plus loin.

1.2. Combinaisons des pronoms personnels objets de premier ordre avec les verbes en -e- et en -i-

Verbes polysyllabiques

Groupe	Groupe en -**e**-		Groupe en -**i**-	
Personne	Verbe **ntendi**, *comprendre*		Verbe **kudi**, *répondre*	
1 sing	e ntendê-**m**	*il m'a compris*	e kudí-**m**	*il m'a répondu*
2 sing	e ntendê-**u**	*il t'a compris*	e kudí-**u**	*il t'a répondu*
3 sing	e ntendê-**l**	*il l'a compris*	e kudí-**l**	*il lui a répondu*
1 plur	e ntendê-**nu**	*il nous a compris*	e kudí-**nu**	*il nous a répondu*
2 plur	e ntendi-**nhós**	*il vous a compris*	e kudi-**nhós**	*il vous a répondu*
3 plur	e ntendê-**s**	*il les a compris*	e kudí-**s**	*il leur a répondu*

Cas du verbe **dué**, *faire mal, être douloureux*

Groupe	Groupe en -**e**-	
Personne	Verbe **dué**, *faire mal*	
1 sing	sata duê-**m**	*ça me fait mal*
2 sing	sata duê-**u**	*ça te fait mal*
3 sing	sata duê-**l**	*ça lui fait mal*
1 plur	sata duê-**nu**	*ça nous fait mal*
2 plur	sata dué-**nhós**	*ça vous fait mal*
3 plur	sata duê-**s**	*ça leur fait mal*

Les voyelles qui apparaissent en grisé (ê...) sont celles qui portent l'accent tonique.

2. Autres points touchant le système verbal

2.1. Réponse courte à l'habituel

Lorsqu'une question est posée avec un verbe à l'aspect habituel (marque **ta**), le créole capverdien permet de donner une réponse assertive (affirmative ou négative) renforcée (leçon 2) courte en reprenant le **ta** sans le verbe de la question (un peu comme dans les *tags* anglais où l'on répond en reprenant l'auxiliaire : *will he come ? - yes he will*).

Exemple : **nhós ta seta nxinâ-l nhós lingua ? - nu ta sim**, *acceptez-vous de lui enseigner votre langue ? - bien sûr que oui*, lit. "*nous* + habituel + *oui*".

La reprise du verbe dans la réponse (leçon 2) reste néanmoins toujours possible : **- nu ta seta sim** est ici un équivalent parfaitement correct de **- nu ta sim**.

À la forme négative, le **ka** est régulièrement placé devant **ta**.

Exemple : **nhós ta seta nxinâ-l nhós lingua ? -nu ka ta nau**, *acceptez-vous de lui enseigner votre langue ? - bien sûr que non*, lit. "*nous ne...pas* + habituel + *non*".

N.B. : dans les réponses courtes, le **ta** est toujours tonique et prononcé avec plus de force que le **sim** ou le **nau** qui le suivent.

2.2. Les pronoms personnels sujets et le verbe *é*

Pour conjuguer le verbe **é** en capverdien, on emploie uniquement les pronoms personnels toniques (leçon 5). En début de phrase ou de proposition, les deux séries toniques peuvent être utilisées :

- les pronoms personnels toniques initiaux.

Exemple : **a-nhós é kántu na nhós mai ?**, *combien as-tu de frères et sœurs*, lit. "*vous êtes combien sur votre mère*".

- les pronoms personnels toniques simples.

Exemple : **nhós é armum só di mai ?**, *vous n'avez que votre mère en commun ?*, lit. "*vous êtes frères et sœurs seulement de mère ?*"

3. Tournure restrictive *ka...más*

La tournure restrictive **ka...más** correspond au français *ne...plus*.

Exemple : **bu KA ta ntendê-s MÁS**, *tu NE les comprendras PLUS.*

Le capverdien présente néanmoins une originalité par rapport au français : le **más** est toujours placé après les compléments du verbe (même s'ils sont nombreux ou longs) et non juste après le verbe comme le *plus* du français.

Exemple : **bu KA ta ntendi fransés MÁS**, *tu NE comprendras PLUS le français.*

Exercices

I. Complétez les phrases suivantes avec le verbe et le pronom qui vous sont indiqués puis traduisez-les en français

Exemple : **a-mi m-ka (kudi** + 3PS), **pamódi m-ka (ntendi** + 3PS).
> a-mi m-ka kudí-l pamódi m-ka ntendê-l
> *je ne lui ai pas répondu parce que je ne l'ai pas compris.*

1. **E kré papia ku mi, má m-ka (konxi** + 3PS) **dretu**.
2. **Ês (nxina** + 1PP) **kiriolu ti kabésa (duê** + 1PP).
3. **Si bu (diskesi** + 1PS), **m-ta (diskesi** + 2PS).
4. **Nhós papia ku Pedru, má e ka (obi** + 2PP).
5. **M-bá Práia, m-odja Djom, m-(fla** + 3PS) **mantenha, e ka (kudi** + 1PS).
6. **Óki Anne ku François bá ses téra, ses gentis ka ta (ntendi** + 3PP) **más**.

N.B. : PS = personne du singulier/ PP = personne du pluriel.

II. Traduisez en capverdien les phrases suivantes en employant des pronoms objets de premier ordre

1. *Il m'a regardé mais il ne m'a pas répondu.*
2. *Je ne vous connais pas et (**i**) je ne veux pas aller vous rendre visite.*
3. *Tu nous connais : quand nous irons leur rendre visite, nous ne t'oublierons pas.*
4. *Il n'a pas fait bon voyage (= son voyage ne s'est pas bien passé pour lui), mais moi je lui ai fait un bon ragoût, tu peux le goûter si tu veux.*
5. *Nous vous entendons, mais nous ne vous comprenons pas.*
6. *Il a mal à la tête, toi tu as mal aux pieds (**pé**), nous nous avons mal aux mains (**mó**).*

III. Traduisez en capverdien les questions (Q)/ ou les affirmations (A) et donnez des réponses (R) assertives renforcées courtes, en reprenant la marque de l'habituel, *ta*.

Exemple : *Q : Est-ce que tu danseras avec moi ?* R : *Non je ne danserai pas (avec toi).*
> Q : **bu ta bádja ku mi ?**
> R : **m-ka ta nau.**

1. Q : *Est-ce que tu iras en France avec moi ?* R : *Non je n'y irai pas.*
2. Q : *Est-ce que vous parlez créole ?* R : *Oui nous le parlons.*
3. Q : *Est-ce que vous m'oublierez ?* R : *Non nous ne t'oublierons pas.*
4. Q : *Acceptez-vous de lui enseigner le français ?* R : *Oui nous l'acceptons.*
5. A : *Je ne réussirai (réussir à =* **konsigi***) pas à parler le créole.* R : *Si tu y réussiras.*
6. A : *Il viendra aujourd'hui.* R : *Non il ne viendra pas.*

IV. Traduisez en capverdien les phrases suivantes en employant le verbe *é*

1. C'est ma voiture, elle est neuve.
2. Nous sommes de Praia.
3. Je suis capverdien, tu es français.
4. Ils ne sont pas nombreux (**tcheu**).
5. Vous êtes d'ici, mais vous ne voulez pas me répondre.

V. Traduisez en capverdien les phrases suivantes

1. Je ne comprends plus le français.
2. Tu ne lui (= avec lui) as plus parlé.
3. Nous ne vous entendons plus.
4. Ils ne leur (= avec eux) ont plus parlé créole.
5. Vous ne lui direz plus rien.
6. Elle ne t'a plus répondu.

Civilisation : famille et fratrie

Les relations de parenté au Cap-Vert ne sont pas toujours vécues de la même façon qu'en Occident. Ainsi le mot **armum**, *frère* ou *sœur*, ne recouvre-t-il pas exactement la même réalité en capverdien et en français. En effet, les relations entre les deux sexes sont assez libres au Cap-Vert, et il n'est pas rare qu'une même femme ait des enfants de plusieurs hommes. Aussi les Capverdiens distinguent-ils beaucoup plus soigneusement que les Occidentaux :

- les frères et sœurs ayant deux parents en commun (**armum di mai ku pai**) ;
- les demi-frères et sœurs issus d'une même mère (**armum di mai**) ;
- les demi-frères et sœurs issus d'un même père (**armum di pai**).

La question **a-nhós é kántu na nhós mai ?**, *combien êtes-vous de frères et sœurs ?* signifie plus précisément *vous êtes combien à être issus de votre mère ?*, ce qui n'implique pas forcément que tous ces frères et sœurs proviennent du même père. On pourrait d'ailleurs aussi demander **a-nhós é kántu na nhós pai ?**, *combien ton père a-t-il d'enfants ?*

Comme beaucoup de femmes (veuves, femmes d'émigrés, ou abandonnées par leur compagnon) s'occupent seules du foyer et des enfants, le sens de la fratrie est particulièrement développé chez les enfants d'une même mère.

Par ailleurs, surtout à Santiago et en milieu rural, la civilisation créole traditionnelle, imprégnée de catholicisme, voit dans le parrain (**padrinhu**) et la marraine (**madrinha**) d'un enfant ses seconds parents, au sens plein du terme. Par conséquent, le mot **armum** peut aussi être employé pour désigner :

- les enfants de la marraine (**armum pa ládu-madrinha**, lit. *frère (sœur) du (par) côté de la marraine*) ;
- les enfants du parrain (**armum pa ládu-padrinhu**).

LISOM DÉS : KUÁTU MÁS OITU É KÁNTU ?

1. **Algem sata konku na pórta d'Anne. É Djonsinhu. Djonsinhu é fidju di Sándra.**
2. **Anne : é kenha ?**
3. **Djonsinhu : é mi, Djonsinhu.**
4. **Anne : bo tárdi Djonsinhu, entra !**
5. **Djonsinhu : Anne, manham m-tem pontu di matimátika na skóla. M-mesti trena fasi kónta. Bu podi djudâ-m, fabor ?**
6. **Anne : nu bai, mós, kuátu más oitu é kántu ?**
7. **Djonsinhu : kuátu más oitu ta da duzi.**
8. **Anne : sta dretu, dés bu tra séti kántu ki ta da ?**
9. **Djonsinhu : dés bu tra séti ta da trés.**
10. **Anne : más difisi gó, ónzi bés trés ?**
11. **Djonsinhu : trinti-trés.**
12. **Anne : é simé, sunkuénta dibidi pa dós ?**
13. **Djonsinhu : vinti-sinku.**
14. **Anne : a-bo bu ka teni prabulema ku matimátika. Bu podi bá fasi bu pontu trankilu, bu ta tra bom valor.**

Vocabulaire

bés, *subst*, fois.
d', *prép*, de, variante de **di** devant voyelle.
dés, *num*, dix.
dibidi (**i**), *v*, diviser, **dibidi pa**, divisé par.
Djonsinhu, *npr*, Jeannot, diminutif de **Djom**.
djuda, *v*, aider.
duzi, *num*, douze.
entra, *v*, entrer, **entra !**, entre donc !
fabor, *itj*, s'il te/ vous plaît.
fasi (**e**), *v*, faire.
fidju, *subst*, enfant.
gó, *adv*, maintenant, à présent.
konku, *v*, frapper (à la porte...).
kónta, *subst*, calcul.
más, *adv*, plus (mathématiques).
matimátika, *subst*, mathématiques.
mós, *subst*, garçon.
ónzi, *num*, onze.
pa, *prép*, (*ici*) par.
pontu, *subst*, contrôle, interrogation écrite.
pórta, *subst*, porte.
prabulema, *subst*, problème.
skóla, *subst*, école.
sunkuénta, *num*, cinquante.
tra, *v*, retirer, enlever, ôter, **bu tra**, moins (mathématiques), lit. "tu as retiré".
trankilu, *adj*, tranquille.
trena, *v*, s'entraîner (à).
trinti-trés, *num*, trente-trois.
valor, *subst*, note (à l'école).
vinti, *num*, vingt.

Traduction. Dixième leçon : combien font (sont) quatre plus huit ?

1. Quelqu'un frappe à la porte d'Anne. C'est Jeannot. Jeannot est le fils (l'enfant) de Sandra.
2. Anne : qui est là (c'est qui) ?
3. Jeannot : c'est moi, Jeannot.
4. Anne : bonjour (bonne après-midi) Jeannot, entre (donc) !
5. Jeannot : Anne, demain j'ai un contrôle de mathématiques à l'école. Il faut que (j'ai besoin de) je m'entraîne à calculer (faire des calculs). Est-ce que tu peux m'aider, s'il te plaît ?
6. Anne : allons-y [mon] garçon, combien font (sont) quatre plus huit ?
7. Jeannot : quatre plus huit font (donnent) douze.
8. Anne : c'est bien (correct), [et] dix moins (tu as retiré, que tu retires) sept, combien ça fait (donne) ?
9. Jeannot : dix moins sept font (donnent) trois.
10. Anne : plus dur maintenant, onze fois trois ?
11. Jeannot : trente-trois.
12. Anne : c'est (bien) cela. Cinquante divisé (diviser) par deux ?
13. Jeannot : vingt-cinq.
14. Anne : toi, tu n'as pas de problème en (avec) mathématiques. Tu peux aller faire ton contrôle tranquille, tu auras (retireras) une bonne note.

Commentaire grammatical

1. Les numéraux créoles : les cardinaux

Les numéraux capverdiens ne présentent pas de grande difficulté pour un francophone. Aussi est-il possible d'apprendre en une leçon l'essentiel du système de numération. Écrivez bien tous les nombres donnés dans les exercices et surtout, si vous êtes en milieu créolophone, utilisez ces nombres au marché, dans les boutiques. C'est bien entendu le meilleur moyen de les apprendre.

N.B. : rappelez-vous (leçon 2) que les numéraux créoles sont toujours suivis de noms au singulier.

Exemple : **kuátu minina**, *quatre jeunes filles.*

1.1. De 0 à 19

0	**zéru**	10	**dés**
1	**um**	11	**ónzi**
2	**dós**	12	**duzi**
3	**trés**	13	**treizi**
4	**kuátu**	14	**katorzi**
5	**sinku**	15	**kinzi**
6	**sax, séx**	16	**dizasax, dizaséx**
7	**séti**	17	**dizaséti**
8	**oitu**	18	**dizoitu**
9	**nóvi**	19	**dizanóvi**

N.B. : attention au nombre 16 : **dizasax/ dizaséx** en créole. Le capverdien a une forme où l'on retrouve nettement le chiffre 6 (**sax/ séx**), un peu comme si en français on disait "*dix-six*" (l'espagnol et le portugais se comportent d'ailleurs comme le capverdien). Comme les autres nombres ressemblent beaucoup au français, il faut se méfier de ce 16.

1.2. Les dizaines

20	**vinti**	60	**sasénta**
30	**trinta**	70	**saténta**
40	**korénta**	80	**oiténta**
50	**sunkuénta**	90	**novénta**

Les noms des dizaines se combinent régulièrement avec les unités.

Exemples : **vinti-dós, vinti-oitu**, *vingt-deux, vingt-huit.*

Les noms des dizaines autres que 20 changent leur -**a** en -**i** lorsqu'ils sont suivis d'une unité.

Exemples : **koréntí-trés, sunkuénti-nóvi**, *quarante-trois, cinquante-neuf.*

1.3. Les centaines

100	**sem**	600	**saiséntus**
200	**duzéntus**	700	**sétuséntus**
300	**trezéntus**	800	**oituséntus**
400	**kuátuséntus**	900	**nóviséntus**
500	**kinhéntus**		

Attention : quand il y a plusieurs centaines, le français produit des composés réguliers en faisant précéder *cents* d'une unité : *deux cents, trois cents...*, alors que le capverdien dispose de formes irrégulières dans plusieurs cas (200, 300, 500, 700).

Lorsque les centaines sont suivies de dizaines ou d'unités :

- **sem** devient **senti**.

Exemples : **senti-sinku, senti-vinti**, *cent cinq, cent vingt.*

- les autres centaines sont suivies de la conjonction **i**, *et* (uniquement utilisée avec les nombres).

Exemple : **duzéntus-i-trinti-kuátu**, *deux cent trente-quatre.*

1.4. Les grands nombres

Les principaux sont :

- 1.000 = **mil**
- 1.000.000 = **mil-mil** ou **um miliom**.
- 1.000.000.000 = **um biliom**.

Lorsqu'il y a plusieurs milliers ou millions, on se contente de les faire précéder du nombre voulu.

Exemples : **trés mil, kuátu mil-mil** (ou **kuátu miliom**), *trois mille, quatre millions.*

Lorsque les milliers ou les millions sont suivis de centaines, de dizaines ou d'unités :

- **mil** devient **mili**.

Exemple : **mili-kinhéntus-i-dés**, *mille cinq cent dix.*

- les autres nombres sont suivis de la conjonction **i**.

Exemple : **trés miliom i duzéntus algem**, *trois millions deux cents personnes.*

Au-delà de 1.000, les nombres composés ne sont plus précédés de **i**.

Exemple : **kuátu miliom trezéntus mili-saiséntus-i-saténti-oitu**, *quatre millions trois cent mille six cent soixante-dix-huit.*

Lorsque le nom compté est directement précédé de **miliom** ou de **biliom**, on intercale la préposition **di**, *de*, comme en français :

Exemple : **dós miliom di fransés**, *deux millions de Français.*

2. Compter en créole

1. L'opération (calcul, fait de compter) se dit **kónta** en créole. Les quatre opérateurs sont :

- pour l'addition (+) : **más**, *plus.*

Exemple : **kuátu más oitu**, *quatre plus huit.*

- pour la soustraction (-) : pronom personnel sujet + **tra**, *moins*, lit. "*retirer*".

Exemple : **dés bu tra séti**, *dix moins sept.*

Attention : le signe de soustraction est variable en créole, puisque le pronom personnel change en fonction de la personne qui soustrait.

- pour la multiplication (x) : **bés**, *fois.*

Exemple : **ónzi bés trés**, *onze fois trois.*

- pour la division (:) : **dibidi/ dibidir/ dibididu pa**, *divisé par.*

Exemple : **sunkénta dibidi pa dós**, *cinquante divisé par deux.*

2. Le signe d'égalité (=) se dit **ta da**, *donne.*

Comme les opérations sont enseignées à l'école en langue portugaise, certains Capverdiens utilisent des opérateurs plus influencés par le système portugais. Ainsi, vous pourrez entendre :

- **ménus**, *moins*, mais de nombreux Capverdiens ne vous comprendront pas si vous y avez systématiquement recours, tant ils sont habitués à utiliser **tra**.

- **vés**, *fois*, forme influencée par le portugais *vez.*

- **divididu pur**, *divisé par*, du portugais *dividido por.*

Autant que faire se peut, préférez les formes non influencées par le portugais. Il vaut toujours mieux éviter les confusions entre créole et portugais, qui sont un des principaux problèmes pour l'apprentissage du capverdien moderne.

3. Récapitulation sur la place des interrogatifs

Nous avons maintenant rencontré au moins une fois la plupart des interrogatifs du créole. En voici la liste :

- **kal**, *lequel, laquelle*
- **kenha/ kem**, *qui*
- **ki**, *quel, quelle*
- **kusé**, *quoi, qu'est-ce que*
- **módi**, *comment*
- **pamódi**, *pourquoi*
- **undi**, *où*

Nous avons déjà abordé la place de l'interrogatif (leçons 1, 2, 3). Retenons que :

1. en présence du verbe **é**, l'interrogatif est placé après le verbe (leçon 2).

Exemple : **é kenha ?**, *qui est-ce ?, c'est qui ?*

2. dans tous les autres cas, l'interrogatif est placé en tête de phrase.

Exemple : **módi bu tchoma ?**, *comment t'appelles-tu ?*

2.1. Si l'interrogatif est monosyllabique et placé en tête de phrase, il est presque toujours suivi de **ki**.

Exemple : **kal ki bu gosta más ?** (leçon 8), *lequel préfères-tu ?*

N.B. : ceci ne vaut pas pour l'interrogatif **ki**, qui est toujours suivi d'un nom.

Exemple: **ki lingua bu ta papia ?**, *quelle langue parles-tu ?*

2.2. Si l'interrogatif est polysyllabique, l'usage du **ki** est facultatif, sauf si l'interrogatif a une fonction de sujet.

Exemple : **kusé bu kré**, *que veux-tu ?*, **kusé ki fasi ?**, *qu'est-ce qui s'est passé ?*

N.B. : **kem** est une variante de **kenha**. **Kem** ne peut être employé qu'en tête de phrase.

Exercices

I. Écrivez en toutes lettres les nombres suivants

13 ; 25 ; 72 ; 99 ; 231 ; 1383 ; 1515 ; 1917 ; 1939 ; 1945 ; 1789 ; 2015 ; 7.237.124 ; 1.903.789.021.

II. Écrivez en toutes lettres les opérations suivantes ainsi que leurs résultats

21 + 54 =	*1.235 x 37 =*
45 x 78 =	*987 - 14 =*
12 : 4 =	*512 : 16 =*
556 - 19 =	*5673 + 65 =*

III. Traduisez les phrases suivantes

1. *Jean a acheté cinq kilogrammes de patates douces et quinze ignames.*
2. *Combien coûtent (sont) les papayes ? – Deux cent cinq escudos le (chaque) kilo.*
3. *Pierre a une maison, deux voitures, et sept enfants.*
4. *97.683 personnes habitent à Praia, 8.236.842 personnes habitent à Paris, et 12.345.275 habitent à New York* (**Nóbu Iórki**).
5. *Jean, Pierre, vingt-cinq moins treize ça fait (c'est) combien ?*

IV. Traduisez en capverdien les phrases suivantes

1. C'est combien?
2. Lequel veux-tu ?
3. C'est quoi ?
4. Qui avez-vous vu ?
5. Vous ne savez pas pourquoi ils ne se sont pas amusés.
6. Pourquoi êtes-vous venus ?
7. Comment avez-vous compris ?

Civilisation : l'école au Cap-Vert

Le Cap-Vert est probablement le pays d'Afrique Noire où le taux de scolarisation est le plus élevé. Plus de 90% des élèves suivent l'enseignement primaire, et l'enseignement secondaire est en pleine expansion. Ces chiffres encourageants sont le fruit des efforts continus des gouvernements successifs, qui ont fait de l'éducation des enfants une de leurs principales priorités.

À l'indépendance, en 1975, environ 75% des Capverdiens étaient totalement analphabètes. Aujourd'hui, la plupart des Capverdiens âgés de moins de 30 ans sont en mesure de déchiffrer et de comprendre un texte simple écrit en portugais. Bien que la civilisation créole soit fondamentalement orale, le goût de la lecture existe au Cap-Vert, et depuis longtemps : avant l'indépendance, des voyageurs s'étonnaient déjà de voir de jeunes Capverdiens voler les livres dans les bibliothèques afin de les lire et non pour les revendre.

Les programmes scolaires et les matières enseignées au Cap-Vert sont dans l'ensemble comparables à ce qui existe en Europe de l'Ouest. La langue d'enseignement à l'école est exclusivement le portugais, ce qui pose un problème linguistique fondamental, puisque la quasi-totalité des enfants est de langue maternelle capverdienne. Du coup, de nombreux jeunes ont des difficultés à acquérir le portugais, d'autant plus que la proximité lexicale des deux langues (les faux-amis sont nombreux entre capverdien et portugais) favorise interférences et confusions.

Cette situation est un héritage de l'époque coloniale et elle est difficile à modifier parce que les enseignants, bien que Capverdiens et créolophones, n'ont jamais appris à écrire leur langue maternelle, le créole. En 1998, l'Assemblée Nationale du Cap-Vert a voté une loi qui fait du créole la première langue officielle et du portugais une langue étrangère obligatoire. La Cap-Vert semble donc prendre le chemin d'un bilinguisme équilibré qui permettrait aux enfants de s'insérer plus facilement dans le système scolaire et de mieux connaître leur propre langue avant d'en apprendre d'autres.

Praia et Mindélo (île de Saint-Vincent) sont les principaux centres de la vie intellectuelle. Une Université (l'Institut Jean Piaget) a récemment été créée dans la capitale, mais de nombreux Capverdiens doivent encore émigrer pour faire des études supérieures. Les principaux pays qui reçoivent les étudiants capverdiens sont le Portugal, les États-Unis, le Brésil et la France. Cuba et de nombreux pays d'Europe de l'Est (Russie, Roumanie, ex-Allemagne de l'Est) ont aussi formé beaucoup de jeunes Capverdiens, en raison des sympathies marxistes de l'ancien parti unique, le PAICV (Parti Africain pour l'Indépendance du Cap-Vert).

LISOM ÓNZI : DJA-M BAI

1. Pedru ku Djom sta na kaminhu di késta. Anne ku Sándra dja bá ses frenti.
2. Pedru : ui, kaminhu ingri ! Dja-m kánsa !
3. Djom : koráxu mós, di li um poku nu ta sai riba d'áltu. Djobi, kuáji dja-nu disnafrága.
4. Pedru : ai dja-nu tchiga ?

***

5. Sándra : Djom ku Pedru ka tchiga inda ?
6. Anne : dj-ês tchiga sim. Djom, Pedru, é módi ? Nhós ka odja Zináida ?
7. Pedru : kántu ki-m sai di Práia, m-odjâ-l la Fazénda. E sata bem nós trás.
8. Anne : ui, e ta dura ku tchiga. Ók-e bem, e ta atchá-nu dja-nu poi som.

***

9. Zináida : é módi, Anne, dja-m bem.
10. Anne : tokinfim, dja-u bem Zináida ! Bu dura ku tchiga própi. Má késta inda ka kába.
11. (Más tárdi...)
12. Djom : ui, Anne, késta sta sábi, má mi m-tem ki bai.
13. Anne : s-u kré bai, ka tem prabulema. Nu ta odja na Práia.
14. Djom : ontom, dja-m bai. Ti tchau.

Vocabulaire

ai, *itj*, ouf, ah.
áltu, *adj*, haut.
disnafrága, *v*, arriver au bout de ses peines, lit. "se dénaufrager".
dj-, *pa*, variante de **dja** employée devant **e** et **ês**.
dja, *pa*, marque de l'actuel (cf. grammaire).
Fazénda, *npr*, Fazenda, quartier de Praia situé en bordure de la route qui mène à Assomada et à Pedra Badejo.
késta, *subst*, fête.
inda, *adv*, encore.
ingri, *adj*, escarpé, abrupt.
kába, *v*, finir, (s')achever.
kaminhu, *subst*, chemin.
kánsa, *v*, (se) fatiguer.
kántu, *conj*, quand (cf. grammaire).
koráxu, *subst*, courage.
kuáji, *adv*, presque.
ók-, *conj*, variante de **óki** devant certains pronoms (cf. grammaire).

Traduction. Onzième leçon : j'y vais

1. Pierre et Jean vont à (sont sur le chemin d') une fête. Anne et Sandra sont parties avant eux (leur devant).
2. Pierre : aïe, que ce chemin est raide ! Je n'en peux plus (j'ai fini de me fatiguer).
3. Jean : courage, [mon] gars, encore un peu et nous allons arriver (sortir) au sommet. Regarde, nous sommes presque au bout de nos peines.
4. Pierre : ah !, on y est bientôt (nous avons fini d'arriver) ?

***

5. Sandra : Jean et Pierre ne sont pas encore arrivés ?
6. Anne : si (ils sont déjà arrivés si). Jean, Pierre, comment allez-vous ? Vous n'avez pas vu Zinaïda ?
7. Pierre : quand j'ai quitté (je suis sorti de) Praia, je l'ai vue à Fazenda. Elle va arriver (venir) après nous.
8. Anne : ouh là là !, elle ne sera pas là avant un bon moment (elle durera à) arriver. Quand elle arrivera, nous aurons déjà mis de la musique [pour danser].

***

9. Zinaïda : Anne, tu vas bien, me voici (j'ai fini de venir).
10. Anne : te voici enfin (enfin tu as fini de venir) Zinaïda ! Tu as vraiment mis du temps à arriver. Mais la fête n'est pas encore finie.
11. (Plus tard...)
12. Jean : ah ! Anne, cette fête est [très] agréable, mais je dois m'en aller.
13. Anne : si tu dois (veux) t'en aller, vas-y (il n'y a pas de problème). Nous nous verrons à Praia.
14. Jean : alors, j'y vais. Salut (jusqu'à ciao).

Vocabulaire (suite)

ónzi, *num*, onze.

própi, *adv*, vraiment.

riba, *prép*, sur, **riba d'áltu**, sommet, point le plus élevé.

s-, *conj*, variante de **si** devant certains pronoms (cf. grammaire).

tárdi, *adv*, tard.

tchau, *itj*, ciao, salut.

tokinfim, *adv*, enfin, finalement.

trás, *adv*, derrière, en arrière.

Zináida, *npr*, Zinaïda (prénom de femme).

Commentaire grammatical

1. Le verbe : l'actuel

1.1. Valeur aspectuelle de l'actuel

La particule **dja** est la marque de l'actuel. Elle indique qu'une action vient d'être finie au moment où l'on parle.

Exemple : **DJA-m bem**, lit. "*je viens de finir de venir = me voici*".

L'actuel est donc une sorte de passé qui se prolonge dans le présent. L'emploi de l'actuel implique que l'action vient de se finir juste au moment où l'on parle.

L'actuel diffère en particulier de l'accompli qui, lui, indique une action complètement faite, qui n'a pas forcément de lien avec le présent.

Exemple : **m-bem**, *je suis venu (il y a une heure, hier, l'année dernière...).*

Au contraire des autres particules d'aspect, la marque d'aspect **dja** est placée devant le pronom personnel sujet.

Exemple : **DJA-m kánsa**, *je suis fatigué.*

Cette place particulière a des conséquences sur la forme du pronom personnel sujet (cf. ci-dessous).

N.B. : si le sujet n'est pas un pronom personnel sujet, **dja** est placé entre le verbe et le sujet, comme les autres particules d'aspect.

Exemple : **Anne ku Sándra DJA bá ses frenti**, *Anne et Sandra sont parties avant eux.*

1.2. Autres particularités de l'actuel

1. L'actuel s'emploie rarement avec des verbes forts. Lorsque cela arrive, on peut souvent traduire **dja** par *déjà* ou *désormais.*

Exemple : **dja-m sabi**, *je le sais déjà.*

2. L'actuel est aussi peu compatible avec la négation, pour des raisons de sens : il est rarement nécessaire de dire à quelqu'un qu'on ne vient pas de faire quelque chose. L'actuel négatif est néanmoins possible en capverdien.

Exemple : **si fésta ka dja kába**, *si la fête n'est pas encore finie (maintenant)...*

3. Le verbe **bai** et l'actuel. On a déjà vu (leçon 7) que le verbe **bai** a des comportements aspectuels particuliers. À l'actuel et surtout aux premières personnes, il a souvent un sens de présent, voire de futur proche.

Quand on dit **dja-m bai**, alors que l'on est sur le point de quitter un lieu, cela veut dire *j'y vais* ou *je m'en vais*. C'est un peu comme si la personne qui parle anticipait sur son départ (en français certains chauffeurs disent *c'est parti* quand ils allument le moteur de leur voiture, donc avant de partir...).

2. Pronom personnel sujet enclitique

La particule aspectuelle **dja**, quelques conjonctions de subordination, comme **si**, *si*, et le relatif/ conjonctif **ki**, *que/ qui*, ont la faculté d'attirer le pronom personnel sujet lorsqu'ils sont placés devant lui.

Exemple : **dja-u bem**, *te voici*, lit. "*tu as fini de venir*".

Le pronom personnel sujet s'agglutine à la particule, à la conjonction ou au relatif : on dit qu'il est enclitique.

Voici le tableau des pronoms personnels sujets enclitiques, combinés avec la particule de l'actuel **dja** et la conjonction de subordination **si**, *si*.

Personne	+ **DJA** (modèle en **a**)		+ **SI** (modèle en **i**)	
1 sing	**dja-m** bem	*me voici (venu)*	**si-m** bem	*si je viens*
2 sing	**dja-u** bem	*te voici*	**s-u** bem	*si tu viens*
3 sing	**dj-e** bem	*le voici*	**s-e** bem	*s'il vient*
1 plur	**dja-nu** bem	*nous voici*	**si nu** bem	*si nous venons*
2 plur	**dja-nhós** bem	*vous voici*	**si nhós** bem	*si vous venez*
3 plur	**dj-ês** bem	*les voici*	**s-ês** bem	*s'ils viennent*

N.B.1. : **ki, óki**, *que/ qui, quand*, se combinent avec les pronoms personnels sujets enclitiques de la même façon que **si** : **kántu ki-m sai di Práia**, *quand j'ai quitté Praia*, **ók-e bem**, *quand elle arrivera*.

N.B.2. : à la deuxième personne du singulier, la forme en **bu** reste toujours possible : **dja bu bem, si bu bem** (leçon 4). L'usage de **bu** est un trait conservateur, et les formes en **-u** sont beaucoup plus fréquentes, surtout à Praia.

3. Idiomatismes

3.1. *Kántu ki ≠ óki*

Pour rendre la conjonction de subordination *quand* du français, le créole dispose de deux mots, **óki** et **kántu ki**, qui s'emploient dans des contextes distincts :

- **óki** introduit des propositions au futur (elle pourrait aussi introduire des conditionnelles).

Exemple : **ók-e bem**, *quand elle viendra.*

- **kántu ki** introduit des propositions au passé.

Exemple : **kántu ki-m sai di Práia**, *quand je suis sorti de Praia.*

N.B.1. : ces deux conjonctions connaissent des variantes occasionnelles. À la place de **óki**, on trouve parfois **óra ki, óras ki**. On peut aussi employer **kántu** sans **ki**.

N.B.2. : **óki** est le plus souvent suivi du verbe à l'accompli, comme **si** dans les subordonnées à valeur de futur (leçon 4).

3.2. *Átcha* + l'actuel

Le verbe **átcha**, *trouver*, combiné avec une subordonnée à l'actuel, permet de rendre le sens de l'adverbe *déjà* en français.

Exemple : **ók-e bem e ta atchá-nu dja-nu poi som**, *lorsqu'elle arrivera (viendra), nous aurons déjà mis de la musique*, lit. "*elle nous trouvera nous avons déjà mis de la musique*".

3.3. Repérage avec *trás* et *frenti*

Trás, *derrière* et **frenti** (ou **diánti**), *devant*, sont combinés avec le possessif là où le français emploie volontiers un pronom personnel tonique.

Exemple : **ses frenti** = *devant eux*, lit. "*leur devant*".

Diánti/ frenti et **trás** ont un sens spatial (*devant, derrière*) mais aussi temporel (*avant, après*).

Exemple : **e sata bem nós trás** = *elle va arriver après nous*, lit. "*notre derrière*".

Exercices

I. Complétez les phrases suivantes avec le pronom personnel à la personne qui vous est indiquée, puis traduisez-les en français

Exemple : (**Si** + 2PS) **bá Fránsa, nu ka ta odjâ-u más.**
> **s-u** (ou **si bu**) **bá Fránsa, nu ka ta odjâ-u más.**
> *si tu pars en France, nous ne te verrons plus.*

1. (**Dja** + 1PP) **bai, ti tchau !**
2. (**Dja** + 1PS) **ka kré bá la más !**
3. (**Dja** + 2PS) **kusia bu gizádu ?**
4. (**Dja** + 2PP) **kánsa ! A-nhós nhós ka teni koráxu !**
5. (**Kántu ki** + 3PP) **bem, ês atchâ-l** (**dja** + 3PS) **purpára fésta.**

N.B. : PS = personne du singulier/ PP = personne du pluriel.

II. Traduisez en capverdien les phrases suivantes en employant la particule d'actualisation *dja*

1. Enfin tu es arrivé !
*2. Elle n'a pas réussi à (**konsigi**) passer (son) examen (**pása na nzámi** = passer un examen) ? - Si, elle y a réussi.*
3. Nous partons (= nous sommes partis) !
4. As-tu vu Pierre et Jean ? - Oui, ils sont arrivés (venus) !
5. Demain tu dois parler avec Pierre. - Mais j'ai déjà parlé avec lui !
6. Nous voilà tirés d'affaire (= soulagés).

III. Complétez les phrases suivantes en mettant *óki* ou *kántu ki* à la place de (?), **puis traduisez-les en français**

1. (?) **nu tchiga, nu atchâ-s dj-ês poi som.**
2. (?) **nu tchiga, nu ta bádja.**
3. (?)**-m bá Tarafal, m-ka ta bá kása di Sándra.**
4. (?)**-m bá Tarafal, m-odja Zináida, má m-ka odja Sándra.**

IV. Traduisez les phrases suivantes en employant *óki/ kántu (ki)*

1. Quand tu es parti, je ne t'ai rien dit.
2. Quand je viendrai, il ne parlera pas avec moi.
3. Quand nous irons à Assomada, nous habiterons dans cette (**kel**) *grande maison.*
4. Quand il te verra, il comprendra.
*5. Lorsqu'elles ont parlé, j'ai tout (tout = **tudu kusa**) compris.*
6. Quand vous aurez appris le créole, vous ne voudrez plus aller (dans) votre pays.

V. Traduisez en capverdien les phrases suivantes en employant la tournure *átcha* + actuel

1. *Elle était déjà partie quand il est arrivé (= il l'a trouvée elle est déjà partie).*
2. *Quand Anne parlera le créole, nous serons déjà partis en Amérique.*
3. *Quand je suis arrivé à la maison, tu étais déjà là (je t'ai trouvé déjà venu).*
4. *Pierre a attendu Anne, il est venu avec elle à la fête, (et quand ils sont arrivés) vous aviez déjà mis la musique.*
5. *Si vous ne vous dépêchez (allez vite) pas, vous arriverez après qu'ils seront partis (= vous les trouverez déjà partis).*
6. *Quand il est arrivé à Praia, j'avais déjà dîné.*

VI. Traduisez en capverdien les phrases suivantes en employant *frenti/ diánti* ou *trás* + le possessif qui convient

1. *Je suis arrivée avant vous.*
2. *Ils sont devant nous.*
3. *Sandra est partie après eux.*
4. *Le chien* (**katchor**) *court derrière moi.*

Civilisation : les fêtes en milieu rural à Santiago

Les fêtes en milieu rural sont très prisées de l'ensemble des Capverdiens, y compris des urbains et en particulier en pays santiagais, où les traditions restent vivaces. Chaque village ou ville a une ou plusieurs fêtes annuelles qui coïncident généralement avec le jour du Saint-patron. Certaines fêtes sont particulièrement renommées comme celle de **Pikus**, *Picos*, au centre de l'île de Santiago. En pratique, il y a au moins une fête tous les week-ends quelque part dans l'île de Santiago.

Dans le village en fête, on organise une procession solennelle et une grand-messe en l'honneur du saint local. La messe est payée par un groupe de paroissiens, les **juís**, ou *juges*, désignés un an à l'avance lors de la fête précédente, sur la base du volontariat. De nombreux **juís** sont des gens originaires du village partis en ville ou vivant à l'étranger. Leur participation financière aux fêtes religieuses de leur village est un moyen de marquer leur attachement à leur communauté d'origine.

Des bals municipaux sont donnés le samedi soir et le dimanche après-midi, mais on organise aussi des bals improvisés dans de nombreuses habitations. Dans chaque maison du village, les habitants cuisinent d'énormes quantités de nourriture afin de recevoir les membres de leur famille ou leurs amis, venus d'ailleurs. Il existe de nombreux plats traditionnels créoles, généralement faits à base de maïs et de haricots, les deux principales cultures vivrières du pays. Le plus célèbre de ces plats est sans nul doute la **katchupa**, plat national du Cap-Vert, qui évoque un peu le cassoulet. On peut encore citer le **xarem**, à base de maïs concassé, le **káldu-pexi**, sorte de bouillabaisse, etc.

Les jeunes, venus de la ville ou des alentours, vont de maison en maison, goûtant les plats et participant aux danses. Dans les zones rurales, de nombreuses maisons isolées ne sont accessibles qu'à pied et souvent par des sentiers escarpés (**ingri**), car Santiago est une île montagneuse au relief accidenté et l'habitat y est très dispersé.

LISOM DUZI : M-FLA-L P-E FIKA KU MI

1. Anne : Sándra, tudu dretu ?
2. Sándra : más o ménus. Bu konxi Pálu, nh'armum ki mora na Santiágu ?
3. Anne : m-konxê-l sim.
4. Sándra : e tchomâ-m gósi-li. E fla-m ma oxi di parmanham nha pai kai, e kebra mó. Dj-ês tarsê-l spital li Práia. Ók-e sai di la, e tem ki fika ku mi algum témpu.
5. Anne : e ka ta bai si kása dispós ?
6. Sándra : e ta bai sim ! E mora la Pilom Kam, ka mutu lonji-Santiágu. Náda ka ta tra-l di si zóna. A-mi m-ka kré p-e fika la el-só, má el e ka gosta p-e bibi na sidádi. Es kusa ka tem ramedi ! Bom, dja-m sata bá spital. Ti dispós.

***

7. Anne : ontom Sándra, moki bu pai sta ?
8. Sándra : dj-ês kompô-l mó, grásas-a Diós. E ta sai oxi sax óra di párti-tárdi. M-fla-l p-e fika ku mi, e seta. A-gó m-sta ku xintidu kansádu, pamódi ók-e midjora, e ta poi róstu pa si fóra. Má básta m-e sta ku saúdi na korpu, réstu ka mporta.

Vocabulaire

a-gó, *adv*, à présent, maintenant, (*ici*) cependant.
algum, *indéf*, quelque.
básta, *vfi*, suffire, **básta ma**, pourvu que, il suffit que.
bibi (**e**), *v*, vivre.
fóra, *subst*, (*ici*) village.
kai, *v*, tomber.
kansádu, *adj*, fatigué.
kebra, *v*, casser.
kompu (**o**), *v*, réparer, (*ici*) soigner.
konxi (**e**), *vf*, connaître.
lonji, *adj/ adv*, éloigné, loin.
m-e, contraction de **ma + e**.
ma, *conj*, que (cf. grammaire).
midjora, *v*, (s')améliorer, (*ici*) guérir, se rétablir.
mó, *subst*, main, (*ici*) bras.
mporta, *vfi*, importer, être important.
mutu, *adv*, très.
pa, *conj*, que, de (cf. grammaire).
p-e, contraction de **pa + e**.
Pálu, *npr*, Paul.
Pilom Kam, *npr*, Pilão Cão, village situé à l'Est de Santiago, non loin de Pedra Badejo.
ramedi, *subst*, remède, solution.
réstu, *subst*, reste.
róstu, *subst*, visage, **poi róstu pa**, partir en direction de, lit. "mettre le visage vers".
Santiágu, *npr*, Pedra Badejo, principale ville sur la côte Est de Santiago.
saúdi, *subst*, santé.
sidádi, *subst*, ville.
spital, *subst*, hôpital.
tarsi (**e**), *v*, amener, apporter.
tchoma, *v*, appeler.
xintidu, *subst*, intellect, pensée, **ku xintidu kansádu**, inquiet, lit. "avec l'esprit fatigué".
zóna, *subst*, village.

Traduction. Leçon 12 : je lui ai dit de rester avec moi

1. Anne : Sandra, tu vas (tout) bien ?
2. Sandra : on fait aller. Est-ce que tu connais Paul, mon frère qui habite à Pedra Badejo.
3. Anne : oui (je le connais).
4. Sandra : il vient de m'appeler (à l'instant). Il m'a dit que ce matin (aujourd'hui le matin) mon père est tombé [et qu'] il s'est cassé le bras. On l'a (ils l'ont) amené à l'hôpital ici, à Praia. Quand il en sortira (de là), il faut qu'il reste (il doit rester) quelque temps avec moi.
5. Anne : ne repartira-t-il pas chez lui après [cela] ?
6. Sandra : bien sûr qu'il y repartira ! Il habite à Pilão Cão, pas très loin de Pedra Badejo. Il ne quitterait son village pour rien au monde (rien ne le sortirait de son village). Moi je ne veux pas qu'il reste là-bas tout seul, mais lui il n'a pas envie de (pour) vivre en ville. C'est un problème sans solution (cette chose n'a pas de remède) ! Bon, je m'en vais à l'hôpital. À plus tard.

***

7. Anne : alors Sandra, comment va ton père ?
8. Sandra : on lui a soigné (réparé) le bras, Dieu merci. Il sortira aujourd'hui à six heures (de l'hôpital). Je lui ai proposé de rester avec moi, (et) il a accepté. Cependant (maintenant), je suis inquiète (avec l'esprit fatigué), parce que dès que (quand) il ira mieux (s'améliorera), il repartira (mettra le visage) vers son village. Mais pourvu (il suffit) qu'il soit en bonne santé (avec la santé dans le corps), le reste importe peu (n'importe pas).

Commentaire grammatical

1. Les subordonnées relatives et complétives

1.1. Les subordonnées relatives introduites par *ki*

Ki, *que, qui*, est le principal pronom relatif du capverdien. Comme en français, il suit l'antécédent.

Exemple : **nh'armum <u>KI</u> mora na Santiágu**, *mon frère qui vit à Pedra Badejo.*

Le capverdien, contrairement au français, ne distingue pas les relatifs sujet (*qui*) et complément (*que*).

Exemple :

- **káru <u>KI</u>-m teni na Santiágu**, *la voiture que j'ai à Pedra Badejo.*

Comme le montre l'exemple ci-dessus, **ki** se combine avec les pronoms personnels sujets enclitiques, sur le modèle en **i** (leçon 11).

1.2. Les subordonnées complétives

Elles sont le plus souvent introduites par deux conjonctions :

- **pa**, lorsque le verbe qui suit contient une idée de volonté.

Exemple : **a-mi m-ka kré p-e fika la**, *je ne veux pas qu'il reste là-bas.*

- **ma**, pour les verbes déclaratifs (dire, penser, trouver que...).

Exemple : **e fla-m ma (...) nha pai kai**, *il m'a dit que mon père est tombé.*

Avec le verbe **fla**, deux types de complétives sont ainsi possibles :

- **fla ma**, *dire/ raconter que...*
- **fla pa**, *dire/ suggérer/ proposer/ conseiller/ ordonner de...*

Dans le texte de la leçon, le choix de Sandra est cohérent avec le contexte. Son ami Paul lui a *dit que* (**fla ma**, phrase 4) son père était tombé. Elle a ensuite *suggéré* (**fla pa**, phrase 8) à ce dernier de rester chez elle.

Attention : le français emploie *que* pour introduire des relatives ou des complétives. Le capverdien introduit presque toujours au moyen de marques différentes les complétives (**pa, ma**) et les relatives (**ki**).

Il n'est pas toujours facile de choisir entre **pa** et **ma** pour introduire les complétives capverdiennes, lorsque l'on est habitué au français. En fait, de très nombreux verbes, comme **fla**, sont compatibles avec les deux conjonctions, en fonction de l'effet de sens voulu. Vous vous habituerez peu à peu au fonctionnement du système des complétives créoles et aux nuances qu'il permet d'exprimer.

Retenez que :

- **kré**, *vouloir*, est toujours suivi d'une complétive introduite par **pa** ;
- **básta**, *suffire*, est toujours suivi d'une complétive introduite par **ma**.

N.B.1. : dans les subordonnées complétives introduites par **pa**, le verbe est presque toujours à l'accompli (marque nulle ou zéro).

Exemple : **e ka gosta p-e bibi na sidádi**, *il n'aime pas vivre (qu'il vive) en ville.*

N.B.2. : **ma** et **pa** se combinent avec les pronoms personnels sujets enclitiques, sur le modèle en **a** (leçon 11).

Attention : la conjonction de coordination **má**, *mais*, ne produit pas de telles combinaisons.

Exemple : **má e ka gosta p-e bibi li**, *mais il n'aime pas vivre ici.*

2. Le verbe

2.1. Les verbes en -o-

Le verbe **kompu** est un verbe en -o-, et fait partie du quatrième groupe morphologique des verbes capverdiens (leçon 9). Ils se combine comme suit avec les pronoms personnels objets de premier ordre :

Personne	Verbe **kompu**, *réparer/ ajuster les vêtements de qqun*	
1 sing	e **kompô-m**	*il m'a ajusté mes vêtements*
2 sing	e **kompô-u**	*il t'a ajusté tes vêtements*
3 sing	e **kompô-l**	*il lui a ajusté ses vêtements*
1 plur	e **kompô-nu**	*il nous a ajusté nos vêtements*
2 plur	e **kompu-nhós**	*il vous a ajusté vos vêtements*
3 plur	e **kompô-s**	*il leur a ajusté leurs vêtements*

Les voyelles qui apparaissent en grisé (**ô**) sont celles qui portent l'accent tonique.

La forme libre des verbes polysyllabiques en -**o**- se termine en -**u** (**kompu**). Comme la voyelle thématique -**o**- n'apparaît que dans les formes clitiques, elle sera désormais signalée entre parenthèses dans le lexique. On aura donc : **kompu** (**o**), *réparer.*

2.2. La particule *dja* et les autres marques d'aspect

La particule **dja** peut être combinée avec d'autres marques d'aspect, comme **sata**. La présence de **dja** met alors en valeur le lien de l'action avec le présent.

Exemple :

- **m-sata bá spital,** *je vais à l'hôpital.*

> **dja-m sata bá spital**, *je vais tout de suite (sur-le-champ) à l'hôpital, il faut que j'aille à l'hôpital.*

2.3. Verbes forts et verbes faibles

Dans cette leçon, on a rencontré le verbe faible **tchoma**, *appeler.*

Exemple : **e tchomâ-m gósi-li** (phrase 4), *il vient de m'appeler*, lit. "*il m'a appelé à l'instant.*"

Il ne faut pas confondre ce verbe (transitif) avec le verbe fort **tchoma** (intransitif), *s'appeler, avoir pour nom* (leçon 1, 3).

Exemple : **e tchoma Djom**, *il s'appelle Jean.*

Par ailleurs, les verbes **básta** et **mporta** sont des verbes forts impersonnels (vfi) : ils ne sont jamais employés autrement qu'à la 3ème personne du singulier. On les signalera désormais dans le lexique par les lettres (vfi).

3. Autres points intéressants

3.1. Adverbes toniques initiaux

De même qu'il existe en capverdien des pronoms toniques initiaux (leçons 1, 3, 5), quelques adverbes ont aussi une forme tonique initiale, précédé de **a-**, qui ne s'emploie qu'en début de phrase ou d'énoncé.

Exemple : **a-gó m-sta ku xintidu kansádu**, *cependant (à présent) je suis inquiète.*

A-gó est la forme tonique initiale de **gó**, *maintenant, cependant.*

Nous avons déjà rencontré les 4 adverbes capverdiens qui présentent cette particularité. Voici leurs formes toniques initiales et leurs formes simples.

Toniques initiaux	Simples	Sens français
a-gó (ou **a-góra**)	**gó** (ou **góra**)	*maintenant, cependant*
a-si (ou **a-sim**)	**si** (ou **sim**)	*ainsi, comme cela*
a-li	**li**	*ici (près)*
a-la	**la**	*là-bas (loin)*

3.2. *Gósi-li* en fin de phrase + verbe à l'accompli

Employé en fin d'une phrase dont le verbe principal est à l'accompli, **gósi-li** peut être traduit par *venir de* + infinitif en français.

Exemple : **e tchomâ-m gósi-li**, *il vient de m'appeler.*

Exercices

I. Remplacez dans les phrases suivantes (X) **par *ki, ma* ou *pa*, puis traduisez-les en français.**

1. **Káru** (X) **m odja ka sta li más.**
2. **Djonsinhu fla-m** (X) **Anne fika di bem oxi.**
3. **Nhós ka gosta** (X) **m fika ku nhós.**
4. **A-mi m-ta átcha** (X) **s-e trabádja, e tem ki rasebi** (*recevoir*) **dinheru.**
5. **Kántu k-ês tchomá-nu, ês flá-nu** (X) **ês ta bem undê-nu.**
6. **Kántu ki m-fla-l** (X) **e entra, e fla-m** (X) **e ka teni témpu.**

II. Reliez les deux propositions au moyen d'une conjonction de subordination, puis traduisez en français les phrases ainsi obtenues

Exemple : **a-mi m-ka kré/ nha pai ta bibi la.**
> a-mi m-ka kré pa nha pai bibi la.
> *je ne veux pas que mon père vive là.*

1. Nu ka gosta/ nu mora na Práia.
2. Ês fla-u/ bu ta fla bu pai p-e fika ku bo.
3. Nhós ta átcha/ Práia é bunitu ?
4. M-fla-s/ ês ta tchiga oxi dés óra di parmanham.
5. M-sabi /Djonsinhu ta trabádja dretu na skóla.

N.B.1 : vous pouvez avoir le choix entre deux conjonctions.

N.B.2 : n'oubliez pas d'effectuer les modifications d'aspect requises dans la subordonnée complétive.

III. Traduisez en capverdien les phrases suivantes

1. *Jean n'a pas accepté que j'aille avec lui.*
2. *Je veux que tu me dises ce qui (qu'est-ce qui) s'est passé.*
3. *Cette* (**kel**) *vendeuse qui habite à Pilão Cão m'a dit que son village est agréable.*
4. *Tu trouves que l'igname est* (**sta**) *cher ? Alors il faut (tu dois) acheter des patates douces.*
5. *La voiture que j'ai achetée aujourd'hui n'est pas plus grande que la voiture de Pierre.*

IV. Traduisez en capverdien les phrases suivantes en employant des adverbes toniques initiaux

1. *Ici ça n'ira (donnera) pas, là-bas ça ira.*
2. *Comme cela, tu ne te rétabliras (t'amélioreras) pas. Tu as besoin de te reposer.*
3. *Demain tu as un contrôle, mais (maintenant) si tu veux avoir une bonne note, il faut (tu dois) t'entraîner.*

V. Remplacez les éléments soulignés dans la phrase suivante par ceux qui vous sont proposés, et faites les changements nécessaires, puis traduisez en français la phrase 1.

1. A-bo^{1} bu^{1} kompô-m^{2} káru má mi^{2} m^{2}-ka da-u^{1} dinheru

Exemple : (1) = 1PS, (2) = 2PS
> a-mi m-kompô-u káru má bu ka da-m dinheru

2. (1) = 2PP, (2) = 3PP
3. (1) = 1PS, (2) = 3PS
4. (1) = 3PP, (2) = 1PP
5. (1) = 1PP, (2) = 3PP

N.B. : PS = personne du singulier/ PP = personne du pluriel.

VI. Traduisez les phrases suivantes

1. Nous venons d'arriver.
2. Mon père s'appelle Pierre.
3. J'ai appelé mon frère, mais il ne m'a pas répondu.
4. Pourvu (il suffit) qu'il se rétablisse, je ne serai plus inquiet.
5. Mon frère m'a dit de te dire qu'il ne viendra pas à Praia aujourd'hui.

Civilisation : villes et campagnes

L'opposition entre urbains et citadins est plus d'actualité au Cap-Vert qu'en Occident. En effet, environ 50 % des Capverdiens vivent en zone rurale aujourd'hui, mais cette proportion diminue régulièrement au profit des villes. Cependant, dans les îles traditionnellement agricoles (Santiago, Fogo, Brava, Saint-Nicolas et Saint-Antoine), les campagnes sont toujours bien vivantes : la population des zones rurales continue d'augmenter en valeur absolue, malgré le mouvement d'urbanisation. Les habitants de Santiago appellent la campagne **fóra**, *le dehors*, par opposition à la ville de **Práia**. Le **fóra**, c'est ce qu'on appellerait la *brousse* en français d'Afrique. Par extension le mot **fóra** peut aussi désigner un village rural, concurremment avec le terme **zóna**.

La grande majorité des ruraux se consacre à l'agriculture et à l'élevage mais il existe aussi des villages de pêcheurs, disséminés sur les côtes de l'Archipel.

L'exode rural touche en priorité les jeunes, qui se concentrent dans les principaux centres urbains. Les Capverdiens s'installent généralement en ville pour profiter des infrastructures existantes (lycées, électricité). Les sécheresses successives ont également contribué à ces mouvements migratoires.

La population des deux grands centres traditionnels, Praia et Mindélo, continue à croître. Cependant, on assiste parallèlement à une véritable explosion des villes moyennes (entre 5.000 et 10.000 habitants). Les principaux centres secondaires sont :

- Assomada, Tarrafal et Pedra Badejo (en créole **Santiágu**) sur l'île de Santiago ;
- São Felipe, sur l'île de Fogo ;
- Espargos, sur l'île de Sal ;
- Tarrafal (à ne pas confondre avec son homonyme santiagaise), sur l'île de Saint-Nicolas.

LISOM TREIZI : KES PIKÉNA KA SATA TCHIGA

1. Es noti, Djom ku Zinhu ku Pedru sata bá buáti ku Sándra ku Anne. Mininas inda ka tchiga. Mosis sata sperâ-s.
2. Djom : ai rapásis, sedi dja da-m ! A-mi m-ta toma um grógu na kel lója-la ! A-nhós kusé nhós ta toma ?
3. Zinhu : a-mi m-ta toma póntchi.
4. Pedru : a-mi sarabedja.
5. Djom : mós, bu teni bom bafiu ?
6. Mós : m-teni torésma.
7. Djom : ontom, um sarabedja, um póntchi, um grógu más trés torésma... I !... Es-li é bom grógu mé.
8. Zinhu : kes pikéna ka sata tchiga, kredu ! Kré mudjer gosta di maria algem própi.
9. Sándra : i ómi gosta di toma moku ! A-nós nu tárda só dés minotu. A-nhós dja-nhós sta na toma xipi !
10. Djom : Anne, Sándra, kusé nhós ta bebi ?
11. Anne : a-mi um sumu.
12. Sándra : a-mi també.
13. (Na buáti)
14. Sándra : ui, a-li sta tcheu algem.
15. Anne : kré tudu mosindádi di Práia bem li oxi. A-mi dja-m fronta.
16. Sándra : Djom, Pedru, Zinhu, a-nós nu ka ta fika n-es kau... Ai Anne, nu tem ki toma nós kasáku.
17. Djom : a-li kasáku, dja-m panhâ-l tudu djuntu.

Vocabulaire

bafiu, *subst*, amuse-gueule, zakouski, nourriture destinée à accompagner une boisson.
bebi (e), *v*, boire.
djuntu, *adv*, ensemble.
fronta, *v*, en avoir assez, être en excès.
grógu, *subst*, grogue, rhum blanc.
kasáku, *subst*, veste, pull, tout vêtement couvrant la partie supérieure du corps.
kes, *dém*, pluriel de **kel** (cf. grammaire).
kredu, *itj*, tudieu, nom d'un chien.
-la, *adv*, -là (cf. grammaire).
-li, *adv*, -ci (cf. grammaire).
lója, *subst*, épicerie-bar.
maria, *v*, faire attendre.
mininas, *subst*, pluriel de **minina** (cf. grammaire).
minotu, *subst*, minute.
moku, *adj/ subst*, 1. ivre, 2. cuite, **toma moku**, se saouler, prendre une cuite (mot familier).
mosindádi, *subst*, jeunesse.
mosis, *subst*, pluriel de **mós**.
mudjer, *subst*, femme.

Traduction. Treizième leçon : les (ces) filles n'arrivent pas

1. Ce soir, Jean (et), Joseph et Pierre sortent (vont) en boîte avec Sandra et Anne. Les jeunes filles ne sont pas encore arrivées et les garçons sont en train de les attendre.
2. Jean : ah [mes] amis (garçons), j'ai soif (la soif m'a donné) ! Je vais prendre un [verre de] grogue dans cette épicerie-bar ! Et vous, que prenez-vous?
3. Joseph : moi je prends un "ponche".
4. Pierre : moi une bière.
5. Jean : dites-moi (garçon), avez-vous quelque chose de bon à manger avec ça (un bon bouchage) ?
6. Le garçon : j'ai de la couenne de porc frite.
7. Jean : alors, une bière, un "ponche", un [verre de] rhum, et (plus) trois bouts de couenne. Eh bien ! Ça (ceci) c'est vraiment du bon rhum.
8. Joseph : les (ces) filles n'arrivent pas, tudieu ! À croire que les femmes prennent plaisir à (aiment) faire attendre les gens (vraiment).
9. Sandra : et [que] les hommes aiment prendre des cuites ! Nous n'avons (tardé) que dix minutes de retard, (et) vous vous êtes déjà en train de consommer de l'alcool (prendre du rhum).
10. Jean : Anne et Sandra, que buvez-vous ?
11. Anne : moi un soda.
12. Sandra : moi aussi.
13. (Dans la boîte de nuit)
14. Sandra : ouh là là, il y a beaucoup de gens ici.
15. Anne : à croire que tous les jeunes (toute la jeunesse) de Praia s'est donné rendez-vous (est venue) ici aujourd'hui. J'en ai assez (me voici excédée).
16. Sandra : Jean, Pierre, Joseph, (nous) nous n'allons pas rester dans cet endroit... Aïe, Anne, il faut [aller] (nous devons) prendre nos vestes.
17. Jean : voici les vestes, je les ai toutes ramassées (ensemble).

Vocabulaire (suite)

n-es, contraction de **na + es**.
ómi, *subst*, homme.
pánha, *v*, ramasser, prendre.
pikéna, *subst*, jeune fille.
póntchi, *subst*, ponche, grogue coupé avec du sirop de canne.
rapás, *subst*, garçon, jeune homme, **rapásis**, pluriel de **rapás** (cf. grammaire).
sarabedja, *subst*, bière.
sedi, *subst*, soif.
sumu, *subst*, soda, toute boisson sucrée aromatisée aux fruits.
tárda, *v*, tarder, prendre du retard.
torésma, *subst*, couenne de porc frite.
treizi, *num*, treize.
xipi, *subst*, rhum (mot familier).

Commentaire grammatical

1. Le pluriel nominal

1.1. Morphologie

Le pluriel nominal se forme de façon très régulière en capverdien :
- **1.** les mots terminés par une voyelle prennent la terminaison **-s**.
Exemple : **minina,** *fille* > **mininas,** *filles*.
- **2.** les mots terminés par une consonne prennent la terminaison -**is**.
Exemple : **rapás**, *garçon* > **rapásis**, *garçons*.
- **3.** cas particuliers :
- **3.1.** le pluriel des mots terminés par -**m** s'orthographie **-ns**.
Exemple : **armum,** *frère* > **armuns,** *frères*.
- **3.2.** les noms en **-és** ont généralement un pluriel en **-ezis**.
Exemple : **fransés**, *Français* > **fransezis**, *Français (pluriel)*.
- **3.3.** le pluriel de **mós**, *garçon*, est **mosis**.
- **3.4.** les trois mots **el, kal, kel**, *lui, lequel, ce* donnent respectivement au pluriel : **ês, kas, kes**, *eux, lesquels, ces*.

1.2. Emploi

Le bon usage des marques de pluriel en capverdien est une tâche assez délicate pour un francophone. Ce qu'il faut bien comprendre, c'est que <u>la notion de pluriel n'est pas la même dans les deux langues</u>. Le pluriel morphologique créole obéit strictement au <u>principe d'économie</u> (leçons 1, 2) : on ne met un nom au pluriel que si c'est absolument nécessaire pour la compréhension du message.

Parfois, le contexte suffit à comprendre qu'on a affaire à un pluriel :

- **mudjer gosta di maria algem**, lit. "*la femme aime faire attendre les gens*", c'est-à-dire *la femme en général*, donc *les femmes*. La marque de pluriel n'est pas nécessaire à chaque fois que la phrase a une valeur de généralité.

- **tcheu algem**, *beaucoup de gens,* ou **dés minotu**, *dix minutes*. Ici, les éléments **tcheu**, *beaucoup* et **dés**, *dix*, indiquent clairement qu'il y a plus d'une personne ou plus d'une minute, donc pas de marque de pluriel.

Dans presque tous les cas, on a une seule marque de pluriel par groupe nominal, placée sur le premier élément pluralisable (nom, adjectif) du groupe.

Exemple : **kes pikéna**, *ces filles*. Il n'est pas nécessaire de rajouter une marque de pluriel à **pikéna**, puisque **kes** en porte déjà une.

En pratique, le créole répugne à mettre au pluriel morphologique des objets inanimés.

Exemple : **a-li kasáku, dja-m panhâ-l tudu djuntu** (phrase 17), *voici (les) vestes, je les ai toutes ramassées*. L'élément **tudu djuntu** (ici facultatif) et le fait que Sandra ait parlé plus haut de **nós kasáku**, *nos vestes* (phrase 16) suffit largement en créole à indiquer qu'on a plusieurs manteaux. Même en l'absence de **tudu** et de tout autre contexte, une marque de pluriel semblerait très lourde pour beaucoup de créolophones, s'il s'agit de *vestes*. On notera que le pronom personnel **-l** est aussi au singulier, alors qu'il s'accorde toujours au pluriel lorsqu'il se réfère à des êtres humains : **mosis sata sperâ-s** (phrase 1), *les garçons les attendent*.

En résumé : le pluriel morphologique s'emploie essentiellement en créole :

- **1.** à propos d'êtres animés (hommes, animaux).

- **2.** uniquement si le contexte ne permet pas de savoir qu'il s'agit d'un pluriel (pas de marque de pluriel en présence d'un numéral, d'un adverbe indiquant la quantité ou dans une phrase à valeur de généralité).

- **3.** à raison d'une seule marque de pluriel par groupe nominal.

À cause de l'influence du portugais, ces règles ne sont pas toujours rigoureusement respectées par tous les Capverdiens. Essayez quand même de vous y tenir, en gardant bien à l'esprit que, en tant que francophone, vous emploierez de toutes façons toujours trop souvent le pluriel morphologique.

2. Les démonstratifs

2.1. Présentation

Le capverdien possède deux démonstratifs, que nous avons déjà rencontrés plusieurs fois au cours de ces leçons :

- **1. kel** (pluriel **kes**) est le démonstratif le plus courant. Il correspond la plupart du temps au français *ce, cette*.

Le démonstratif **kel** peut être suivi des adverbes **li** et **la** exactement comme *ce* peut être suivi en français de *ci et là*.

Exemples :

- **kel lója-la**, *cette épicerie-là*.

≠ **kel lója-li**, *cette épicerie-ci*.

- **2. es** (pas de pluriel) est nettement moins fréquent en capverdien. Il désigne toujours un objet plus proche que **kel**.

Exemple : **es káru é bedju, kel káru é nóbu**, *cette voiture-ci (tout près) est vieille, celle-là (plus loin) est neuve* (on aurait aussi pu dire **kel káru-li é bedju, kel káru-la é nóbu**).

Es peut être suivi de **li** (pour mettre en emphase la notion de proximité), mais pratiquement jamais de **la**.

Exemple :

- **es lója-li**, *cette épicerie-ci (si l'on se trouve dedans ou juste devant).*

Lorsqu'il s'agit de repérage dans le temps, **es** désigne toujours un moment du <u>présent</u> ou du <u>futur proche</u>.

Exemple : **es noti**, *ce soir (celui qui vient, celui où nous sommes en train de parler).*

N.B. : si vous avez des doutes quant au démonstratif à employer, il vaut mieux utiliser **kel**, sauf dans les expressions à connotation temporelle du type *ce soir, cette semaine, cette année, ce moment, cette situation (où nous sommes)*, où **es** est obligatoire.

2.2. Pronoms et adjectifs

Les démonstratifs **kel** et **es** peuvent aussi être employés comme pronoms.

Exemples

- **kel é kusé ?** (leçon 2, phrase 5), *qu'est-ce que c'est*, lit. "*cela est quoi* ?"
- **es-li é bom grógu**, *c'est un bon rhum*, lit. "*ceci est un bon rhum*".

Lorsque **kel** est directement suivi de **li** ou de **la**, on entend souvent des formes contractées (facultatives) :

- **ke-li**, *celui-ci, celle-ci, ceci* (au lieu de **kel-li**).
- **ke-la**, *celui-là, celle-là, cela* (au lieu de **kel-la**).

3. Idiomatisme : *kré*

L'adverbe **kré**, signifie *à croire que*. Il est généralement placé en tête de phrase.

Exemple : **kré mudjer gosta di maria algem própi**, *à croire que les femmes prennent plaisir à faire attendre les gens* !

Dans d'autres contextes, **kré** correspond aux verbes français *croire* ou *devoir*.

Exemple : **kré e sta na Fránsa**, *je crois qu'il est en France, il doit être en France.*

Attention : ne confondez pas :

- l'adverbe **kré**, *à croire que* (issu du portugais *crer*) non conjugué, presque toujours placé en tête de phrase ;
- le verbe **kré**, *vouloir* (issu du portugais *querer*), généralement précédé d'un pronom personnel sujet.

Exercices

I. Mettez au pluriel morphologique les mots soulignés et faites les accords nécessaires le cas échéant, puis traduisez en français les phrases ainsi obtenues

Exemple : **rapás ka kré bá bádju**
> rapásis ka kré bá bádju
> *les garçons ne veulent pas aller au bal.*

1. **Mudjer berdiánu.**
2. **Kal ki bu kré ?**
3. **A-el é di li, a-mi é di Fránsa.**
4. **Fransés di Práia ka sabi papia kiriolu.**
5. **Ómi ki tchomâ-m fla-m ma-u kebra mó.**
6. **E bá bádja ku mós, mós ka lebâ-l** ***(leba*** *= emmener)* **kása dispós.**

II. Traduisez en capverdien les phrases suivantes

1. *Ces filles sont françaises.*
2. *Les femmes travaillent plus que les hommes.*
3. *Les femmes que nous avons vues ne nous ont pas salué (dit salutation).*
4. *Beaucoup de gens m'ont dit qu'ils ne veulent pas manger avec lui.*
5. *Combien d'enfants as-tu ? - J'ai cinq enfants (**fidju**), trois garçons et deux filles.*
6. *Je t'ai apporté trois kilos de papayes. - Je ne peux pas les accepter.*

III. Traduisez en capverdien les phrases suivantes

1. *Cette semaine, je ne travaillerai pas.*
2. *Cette voiture-ci est plus jolie que celle-là* (2 possibilités).
3. *Ces garçons boivent beaucoup de rhum.*
4. *Si tu bois de ce rhum, tu vas prendre une cuite.*
5. *Il m'a dit que cette veste-ci est pour moi, (et) que celle-là est pour toi.*

IV. Remettez dans le bon ordre les phrases suivantes, puis traduisez-les en français

1. di/ mudjer/ ka/ spéra/ gosta/ ómi (2 possibilités)
2. Práia/ ta/ amigus/ ku/ es/ noti/ bá/ m-
3. ka/ m-/ kau/ fronta/ dja/ pamódi/ fika/ n-es/ ta/ -m
4. fla/ sperâ/ bu/ p/-s/ rapásis/-ês/ ?

V. Traduisez en capverdien les phrases suivantes

1. Je crois qu'il n'est pas encore arrivé.
2. Ces filles m'ont dit que tu n'es pas venu.
3. J'ai soif, je veux que tu me donnes du ponche.
4. Les garçons n'ont pas dû trouver ma maison.
5. À croire que tu as compris qu'il ne sait pas le créole.
6. Je bois du rhum tous les jours, mais je préfère (j'aime plus) la bière.

Civilisation : les épiceries-bars et le *grogue*

La **lója**, ou épicerie-bar est une véritable institution capverdienne. On trouve des **lója** partout, en ville comme à la campagne, et toutes se ressemblent. La **lója** est divisée en deux par un comptoir de bar, derrière lequel se tient le patron.

Dans la partie du patron, disposés sur des étagères, on trouve les produits de consommation courante : sacs de toile remplis de céréales, conserves, bouteilles de vin, d'huile ou d'eau minérale, liquide-vaisselle et savon...

L'autre partie du bar est le domaine des clients, essentiellement des hommes (les femmes et les enfants entrent dans la **lója** pour faire des achats au comptoir). La boisson alcoolisée la plus typiquement capverdienne est le *rhum blanc* ou **grógu**, appelé localement *grogue* par les francophones, souvent de fabrication locale (il existe de nombreux alambics dans l'arrière-pays). Le *grogue* de Saint-Antoine a la réputation d'être le meilleur de l'Archipel. Santiago produit aussi de grandes quantités de ce breuvage. Tout *grogue* qui se respecte doit être produit exclusivement à partir de jus de canne à sucre. C'est ce qu'on appelle le **grógu kána-kána**. Parfois néanmoins, le *rhum* est frelaté et le jus de canne est coupé avec du sirop produit à partir de sucre acheté dans le commerce.

Le *grogue* était traditionnellement teinté en rouge avec de la sève de dragonnier (**sángi-drága**), une espèce d'arbre rare présente au Cap-Vert. De nos jours les dragonniers, menacés d'extinction, sont protégés et le *grogue* servi est le plus souvent transparent. Mélangé à du sirop de canne, il prend une couleur ambrée : c'est le **póntchi**, ou *ponche*.

Les **lója** sont un des hauts lieux de la civilisation et de la convivialité créole. L'alcool délie les langues et les conversations (toujours en créole !) vont bon train. Le capverdien dispose d'un grand nombre de mots pour désigner l'alcool national : **xéma, xipi, xipináiti, djudâ-m ku familia**...

LISOM KATORZI : UM BÉS BID'ÉRA MÁS DURU

1. Sándra : ontom Anne, napundi k-u stába ónti ?
2. Anne : m-stába ku Djom, nu bai kása di si donus na fóra. Nu kumi mángi di téra, ês kontâ-m um munti pártis.
3. Sándra : di kusé ?
4. Anne : di témpu antigu. Gentis grándi gosta di lembra kel témpu. Má mi m-ka gostába pa-m bibeba na kel altura.
5. Sándra : pamódi ?
6. Anne : um bés bid'éra más duru ki oxi li na Kau Berdi. Lus ka temba. Káru també ka temba . Óki algem di fóra mesti bem Práia, éra p-e bemba pé-na-tchom.
7. Sándra : kusé más k-ês kontâ-u ?
8. Anne : albés azágua ka ta da, ês ta pasába fómi. Ês temba ki kumeba rátu...
9. Sándra : ui minina, pára !, tirmódi kel témpu dja kába ! Diós ta djuda p-e ka torna bem más ! Aliás gósi m-teni uma fómi ! M-sata bá almusa na nhas tiu. É pa-u bá ku mi, dj-ês fla-m m-ês kré konxê-u. A-si, oxi paluménu nu ka ta padisi !

Vocabulaire

albés, *adv*, parfois.
aliás, *conj*, d'ailleurs.
altura, *subst*, époque, moment.
antigu, *adj*, ancien.
azágua, *subst*, saison des pluies, (*ici*) récolte.
bemba, *fv*, passé de **bem** (cf. grammaire).
bés, *subst*, fois, **um bés**, autrefois, dans le temps.
bibeba, *fv*, passé de **bibi** (cf. grammaire).
bid'éra, contraction de **bida** + **éra**.
donu, *subst*, grand-père, **donus**, grands-parents.
duru, *adj*, difficile, dur (en parlant de la vie).
é, *v*, être, **é pa**, il faut que.
éra, *fv*, passé de **é** (cf. grammaire).
fómi, *subst*, faim.
fóra, *subst*, campagne.
gostába, *fv*, passé de **gosta** (cf. grammaire).
grándi, *adj*, âgé (à propos d'une personne).
katorzi, *num*, quatorze.
k-ês, contraction de **ki** + **ês**.
konta, *v*, raconter.
kumeba, *fv*, passé de **kumi** (cf. grammaire).
kumi (e), *v*, manger.
lembra, *v*, se rappeler.
lus, *subst*, lumière, (*ici*) électricité.
mángi, *subst*, mangue.
m-ês, contraction de **ma** + **ês**.
munti, *subst*, montagne, **um munti (di)**, beaucoup de.
napundi, *inter*, où.

Traduction. Leçon 14 : autrefois, la vie était plus dure

1. Sandra : alors Anne, où étais-tu hier ?
2. Anne : j'étais avec Jean, nous sommes allés chez ses grands-parents à la campagne. Nous avons mangé des mangues locales, (et) ils m'ont raconté beaucoup d'histoires.
3. Sandra : à propos de quoi ?
4. Anne : de la vie d'autrefois (le temps ancien). Les gens âgés aiment se rappeler cette période. Mais moi je n'aurais pas aimé vivre à cette époque.
5. Sandra : pourquoi ?
6. Anne : autrefois, la vie était plus dure que maintenant (ici) au Cap-Vert. Il n'y avait pas d'électricité. Il n'y avait pas non plus (aussi) de voiture. Quand quelqu'un vivant à (de) la campagne avait besoin de se rendre à Praia, il était obligé de venir à pied.
7. Sandra : que t'ont-ils raconté d'autre (quoi de plus qu'ils t'ont raconté) ?
8. Anne : parfois, les récoltes étaient très insuffisantes (ne donnaient pas), et ils avaient faim. Ils étaient obligés de manger des rats...
9. Sandra : ouh là là arrête-toi (fille) !, de toute façon, ces temps sont définitivement révolus. Et Dieu veuille (aidera pour) qu'ils ne reviennent plus [jamais]. D'ailleurs, j'ai une de ces faims ! Je vais manger chez mes parents. Vas-y donc (il faut que tu y ailles) avec moi, ils m'ont dit qu'ils veulent te connaître. Comme ça, aujourd'hui au moins nous ne souffrirons pas de la faim.

Vocabulaire (suite)

nhas, *possat*, pluriel de **nha** (cf. grammaire).

padisi (**e**), *v*, souffrir de la faim.

paluménu, *adv*, au moins.

pára, *v*, (s')arrêter, **pára !**, arrête-toi !

párti(**s**), *subst*, anecdote, histoire.

pasába, *fv*, passé de **pása** (cf. grammaire).

pé-na-tchom, *loc*, à pied, lit. "pied sur le sol".

rátu, *subst*, rat, souris.

stába, *fv*, passé de **sta** (cf. grammaire).

temba, *fv*, passé de **tem** (cf. grammaire).

tirmódi, *adv*, de toute façon, quoi qu'il en soit.

tiu, *subst*, oncle.

torna, *v*, faire qqch à nouveau (cf. grammaire).

uma, *indéf*, un de ces, un sacré (cf. grammaire).

Commentaire grammatical

1. Le passé verbal

Avant cette leçon, nous n'avons rencontré que des verbes capverdiens au temps présent (leçon 1), même s'ils ne correspondaient pas toujours à des présents en français. Le capverdien connaît un autre temps, le passé (ou éloigné), dont la marque est **-ba**, placée après le verbe.

Exemple : **m-stába ku Djom**, *j'étais avec Jean*. Si nous analysons la flexion du verbe **sta** dans cet exemple :

- il est à l'aspect accompli (marque zéro devant le verbe).
- il est à la voix active (marque zéro après le verbe).
- il est au passé (marque **-ba** suivant la marque de voix).

1.1. Formation du passé

Le passé des verbes est formé de façon extrêmement régulière en capverdien. La marque **-ba** est attachée à la forme clitique (FC, leçon 7) du verbe, telle qu'elle apparaît lorsqu'elle est suivie de -**nu**, pronom personnel objet de premier ordre à la première personne du pluriel.

Groupe	FL	Présent	FC-**nu**	Passé
1. (**a**)	**odja**	*voir*	**e odjá-nu**	**e odjába**
2. (**e**)	**ntendi**	*comprendre*	**e ntendê-nu**	**e ntendeba**
3. (**i**)	**kudi**	*répondre*	**e kudí-nu**	**e kudiba**
4. (**o**)	**kompu**	*réparer*	**e kompô-nu**	**e kompoba**

La voyelle thématique du groupe morphologique est donc toujours maintenue dans les verbes au passé.

Autres cas :

- les verbes **bem** et **tem** font respectivement **bemba** et **temba** au passé. Ces deux verbes forment le 6ème groupe morphologique du capverdien. Nous en reparlerons plus loin.

- le verbe **é** a une forme passée irrégulière : **éra**. Cette forme se conjugue habituellement avec les pronoms toniques (simples ou initiaux), comme la forme **é** (leçon 9) : **mi éra** ou **a-mi éra**, *j'étais...*

N.B.1 : on entend souvent à Praia et même à la campagne les formes ***binha*** et ***tinha*** au lieu de **bemba** et **temba**. Ces formes sont des emprunts au portugais qu'il faut savoir reconnaître. Il vaut mieux éviter de les utiliser.

N.B.2 : le verbe **é** n'est jamais élidé au passé.

1.2. Valeurs et usages du passé

Le passé capverdien n'a pas de correspondance directe avec un temps du français, mais il se réfère toujours à un moment éloigné du présent (d'où son second nom). Retenons que :

- **1.** Le passé capverdien est combinable avec les différents aspects verbaux.

Exemples :

- **lus ka temba**, *il n'y avait pas de lumière.* Ici le verbe **tem** est à l'aspect accompli (marque zéro).

- **ês ta pasába fómi**, *ils souffraient de (passaient) la faim.* Ici le verbe **pása** est à l'aspect habituel (marque **ta**).

- **2.** l'opposition verbe faible ≠ verbe fort reste toujours valable au passé. Ainsi, l'imparfait français correspond généralement à :

- un verbe fort à l'accompli et au passé.

- un verbe faible à l'habituel et au passé (cf. exemples ci-dessus).

- **3.** Le passé peut avoir une valeur de conditionnel (à déduire du contexte).

Exemple : **m-ka gostába pa-m bibeba,** *je n'aimerais pas vivre...*

- **4.** Le passé présente certains phénomènes de concordance entre verbes des propositions principales et verbes des propositions subordonnées. Nous en avons deux cas dans cette leçon.

Exemples :

- **ês temba ki kumeba** (phrase 8), *ils devaient manger*, lit. "*ils avaient à mangeaient*". Le verbe qui suit **tem ki** au passé est généralement fléchi au passé.

- **éra p-e bemba, m-ka gostába pa-m bibeba**, *il fallait qu'il vienne, je n'aimerais pas vivre*, lit. "*il fallait qu'il venait, je n'aimais pas pour que je vivais*". Si le verbe de la proposition principale est au passé, le verbe de la subordonnée conjonctive introduite par **pa** est le plus souvent au passé. Cet accord n'est cependant pas obligatoire.

- **5.** Le passé obéit au principe d'économie de la langue capverdienne. Ainsi si le contexte général du texte est au passé, certains verbes peuvent apparaître sans la marque **-ba**.

Exemple : **albés azágua ka ta da**, *parfois, les récoltes ne donnaient pas.* On aurait aussi pu avoir **albés azágua ka ta dába**.

En cas de doute, n'hésitez pas à employer trop souvent la marque -**ba**. Votre créole sera lourd, mais rarement fautif.

2. Complément sur le pluriel morphologique

2.1 Le pluriel et les possessifs

Généralement le capverdien place la marque de pluriel morphologique sur le premier élément pluralisable du groupe nominal.

Les adjectifs possessifs n'obéissent cependant pas toujours à cette règle :

- **1.** Avec les possessifs **nha, bu, si**, *mon/ ma, ton/ ta, son/ sa* (possesseur singulier), la marque de pluriel peut être placée sur le possessif ou sur le nom qui suit.

Exemples :

- **nhas tiu**, *mon oncle et ma tante* (la marque de pluriel est placée sur le possessif, **nha**).

- **si donus**, *ses grands-parents* (la marque de pluriel est placée sur le nom qui suit le possessif, **donu**).

Il serait tout à fait possible de dire **nha tius** ou **ses donu** en capverdien.

- **2.** Avec les possessifs **nós, nhós, ses**, *notre, votre, leur* (possesseur pluriel), la marque de pluriel est obligatoirement placée sur le nom qui suit.

Exemple : **nós donus**, *nos grands-parents.*

Donc les possessifs **nós, nhós, ses**, n'ont pas de forme de pluriel morphologique.

De plus, le capverdien tend à éviter autant que possible d'employer des noms au pluriel après **nós, nhós, ses**, qui sont terminés en **-s**, et donc ressentis comme étant déjà des pluriels. Avec les possessifs **nós, nhós, ses**, le pluriel est encore plus souvent que d'habitude sous-entendu et déduit du contexte.

Exemple : **nós pai é armum**, *nos pères sont frères.* Pour qu'on puisse parler de frère, il faut au moins deux personnes, donc le contexte permet de savoir que le mot **pai** est au pluriel.

2.2. Pluriel des couples

Pour les noms de parenté, le pluriel de la forme masculine est souvent employé pour désigner un couple (l'homme et sa femme) ou parfois un ensemble d'individus des deux sexes.

Exemples

- **tiu**, *oncle* > **nhas tiu**, *mon oncle et ma tante* ou *mes oncles* ou *mes oncles et tantes* (selon le contexte).

- **donu**, *grand-père* > **si donus**, *ses grands-parents* (*son grand-père et sa grand-mère*) ou *ses grands-pères* ou *ses deux grands-pères et ses deux grands-mères.*

N.B.1 : cette particularité du créole se retrouve en portugais (*os meus tios = mon oncle et ma tante* etc.) et en espagnol (*mis tíos*, idem).

N.B.2 : pour parler de ses parents (père et mère), on dit normalement **nha mai ku nha pai**, *mon père et ma mère.*

3. Idiomatismes

3.1. *Torna*

Le verbe **torna**, indique la répétition de l'action. **Torna** est toujours placé devant le verbe dont il indique la répétition. En français, **torna** correspond généralement au préfixe *re-* ou aux expressions *de nouveau, à nouveau.*

Exemple : **Diós ta djuda p-e ka TORNA bem más**, *Dieu veuille qu'ils ne **re**viennent plus.*

3.2. Indéfini emphatique

Uma (pluriel : **umas**) est un indéfini emphatique qui signifie *un de ces, un sacré.*

Exemple : **m-teni uma fómi**, *j'ai une de ces faims !*

Attention : si vous avez fait du portugais ou de l'espagnol, la forme **uma** n'a rien à voir avec le genre féminin.

Exemple : **uma rapás**, *un type énorme, un de ces mecs, une armoire à glace.*

Exercices

I. Mettez les phrases capverdiennes suivantes au passé puis traduisez-les en français

1. Ês ta odja nha pai tudu diâ.
1. Nu tem ki bem Práia.
2. E ka ta papia fransés dretu.
3. M-ka kré pa-u trabádja ku mi.
4. Pálu ka grándi sima Pedru.
5. Óki-m fla Pedru mantenha, nunk'e ka ta kudi.
6. Ês ta pása fómi pamódi ês ka teni (e) batáta.

II. Remettez dans le bon ordre les phrases suivantes, puis traduisez-les en français

1. **algem/ dába/ azágua/ padiseba/ ka/ ta/ óki**
2. **bibeba/ m-/pai/ mi/ pa/ a-mi/ ku/ nha/ kreba**
3. **gósi/ kel/ na/ altura/ más/ pikinóti/ ki/ éra/ Práia**
4. **gostába/ ma/ Sándra/ pai/ di/-nhós/ si/ nhós/ flába**

III. Traduisez les phrases suivantes en capverdien

1. *Je devais parler avec toi de (sur) ce problème.*
2. *Il faudrait (fallait) qu'il ne boive plus de bière.*
3. *Nous prenions un rhum et deux ponches tous les jours.*
4. *J'aimerais déjeuner avec vous à Pedra Badejo.*
5. *Moi je ne voulais pas que tu parles avec ces femmes.*
6. *J'avais besoin de sirop de canne* (**mel**) *pour préparer mon ponche.*
7. *Qu'étais-tu en train de faire ? Je réparais des voitures dans un garage* (**ofisina**) *de Praia.*

IV. Traduisez les phrases capverdiennes suivantes en français

1. *Un jour je repartirai au Cap-Vert.*
2. *Moi, je n'aimerais pas vivre avec mon oncle et ma tante.*
3. *Mes grands-parents nous ont cuisiné un de ces ragoûts !*
4. *Paul, savais-tu (tu savais) que leurs pères sont frères ?*
5. *Puisque tu n'aimes pas les papayes je ne t'(en) rachèterai pas.*
6. *Mes frères m'ont dit que tu ne veux pas qu'ils souffrent à nouveau de la faim.*
7. *Il a acheté une de ces voitures ! Elle est vraiment jolie (qu'est-ce qu'elle est jolie) !*

Civilisation : un passé autarcique

Si un mot devait caractériser le Cap-Vert du passé, ce serait sûrement l'isolement. Après l'essor du commerce des esclaves et des pagnes du Cap-Vert, l'Archipel est resté à l'écart du reste du monde depuis le dix-huitième siècle jusque vers 1.950. Les marins étrangers passaient se ravitailler en charbon au port de Mindélo (fondé en 1.798) avant de traverser l'Atlantique, mais dans les autres îles, les habitants ne pouvaient compter que sur eux-mêmes et sur les très maigres ressources du sol, dont les Capverdiens disent qu'il est **póbri sima diábu**, *pauvre comme un (pauvre) diable.*

Les travaux agricoles de la saison des pluies permettaient seuls à beaucoup de familles de survivre. Les Capverdiens vivaient en permanence dans l'attente des pluies nourricières (elles tombent ordinairement de juillet à octobre), comme en témoigne le mot créole **azágua** (du portugais *as águas*, "*les eaux*"), qui veut dire à la fois *saison des pluies, travaux agricoles* et même *récolte...*

Du fait de ce passé autarcique, la culture créole valorise à l'extrême les productions locales. Aux yeux de nombre de Créoles, une *mangue du pays*, ou **mángi di téra**, sera toujours plus savoureuse, aura plus de vertus nutritives qu'une mangue importée. Il ne s'agit pas ici de chauvinisme au sens propre du terme, mais plutôt d'une manifestation de respect pour cette terre qui a permis aux Capverdiens de traverser des siècles d'isolement.

Le passé n'a pas laissé que de mauvais souvenirs dans les mémoires capverdiennes. Beaucoup ont aussi la nostalgie des fêtes d'autrefois, plus animées que celles d'aujourd'hui, ou de ce temps où les pluies tombaient plus souvent. À Santiago, beaucoup de gens assurent qu'il y avait des cours d'eau permanents dans certains endroits de l'île où ne restent plus que des ravins desséchés qui se remplissent le temps d'un orage. Mais il est souvent difficile de séparer la réalité du mythe au sein de la tradition orale.

LISOM KINZI : E MANDÂ-NH-EL SÉSTA-FERA

1. Sándra : Anne, bu armum, desk-e torna bá Fránsa, e kustuma skrebê-u ?
2. Anne : m-átcha kárta di sel oxi-mé.
3. Sándra : ki diâ k-e mandâ-u-el ?
4. Anne : e mandâ-nh-el sésta-fera, e tchigâ-m oxi kuárta.
5. Sándra : fáxi ! A-el e sta dretu ?
6. Anne : e mánda fla-m m-e tchiga dretu.

***

7. Anne : kel dós libru-li é di kusé ?
8. Sándra : um é di stória, kel otu gó é di matimátika.
9. Anne : bu podi pistâ-nh-el ?
10. Sándra : ka tem prabulema. A-li bo, toma, bu ta tarsê-nh-el manham.

***

11. Anne : undi Djom ku Pedru ?
12. Sándra : m-ka sabi undê-s. Má é kapás di-m kontra ku ês oxi di párti-tárdi. Djobi : alâ-s la ta bem !
13. Djom : alê-nu li, a-nhós é módi ?
14. Sándra : tudu dretu, má m-tem ki bai gósi-li. É pa-m bá buska nhas fidju la na skóla.
15. Djom : undi skóla ?
16. Sándra : na Tchadinha.
17. Djom : djobi, oxi m-bem ku káru, m-ta bá buskâ-s la, m-ta tarsê-u-ês li.
18. Sándra : ontom bá fáxi, m-ta sperâ-u li !

***

19. Anne : Sándra ! A-li Djom ku bus fidju. Dj-ês bem.

Vocabulaire

alâ/ ala, *adv*, base du présentatif éloigné (cf. grammaire).
alê/ ali, *adv*, base du présentatif proche (cf. grammaire).
buska, *v*, chercher.
desk-e, contraction de **déski + e**.
déski, *conj*, depuis que.
kapás, *adj*, possible, **é kapás di**, il se peut que, il est possible que.
kárta, *subst*, lettre.
kinzi, *num*, quinze.
kuárta, *subst*, mercredi, forme abrégée de **kuárta-fera**.
kustuma, *v*, avoir déjà fait qqch (cf. grammaire).
libru, *subst*, livre.
mánda, *v*, envoyer.

Traduction. Leçon 15 : il me l'a envoyée vendredi

1. Sandra : Anne, ton frère t'a déjà écrit depuis qu'il est reparti en France ?
2. Anne : j'ai reçu une lettre de lui aujourd'hui même.
3. Sandra : quel jour te l'a-t-il envoyée ?
4. Anne : il me l'a envoyée vendredi [dernier], et elle m'est arrivée aujourd'hui, mercredi.
5. Sandra : [elle est arrivée] vite ! (Lui, il) Il va bien ?
6. Anne : il m'a dit (envoyé dire) qu'il était bien arrivé.

***

7. Anne : ces deux livres [que tu as] ici traitent (sont) de quoi ?
8. Sandra : l'un est [un livre d'] d'histoire, quant à l'autre, c'est [un livre] de mathématiques.
9. Anne : tu peux me les (le) prêter ?
10. Sandra : (il n'y a) pas de problème. Les voici, prends[-les], tu me les rapporteras demain.

***

11. Anne : où sont Jean et Pierre ?
12. Sandra : je ne sais pas où ils sont. Mais il est possible que je les rencontre (que je [me] rencontre avec eux) cet après-midi (aujourd'hui après-midi). Regarde : les voilà qui arrivent !
13. Jean : nous voici, comment allez-vous ?
14. Sandra : tout va bien, mais il faut que (je dois) m'en aille tout de suite. Je dois aller chercher mes enfants à l'école.
15. Jean : où se trouve [leur] école ?
16. Sandra : à Achadinha.
17. Jean : écoute [regarde] aujourd'hui je suis venu en voiture, je vais te les chercher et je te les ramène ici.
18. Sandra : alors, vas-y vite, je t'attends/ t'attendrai ici !

***

19. Anne : Sandra, voici Jean et tes enfants ! Ils sont arrivés.

Vocabulaire (suite)

mé, *adv*, (*ici*) même, **oxi-mé**, aujourd'hui même.
nh, *poso*, me (cf. grammaire).
otu, *indéf*, autre.
pista, *v*, prêter.
sésta-fera, *subst*, vendredi.
skrebi (**e**), *v*, écrire.
stória, *subst*, histoire.
Tchadinha, *npr*, Achadinha, quartier de Praia.

Commentaire grammatical

1. Les suites de deux pronoms personnels objets

1.1. Les pronoms personnels objets de second ordre

Quand un verbe à l'actif-présent est suivi de deux pronoms personnels objets (un indirect et un direct) :

- le premier pronom s'associe à la forme clitique du verbe, et prend des formes particulières, légèrement différentes de celles du pronom personnel objet de premier ordre (non suivi d'un autre pronom personnel, leçon 7). Le premier pronom est alors appelé pronom personnel de second ordre (parce qu'il est suivi d'un autre pronom objet).
- le second pronom reste sous sa forme tonique (leçon 5).

Formes du pronom personnel de second ordre, associé au verbe **pista**

	Singulier		Pluriel	
Personne	Forme	Traduction	Forme	Traduction
1	e pistâ-**nh**-el	*il me l'a prêté*	e pistá-**nu**-el	*il nous l'a prêté*
2	e pistâ-**u**-el	*il te l'a prêté*	e pista-**nhós**-el	*il vous l'a prêté*
3	e pistâ-**l**-el	*il le lui a prêté*	e pistâ-**s**-el	*il le leur a prêté*

Le pronom personnel de second ordre (POSO) ne se différencie vraiment du pronom personnel de premier ordre (POPO) qu'à la première personne du singulier.

Exemples :

- **e pistâ-m dós libru** (**-m** = POPO 1ère pers. sing.), *il m'a prêté deux livres.*
- **e pistâ-nh-el** (**-nh-** = POSO 1ère pers. sing.), *il me les a prêtés.*

De plus, en présence du POSO, le verbe subit lui aussi les mêmes modifications qu'en présence du POPO.

Exemple :

- verbe **tarsi** (**e**) > **m-ta tarsê-u-ês**, *je te les ramènerai.*

Si on connaît les formes du pronom personnel de premier ordre, il est donc facile de déduire celles du pronom personnel de second ordre.

1.2. Le deuxième pronom

On a déjà vu (leçon 7) que le créole place toujours l'objet indirect devant l'objet direct. Il en découle que :

- le pronom personnel objet de second ordre (directement suffixé au verbe) est toujours un pronom personnel objet indirect.

- le deuxième pronom est toujours un pronom personnel objet direct.

En pratique, ce deuxième pronom est presque toujours un pronom de troisième personne, singulier = **el** ou pluriel = **ês**.

Le nombre du deuxième pronom obéit au principe d'économie de la langue capverdienne, c'est-à-dire que le pluriel n'est pas forcément marqué si le contexte indique clairement le pluriel. En pratique, si le pronom représente un objet inanimé dont on a déjà parlé auparavant, il est presque toujours au singulier.

Exemple : **bu podi pistâ-nh-el ?**, *tu peux me les prêter* (= *ces deux livres dont Anne et Sandra ont déjà parlé*).

En revanche, lorsque le deuxième pronom (personnel) fait référence à un être animé (être humain, animal domestique), il est obligatoirement au pluriel.

Exemple : **m-ta tarsê-u-ês**, *je te les ramènerai* (= *tes enfants, donc des êtres animés, en l'occurrence humains*).

N.B. : dans **kel dós libru** (phrase 7), *ces deux livres*, le démonstratif **kel** est à la forme singulier, car il se rapporte à des objets inanimés (livres) et de plus il est suivi du numéral **dós**, *deux*, qui suffit à marquer la pluralité.

2. Présentatifs

Les adverbes toniques initiaux **a-li** et **a-la** peuvent être employés comme présentatifs. Ils correspondent alors respectivement aux adverbes *voici* et *voilà* du français.

Exemple :

- **a-li Djom ku bus fidju**, *voici Jean et tes fils.*
- **a-la Djom ku bus fidju**, *voilà Jean et tes fils.*

Ces présentatifs peuvent se combiner avec les pronoms personnels objets de premier ordre :

- **a-li** se comporte alors comme un verbe en **-e-** ;
- **a-la** se comporte alors comme un verbe en **-a-**.

Dans ce cas, on écrit les présentatifs en un seul mot (sans trait d'union après le **a-**).

Exemples :

- **alê-nu li** (= **a-li** + **nós**) *nous voici.*
- **alâ-s la ta bem** (= **a-la** + **ês**) *les voilà là-bas qui viennent.*

Le pronom personnel est le plus souvent suivi d'un adverbe de lieu, généralement :

- **li** pour **a-li** ;
- **la** pour **a-la**.

Tableau des combinaisons de **a-li** et **a-la** avec les pronoms personnels objets

Personne	a-li	Traduction	a-la	Traduction
1 sing	**alê-m li**	*me voici*	**alâ-m la**	*me voilà*
2 sing	**alê-u li**	*te voici*	**alâ-u la**	*te voilà*
3 sing	**alê-l li**	*le voici*	**alâ-l la**	*le voilà*
1 plur	**alê-nu li**	*nous voici*	**alá-nu la**	*nous voilà*
2 plur	**ali nhós li**	*vous voici*	**ala nhós la**	*vous voilà*
3 plur	**alê-s li**	*les voici*	**alâ-s la**	*les voilà*

N.B.1 : la forme **alê-m li** (leçon 1), *je vais bien*, est une combinaison de **a-li** avec un pronom personnel objet de premier ordre, première personne du singulier. Littéralement, **alê-m li** signifie *me voici.*

N.B.2 : les présentatifs peuvent aussi être suivis de pronoms toniques simples (leçon 5). Ils signifient alors *voici/ voilà (pour) + pronom.*

Exemple :

- **a-li bo**, *voici (pour) toi* ≠ **alê-u li**, *te voici.*

3. Idiomatismes

3.1. Interrogations avec *undi*

En capverdien, dans les interrogations (directes ou indirectes) au présent introduites par **undi** et portant sur le lieu où l'on se trouve, le verbe *être* est normalement sous-entendu.

Exemple : **undi skóla ?**, *où se trouve l'école ?*

Si **undi** est suivi d'un pronom personnel, il se comporte comme un verbe en -**e**- et le pronom est suffixé comme les pronoms personnels objets de premier ordre.

Exemples

- **m-ka sabi undê-s**, *je ne sais pas où ils sont.*

Tableau des formes suffixées de **undi** suivi des pronoms personnels

	Singulier		Pluriel	
Personne	Capverdien	Français	Capverdien	Français
1	**undê-m ?**	*où suis-je?*	**undê-nu ?**	*où sommes-nous ?*
2	**undê-u ?**	*où es-tu ?*	**undi-nhós ?**	*où êtes-vous ?*
3	**undê-l ?**	*où est-il ?*	**undê-s ?**	*où sont-ils ?*

N.B.1 : sous l'influence du portugais, on trouve parfois **undi** suivi du verbe **sta**, *être quelque part, se trouver,* dans une question portant sur un contexte présent. Il vaut mieux éviter cet usage lusitanisant en créole.

N.B.2 : en revanche, si le temps de l'interrogation n'est pas le présent, l'emploi du verbe **sta** est obligatoire.

Exemples :

- **undi bu ta sta ?**, *où seras-tu ?*
- **undi bu stába ?**, *où étais-tu ?*

3.2. Le verbe *kustuma*

Le verbe **kustuma** en capverdien, lorsqu'il est suivi directement d'un autre verbe, signifie souvent *avoir déjà fait (quelque chose).*

Exemple : **e kustuma skrebê-u ?**, *il (ton frère) t'a déjà écrit ?*

Attention : ce verbe est un faux-ami pour les francophones et les lusophones. Il a ici un sens différent du français *avoir coutume de*, et du portugais *costumar*, "*avoir l'habitude de*".

Exercices

I. Remplacez dans les phrases suivantes les groupes nominaux soulignés par des pronoms personnels, puis traduisez en français les phrases obtenues (en tenant compte des phrases capverdiennes originales) :

Exemple : **m-ka mandâ-u kel libru**
> m-ka mandâ-u-el
> *je ne te l'ai pas envoyé.*

1. M-ka fla nha mudjer el.
2. Nhós ka dá-nu kel kusa.
3. E ta pista Djom si káru.
4. Nhós ka tarsê-m dinheru.
5. E mánda si donus trés kárta.
6. M-lebâ-u *(leba = emmener)* **mininus** (*enfants*) **skóla.**
7. M-kumpra-nhós um kilu di batáta.

II. Traduisez en capverdien les phrases suivantes

1. Il le leur a donné.
2. Je te les ai envoyés (ces livres).
3. Ils nous l'ont achetée (cette maison).
4. Tu me les a ramenés (mes enfants).
5. Nous vous l'avons prêtée (cette voiture).
6. Vous le lui avez dit, mais il ne l'a pas entendu.

III. Traduisez en capverdien les phrases suivantes en suivant le modèle proposé

(Plusieurs amis regardent ensemble des photographies de vacances et ils se cherchent mutuellement dessus).

Exemple : *où est Pierre ? Il est ici (le voici), non le voilà, il est là-bas (à l'arrière-plan).*

> undi Pedru ? Alê-l li, nau alâ-l la, e sta la.

1. *Où es-tu ? Tu es ici, non te voilà, tu es là-bas.*
2. *Où sommes-nous ? Nous sommes ici, non nous voilà, nous sommes là-bas.*
3. *Où est-elle ? Elle est ici, non la voilà, elle est là-bas.*
4. *Où suis-je ? Je suis ici, non me voilà, je suis là-bas.*
5. *Où êtes-vous ? Vous êtes ici, non vous voilà, vous êtes là-bas.*
6. *Où sont Sandra et Jean ? Ils sont ici, non les voilà, ils sont là-bas.*

IV. Remettez en ordre les phrases suivantes, puis traduisez-les en français

1. -m/ tarsê/ káru ?/ undi /- Dja/ nha/ -u/ -el
2. ka/ -l/ kárta/ -l/ má/ -el/ m-/ skrebê/ m-/ mandâ.
3. -l/ la/ bem / -l ?/ ta /- Alâ/ undê

N.B. : attention, il peut y avoir une question et une réponse à reconstituer.

V. Traduisez en capverdien les phrases suivantes

1. Où est son frère ? Le voilà là-bas !
2. As-tu déjà dansé des danses capverdiennes (du Cap-Vert).
3. Où sont vos enfants ? Voulez-vous que nous vous les ramenions ?
4. Où sont ces cinq livres ? Ils sont chez moi parce que tu me les as prêtés.
5. Tu as vu les garçons ?; la vendeuse veut leur parler. - Je sais où ils sont, je les lui enverrai demain.
6. Je suis déjà allée en France, mais je ne suis jamais (ne suis pas déjà) allée en Amérique.
7. Pourquoi ne m'avez-vous pas écrit ? - Comment ? Tu n'as pas reçu notre lettre ? Nous te l'avons envoyée mercredi !

Civilisation : lettres et messages

Les lettres et nouvelles venues de l'étranger ont une importance cruciale au Cap-Vert où deux habitants sur trois vivent en dehors de leur pays d'origine. Il n'est pas un Capverdien qui n'ait un frère, un père, un oncle ou un cousin à l'étranger. Beaucoup de Capverdiens émigrés économisent sur leurs revenus (souvent réduits) afin de faire parvenir de l'argent à leur famille restée au pays. Les sommes d'argent envoyées par les émigrés sont une des principales sources de devises de la République du Cap-Vert.

Les Capverdiens correspondent la plupart du temps en portugais, même à la campagne, car c'est la seule langue qu'ils ont appris à écrire. En français, on dit qu'une personne a *dit* ou *raconté* dans sa lettre que quelque chose s'est passé. Dans un tel contexte, la langue créole dispose d'une expression caractéristique, **mánda fla**, littéralement "*envoyer dire*", qui s'emploie principalement à propos du contenu des lettres, ou plus généralement pour introduire un discours indirect.

Le thème de la correspondance entre parents ou amants séparés du fait de l'émigration est un des leitmotiv de la chanson capverdienne. Cette séparation est peut être encore plus douloureuse pour les Capverdiens que pour des Occidentaux, car, du fait de leur insularité, beaucoup de Créoles éprouvent une certaine appréhension face au monde extérieur, ces terres situées au-delà de l'Océan qui entoure les îles.

Quand quelqu'un émigre (en créole on dit **mbárka**, *embarquer*), c'est comme s'il disparaissait dans l'inconnu. Seules les lettres (et maintenant les coups de téléphone) témoignent de l'existence du fils ou de l'ami perdu. Chaque message parvenu est une découverte et c'est peut-être pour cela que le créole emploie normalement le verbe **átcha**, *trouver*, pour désigner le fait de *recevoir* du courrier.

LISOM DIZASAX : KE-LI KA TA FASEDU N'ORÓPA

1. Anne : manham, m-sata bá Dakár pa-m bá konxi Senegal.
2. Sándra : nunka bu ka bá Áfrika ?
3. Djom : ontom ! Kau Berdi támbi é Áfrika.
4. Sándra : a-mi m-ta átcha ma-nu tem kusa más tcheu ki bem d'Orópa.
5. Djom : a-nós é afrikánu mé. Na nós téra ta djugádu ori, ta kotchidu midju, ta bombudu mininu. Ke-li ka ta fasedu n'Orópa.
6. Anne : a-bo bu mai bombú-u ?
7. Djom : kláru ! Kába na fóra inda oxi sata podu batuku k'é bádju afrikánu.
8. Sándra : tirmódi batuku bira ta perdi. Um bés sata poda más tcheu.
9. Djom : batuku sata perdi pamódi Berdiánu tcheu sata diskesi di si raís afrikánu. Má nós lingua kiriolu támbi sta xei di palábra afrikánu.
10. Sándra : só ka si ! kiriolu é purtugés mal papiádu.
11. Anne : a-mi m-kré sabeba um kusa. Undi kiriolu nasi ?
12. Sándra : fládu ma kiriolu nasi na Ngenhu.
13. Djom : ontom, kiriolu ka nasi na Purtugal, ka nasi n'Áfrika. É musturu di tudu dós, móda nós tudu na Kau Berdi.
14. Sándra : bom, fórti konta pártis oxi ! Gentis, a-mi m-tem ki bai pamódi m-sata sperádu.

Vocabulaire

Áfrika, *npr*, Afrique.
afrikánu, *adj*, africain.
batuku, *subst*, batouque, danse traditionnelle de l'île de Santiago.
bira, *v*, devenir, **bira ta**, se mettre à.
bombu (**u**), *v*, porter (qqun) sur le dos.
bombudu, *fv*, passif-présent de **bombu** (cf. grammaire).
Dakár, *npr*, Dakar.
dizasax, *num*, seize.
djuga, *v*, jouer.
djugádu, *fv*, passif-présent de **djuga** (cf. grammaire).
fasedu, *fv*, passif-présent de **fasi** (cf. grammaire).
fládu, *fv*, passif-présent de **fla** (cf. grammaire).
kába, *conj*, d'ailleurs.
k'é, contraction de **ki** + **é**.
ke-li, *dém*, forme abrégée de **kel-li** (cf. leçon 13).
kláru, *adj*, clair, évident, **kláru !**, bien sûr !
kotchi (**i**), *v*, battre le maïs au mortier de façon à en décortiquer les grains.
kotchidu, *fv*, passif-présent de **kotchi** (cf. grammaire).
midju, *subst*, maïs.
mininu, *subst*, bébé, enfant.
móda, *conj*, comme.

Traduction. Seizième leçon : on ne fait pas cela en Europe

1. Anne : demain, je vais à Dakar pour visiter (aller connaître) le Sénégal.
2. Sandra : tu n'es jamais allée en Afrique ?
3. Jean : comment ça (alors) ! Le Cap-Vert fait aussi partie de (est aussi) l'Afrique.
4. Sandra : moi je trouve que nous avons plus de choses qui viennent de l'Europe [dans notre culture].
5. Jean : [mais non] nous sommes vraiment africains. Dans notre pays, on joue à l'awélé, on bat le maïs au mortier, on porte les enfants sur le dos. On ne fait pas cela en Europe.
6. Anne : toi [Jean] ta mère t'a porté sur le dos ?
7. Jean : bien sûr ! En outre, à la campagne, encore aujourd'hui on danse (met) le batouque, qui est une danse africaine.
8. Sandra : de toutes façons, le batouque est en train de disparaître ([se] perdre). Autrefois, on le dansait davantage.
9. Jean : le batouque est en train de disparaître parce que beaucoup de Capverdiens oublient leurs racines africaines. Mais notre langue créole [elle] aussi est truffée (pleine) de mots africains.
10. Sandra : absolument pas ! Le créole c'est du portugais déformé (mal parlé).
11. Anne : je voudrais savoir quelque (une) chose. Où est né le créole ?
12. Sandra : on dit (on a dit) que le créole s'est formé dans [la vallée d']Engenhos.
13. Jean : donc le créole n'est pas né au Portugal, ni en Afrique [continentale]. C'est un mélange [formé à partir] de ces (tous) deux [endroits], comme nous tous au Cap-Vert.
14. Sandra : bon, assez discuté [pour] aujourd'hui ! Mes amis, je dois m'en aller parce que quelqu'un m'attend (je suis attendue).

Vocabulaire (suite)

musturu, *subst*, mélange.
n', *prép*, variante facultative de **na** devant voyelle.
nasi (**e**), *v*, naître.
Ngenhu, *npr*, Ribeira dos Engenhos, vallée située au centre de l'île de Santiago, près de la ville d'Assomada.
ori, *subst*, awélé, jeu traditionnel africain.
Orópa, *npr*, Europe.
papiádu, *fv*, passif-présent de **papia** (cf. grammaire).
perdi (**e**), *v*, (se) perdre, (*ici*) disparaître.
poda, *fv*, passif-passé de **poi** (cf. grammaire)
podu, *fv*, passif-présent de **poi** (cf. grammaire).
Purtugal, *npr*, Portugal.
raís, *subst*, racine.
sabi (**e**), *vf*, savoir.
Senegal, *npr*, Sénégal.
sperádu, *fv*, passif-présent de **spéra** (cf. grammaire).
xeiu, *adj*, plein, rempli, **xei di**, plein/ rempli de.

Commentaire grammatical

1. Le passif verbal

Jusqu'à cette leçon, nous n'avons rencontré que des verbes à la voix active (leçons 1, 14). Le capverdien connaît une seconde voix, la voix passive, dont la marque est -**du**, placée après le verbe

Exemple : **m-sata sperádu**, *on m'attend (je suis attendu).* Si nous analysons la flexion du verbe **sta** dans cet exemple :

- il est à l'aspect progressif (marque **sata** devant le verbe).
- il est à la voix passive (marque -**du** après le verbe).
- il est au présent (marque zéro suivant la marque de voix).

1.1. Formation du passif verbal

Le passif-présent se forme de façon régulière et sur le même modèle que le passé (leçon 14). La marque -**du** est attachée à la forme clitique (FC) du verbe, telle qu'elle apparaît lorsqu'elle est suivie de -**nu**, pronom personnel objet de premier ordre à la première personne du pluriel.

Groupe	FL	Sens	FC-**nu**	Passif
1. (**á**)	**odja**	*voir*	**e odjá-nu**	**e odjádu**
2. (**e**)	**ntendi**	*comprendre*	**e ntendê-nu**	**e ntendedu**
3. (**i**)	**kudi**	*répondre*	**e kudí-nu**	**e kudidu**
4. (**o**)	**kompu**	*réparer*	**e kompô-nu**	**e kompodu**
5. (**u**)	**bombu**	*porter sur le dos*	**e bombú-nu**	**e bombudu**

N.B. : pour les verbes en (**u**), voir plus bas.

Autres cas :

- les verbes **bem** et **tem** ont un passif, employé uniquement avec une valeur impersonnelle (voir plus bas) et formé régulièrement : **bendu**, **tendu**.
- le verbe **é** n'a pas de forme passive en capverdien.

1.2. Emploi du passif

Le passif capverdien est employé dans trois types principaux de contextes :

- **1.** avec une valeur impersonnelle, c'est-à-dire sans sujet exprimé. Le passif créole correspond alors généralement à une phrase active ayant pour sujet *on* ou *les gens* en français.

Exemple : **ta djugádu ori**, *on joue à l'awélé, les gens jouent à l'awélé.*

- **2.** avec une valeur personnelle, en présence d'un sujet exprimé. Le sujet subit alors l'action du verbe et l'équivalent français est souvent une tournure employant le verbe *être* suivi d'un participe passé.

Exemple : **m-sata sperádu**, lit. "*je suis (en train d'être) attendu*" = *on m'attend.*

- **3.** avec une valeur adjectivale. Il correspond alors souvent à un participe passé français et dans ce cas-là, il vaudra mieux parler d'adjectif verbal en capverdien.

Exemple : **kiriolu é purtugés mal papiádu**, *le créole est du portugais mal parlé.*

Le passif est combinable avec toutes les marques d'aspect (**ta, sata** dans les exemples ci-dessus) et de temps (voir plus bas la formation du passif-passé), avec les verbes faibles ou forts.

Attention : le capverdien ne peut pas employer le passif en présence d'un complément d'agent.

Exemple : soit le verbe **máta**, *tuer*

> *il a été tué* = **e matádu**,

> *il a été tué par Jean* = **Djom matâ-l**, lit. "*Jean l'a tué*". Le complément d'agent du français (ici *Jean*) ou du portugais devient obligatoirement le sujet d'une phrase active en créole.

1.3. Formation du passif-passé

Comme la marque de temps suit celle de voix en capverdien, la combinaison du passif (marque -**du**) et du passé (marque -**ba**) devrait théoriquement produire une terminaison *-**duba**. Cette forme est attestée en créole santiagais du siècle dernier, mais de nos jours, on emploie partout une forme contractée, -**da**. Pour former le passif-passé en capverdien moderne, il suffit donc de remplacer la terminaison -**du** du passif-présent par -**da**.

Exemple :

- **inda oxi sata podu batuku**, *aujourd'hui encore on danse le batouque.*

> **um bés sata poda batuku**, *autrefois, on dansait le batouque.*

Attention : si vous parlez le portugais ou l'espagnol, ne vous laissez pas abuser par les passifs capverdiens. La terminaison **-da** en capverdien est celle du passif-passé, elle n'a donc rien à voir avec la terminaison *-da* marquant le genre féminin du participe en espagnol ou en portugais (par exemple dans *cantada*, féminin de *cantado*, "*chanté*").

2. Autres particularités du verbe créole

2.1. Modèles *bombu* et *poi*

1. Le verbe **bombu**, *porter sur le dos* est un verbe en -**u**-, et fait partie du cinquième groupe morphologique des verbes capverdiens (leçon 9). Ils se combine comme suit avec les pronoms personnels objets de premier ordre :

Personne	Verbe **bombu**, *porter sur le dos*	
1 sing	e bombú-**m**	*il m'a porté sur le dos*
2 sing	e bombú-**u**	*il t'a porté sur le dos*
3 sing	e bombú-**l**	*il l'a porté sur le dos*
1 plur	e bombú-**nu**	*il nous a portés sur le dos*
2 plur	e bombu-**nhós**	*il vous a portés sur le dos*
3 plur	e bombú-**s**	*il les a portés sur le dos*

Les voyelles qui apparaissent en grisé (**ú**) sont celles qui portent l'accent tonique.

La voyelle thématique des verbes en -**u**- sera signalée entre parenthèses dans le lexique, pour éviter les confusions avec les verbes en -**o**- (leçon 12). On aura donc : **bombu** (**u**), *porter sur le dos.*

N.B. : on entend parfois **e bombô-u**, à la place de **e bombú-u**.

2. Le verbe **poi**, *mettre*, est un verbe monosyllabique en -**o**-. À la forme clitique, le -**i** de l'actif-présent disparaît. Ils se combine comme suit avec les pronoms personnels objets de premier ordre :

Personne	Verbe **poi**, *mettre*	
1 sing	e po-**m**	*il m'a mis (là)*
2 sing	e po-**u**	*il t'a mis*
3 sing	e po-**l**	*il l'a mis*
1 plur	e pô-**nu**	*il nous a mis*
2 plur	e po-**nhós**	*il vous a mis*
3 plur	e po-**s**	*il les a mis*

2.2. Marque de temps et de voix dans une suite verbe modal + verbe

Un certain nombre de verbes créoles, comme **kré, kustuma, kunsa, podi**, *vouloir, avoir déjà fait, faire ensuite, pouvoir*, modifient le sens du verbe qui les suit. On appelle ces verbes verbes modaux. Le verbe qui suit est appelé verbe principal.

Exemple : **m-kré sabi um kusa**, *je veux savoir quelque chose*. Ici, **kré**, *vouloir*, est le verbe modal, et **sabi**, *savoir*, le verbe principal.

Lorsqu'on est en présence d'une suite verbe modal + verbe principal, les marques de temps (et de voix) sont rajoutées au verbe principal.

Exemple : **m-kré sabe<u>ba</u> um kusa**, *je voudrais* (ou *je voulais*, selon le contexte) *savoir quelque chose*.

2.3. Discussion sur quelques valeurs aspectuelles rencontrées

Deux emplois de marques d'aspect peuvent surprendre dans le dialogue de cette leçon :

- **inda oxi sata podu batuku** (phrase 7), *encore aujourd'hui, on danse le batouque*. On aurait pu attendre ici un habituel **ta** (à la place de **sata**), puisqu'on danse habituellement le batouque de nos jours. L'emploi de **ta** dans un tel contexte ne serait pas fautif, mais ne voudrait pas dire la même chose. En employant le progressif **sata**, *être en train de*, **Djom** insiste sur le fait que le batouque est bien vivant au moment même où il parle. Le **sata poda** de la phrase 8 est une reprise au passé du progressif de la phrase 7.
- **batuku bira ta perdi** (phrase 8), *le batouque est en train de disparaître*. Ici le français emploie un infinitif, *disparaître*, là où le créole emploie un aspect <u>habituel</u> (marque **ta**), qui indique bien que de nos jours en général, donc <u>d'habitude</u>, le batouque perd du terrain.

Le bon maniement de l'aspect verbal et de ses nuances est une des principales difficultés du capverdien moderne pour un francophone. Seule une pratique régulière du créole in situ vous permettra de maîtriser complètement le système aspectuel.

3. Emploi de *nunka* et de *inda*

En créole, les adverbes **nunka**, *jamais*, et **inda**, *encore*, sont toujours placé en <u>tête d'énoncé</u> (devant le sujet du verbe) <u>ou</u> (plus rarement) <u>après tous les compléments directs</u> (y compris celui de destination).

Exemple : **<u>inda</u> bu ka bá Áfrika ?** ou **bu ka bá Áfrika <u>inda</u> ?**, *tu n'es pas encore allé en Afrique ?*

Par ailleurs, **nunka** est presque toujours associé à la négation **ka**.

Exemple : **<u>nunka</u> bu <u>ka</u> bá Áfrika**, *tu n'es jamais allé en Afrique*.

Exercices

I. Analysez les formes verbales (aspect, voix, temps) soulignées dans les phrases capverdiennes suivantes, puis traduisez ces phrases.

Exemple : **ke-li ka ta fasedu li**
> verbe **fasi**, *faire*
> aspect : habituel (marque **ta**), voix : passive (marque **-du**), temps : présent (marque zéro).
> *ceci ne se fait pas ici* ou *on ne fait pas ceci ici.*

1. Ka sabedu si nómi.
2. Kel diâ, faseda fésta sábi.
3. Na fóra, ta bombudu mininu.
4. Nu fládu ma nós armum sta li.
5. Dj-ês fládu p-ês ka bá la, má ês ka kré obi.
6. Sata bebedu grógu tcheu es ánu na Kau Berdi.

II.a. Mettez les verbes entre parenthèses au passif-présent.
II.b. Réécrivez au passé les phrases obtenues (en faisant les accords nécessaires le cas échéant) et traduisez-les en français.

Exemple : **na Kau Berdi ta (kumi) más midju ki na Fránsa.**
II.a. > **na Kau Berdi ta kumedu más midju ki na Fránsa.**
II.b. > **na Kau Berdi ta kumeda más midju ki na Fránsa.**
> *au Cap-Vert, on mangeait plus de maïs qu'en France.*

1. Ês ka ta (da) náda.
2. Mininus dja (da) óla di purtugés.
3. A-mi m-(fla) ma si pai kebra mó.
4. Na nós sidádi, ka (tem) nunhum prabulema es ánu.
5. Na Áfrika ta (djuga) ori, n'Orópa ke-li ka ta (fasi).

N.B. : d'autres éléments que les verbes peuvent changer en fonction du temps.

III. Traduisez en capverdien les phrases suivantes, en utilisant des formes verbales passives toutes les fois que vous le pourrez

1. On l'a appelé Jean.
2. Ceci ne peut pas (se) dire en langue créole.
3. On vous attendait (vous étiez attendus) à Praia.

4. Il a été tué par son père, mais on a dit à sa mère (sa mère a été dite) que c'était quelqu'un d'autre (une autre personne).
5 Autrefois, on avait (passait) faim au Cap-Vert, aujourd'hui on a encore faim dans d'autres pays d'Afrique.

IV. Mettez les phrases suivantes au passé et traduisez-les

1. Ês mesti kumi.
2. A-nhós nhós ka kré bádja.
3. M-ka podi spéra más di ki si.
4. Nunka bu ka kustuma purba torésma.
5. Nu kré torna bem Kau Berdi, má nu ka sabi mok'é pa-nu fasi.

V. Traduisez en capverdien les phrases suivantes

1. Il l'a mis dans sa voiture.
2. Je ne suis jamais allé en France.
3. Vous n'avez pas encore acheté de voiture ?
4. Qu'est-ce que tu bois (prends) ? - Je voudrais boire une bière.
5. Comme (puisque) j'avais oublié mes racines africaines, je voulais visiter le Sénégal.

Civilisation : identité créole et capverdianité

Le dialogue de cette leçon illustre les ambiguïtés de l'identité capverdienne, ou *capverdianité*. Géographiquement, l'Archipel est situé au large des côtes africaines. Mais ses habitants sont métissés, aussi bien génétiquement que culturellement. Les femmes capverdiennes écrasent le maïs dans des mortiers et portent leurs enfants sur le dos. Cependant, la guitare et l'accordéon font partie des instruments traditionnels de la musique capverdienne...

Bref le Cap-Vert, ses habitants et sa culture sont entre deux mondes, l'Afrique et l'Europe. C'est ce qui fait en grande partie le charme de ce pays, même si la part que chaque continent a prise dans la genèse de la capverdianité fait l'objet de bien des débats, y compris parmi les Capverdiens eux-mêmes.

LISOM DIZASÉTI : SI-M SERBA RIKU

1. Anne : a-bo Djom kusé bu ta faseba s-u serba riku ?

2. Djom : si-m serba riku, m-ka ta trabadjába más, m-ta kumprába bom kása pa mi ku nhas tudu familia, m-ta bába téra lonji pa-m bá konxeba mundu...

3. Sándra : a-bo bu ka ta djudába koitádu ?

4. Djom : kláru ki-m ta djudába-ês. A-mi si-m serba kem ki ta mánda li, só m-odjába algem ku fálta di kumida o di dinheru, m-ta mánda dába-el-el kel óra.

5. Anne : i bus amigu ?

6. Djom : m-ta kumbidába-nhós tudu pa nha kása nóbu pa-nu faseba fésta bedju.

7. Sándra : ontom tud'algem ta kré pa-u ser xefri.

8. Djom : tudu nau. Pamódi nha xefri di trabádju, parsê-m ma si-m pása ta mánda na el, m-ta po-l trabádja tók-e bira dodu.

9. Anne : a-bo ku el nhós ka mutu gosta di kumpanheru ?

10. Djom : nu ka gosta nau, má el é nha xefri, i kába mi nunka m-ka ta ser riku. Ui, é pa-nu dexa di kel kombérsu o m-ta máta kabésa.

11. Sándra : i mós, diskesi bu xefri, podi ser bo é koitádu, má bu temnós, i kel-li é tcheu.

Vocabulaire

bába, *fv*, passé de **bai** (cf. grammaire).
dexa, *v*, laisser, **dexa di**, abandonner, renoncer à.
dizaséti, *num*, dix-sept.
dodu, *adj*, fou.
fálta, *subst*, manque, **ku fálta di**, en manque de.
familia, *subst*, famille, (*ici*) membre de la famille, parent.
kabésa, pronom réfléchi (cf. grammaire).
kel óra, *loc*, aussitôt, tout de suite, sur-le-champ, immédiatement.
kem, *rel*, **kem ki**, celui qui.
koitádu, *adj/ subst*, pauvre, malheureux.
kombérsu, *subst*, conversation.
kumbida, *v*, inviter.
kumida, *subst*, nourriture.
kumpanheru, pronom réciproque (cf. grammaire).
máta, *v*, tuer.
mánda, *v*, donner l'ordre de faire qqch (cf. grammaire).
mundu, *subst*, monde.
parsi (e), *vfi*, sembler, **parsê-m ma**, il me semble que.
poi, *v*, obliger qqun à faire qqch (cf. grammaire).
riku, *adj*, riche.
ser, *v*, être, autre radical de **é** (cf. grammaire).
serba, *fv*, passé de **ser** (cf. grammaire).
tók-e, contraction de **tóki** + **e**.
tóki, *conj*, jusqu'à ce que.
tud'algem, *loc*, tout le monde, lit. "toutes les personnes".
xefri, *subst*, chef, patron.

Traduction. Leçon 17 : si j'étais riche

1. Anne : (toi) Jean, qu'est-ce que tu ferais si tu étais riche ?
2. Jean : si j'étais riche, je ne travaillerais plus, j'achèterais une belle (bonne) maison pour toute ma famille et moi [même], [et] j'irai voyager (dans des pays lointains) pour connaître le monde...
3. Sandra : alors (toi) tu n'aiderais pas les pauvres (malheureux) ?
4. Jean : bien sûr que je les aiderais. Moi, si j'avais le pouvoir (si j'étais qui commande ici), dès que je verrais quelqu'un qui manque de nourriture ou d'argent, je le lui ferais donner à l'instant (à cette heure).
5. Anne : et tes amis ?
6. Jean : je vous inviterais dans ma maison neuve pour y faire une grande (vieille) fête.
7. Sandra : alors, tout le monde va vouloir que tu sois le chef.
8. Jean : pas tout (le monde). Parce que je crois (il me semble) que si j'arrive [un jour] à donner des ordres à mon chef de bureau, je l'obligerai à travailler jusqu'a ce qu'il devienne fou.
9. Anne : lui et toi (toi et lui), vous ne vous appréciez pas beaucoup ?
10. Jean : non (nous n'apprécions pas), mais c'est lui le chef (il est mon chef), et d'ailleurs je ne serai jamais riche. Ouh là là, il faut que nous arrêtions de parler de cela (que nous arrêtions cette conversation) ou je vais me suicider.
11. Sandra : allez mon gars, oublie ton chef, tu es peut-être pauvre, mais tu nous as (nous), et c'est (déjà) beaucoup.

Commentaire grammatical

1. Pronoms personnels

1.1. Pronoms personnels objets suivant un verbe fléchi

On appelle verbe fléchi tout verbe qui n'est pas à l'actif-présent. Lorsqu'un verbe fléchi est suivi d'un pronom personnel objet, le pronom est toujours à la forme tonique simple (leçon 5).

Exemple : **m-ta djudába-ês**, *je les aiderais.*

Si le verbe fléchi est suivi de deux pronoms personnels objets, indirect et direct (leçon 15), les deux pronoms sont à la forme tonique simple.

Exemple : **m-ta mánda dába-el-el**, *je le lui ferais donner.*

N.B. : dans les exemples ci-dessus, les verbes sont au passé, mais ce qui vient d'être dit est aussi valable pour des verbes fléchis au passif.

Exemple : **nhós ka dádu-el**, *on ne vous l'a pas donné*, lit. "*vous n'avez pas été donné lui*".

À titre d'exemple, voici le tableau des formes du verbe **da** fléchi à l'actif-passé et suivi de deux pronoms personnels objets.

	Verbe **da**, *donner*	
Personne	Forme	Traduction
1 sing	**e dába-mi-el**	*il me l'avait donné*
2 sing	**e dába-bo-el**	*il te l'avait donné*
3 sing	**e dába-el-el**	*il le lui avait donné*
1 plur	**e dába-nós-el**	*il nous l'avait donné*
2 plur	**e dába-nhós-el**	*ils vous l'avait donné*
3 plur	**e dába-ês-el**	*il le lui avait donné*

N.B. : comme le montre la traduction des formes ci-dessus, un verbe au passé et à l'aspect accompli correspond souvent à un plus-que-parfait en français.

1.2. Pronoms réfléchis et réciproques

Les tournures réciproques et réfléchies sont employées beaucoup moins fréquemment en capverdien qu'en français (leçon 1).

Exemple : **m-tchoma Djom**, *je m'appelle Jean*, lit. "*je appeler Jean*".

Dans un certain nombre de cas, le créole exprime néanmoins ouvertement ces notions :

- **kabésa**, *tête*, sert le plus souvent de pronom réfléchi.

Exemple : **m-ta máta kabésa**, *je me suiciderai*, lit. "*je tuerai (ma) tête*".

- **kumpanheru**, *compagnon*, sert pour le réciproque.

Exemple : **nhós ka mutu gosta di kumpanheru**, *vous ne vous aimez pas beaucoup (l'un l'autre)*, lit. "*vous n'aimez pas beaucoup (votre) compagnon*".

Attention : en français, les pronoms réfléchis et réciproques sont souvent formellement confondus. On dit *ils se lavent* (réfléchi : chacun d'eux se lave lui-même) ou *ils se parlent* (réciproque : ils se parlent l'un à l'autre). Le créole, lui, distingue toujours le réfléchi (**kabésa**) du réciproque (**kumpanheru**).

2. Conditionnelle à valeur d'irréel

Dans les constructions conditionnelles à valeur d'irréel, le verbe porte la marque **-ba** dans les propositions subordonnée et principale. Les subordonnées conditionnelles irréelles introduites par **si** (etc.) sont généralement à l'aspect accompli (marque zéro), comme celles à valeur de futur (leçon 4).

Exemple : **si-m serba riku, m-ka ta trabadjába más**, *si j'étais riche, je ne travaillerais plus.*

N.B. : le conditionnel du verbe de la principale en français correspond souvent à un habituel (marque **ta**) du passé en capverdien. L'emploi du **ta** n'est pas toujours obligatoire, mais il est presque toujours permis dans ce contexte. Si le capverdien n'est pas votre langue maternelle, il vaut mieux commencer par l'employer systématiquement pour traduire le conditionnel.

3. Idiomatismes

3.1. Flexion verbale

- **1.** Les verbes **bem** et **tem** sont des verbes en **-em-**, et forment à eux deux le sixième (et dernier) groupe morphologique des verbes capverdiens (leçon 9).

Seul **tem** peut être suivi d'un pronom personnel objet. Le pronom est alors toujours à la forme tonique simple (leçon 5).

Exemple : **bu tem-nós**, *tu nous as (nous).*

Quand il est suivi des pronoms personnels objets de troisième personne, le verbe **tem** change légèrement de forme : **e tenh-el, e tenh-ês**, *il l'a (lui), il les a (eux).*

- **2.** Le verbe **é** possède un autre radical, **ser**, que l'on emploie toujours en présence d'une particule aspectuelle autre que zéro, ainsi que dans les propositions subordonnées.

Exemples :

- **nunka m-ka ta ser riku,** *je ne serai jamais riche.*

- **tud'algem ta kré pa-u ser xefri**, *tout le monde va vouloir que tu sois le chef.*

Le radical **ser** peut se combiner avec la marque **-ba** de passé.

Exemple : **si-m ser riku**, *si je suis riche (futur),*

> si-m serba riku, *si j'étais riche (irréel).*

N.B.1 : dans les conditionnelles, les formes **ser/ serba** peuvent alterner respectivement avec **é/ éra** : **si mi é riku**, *si je suis riche*, et **si mi éra riku**, *si j'étais riche*, sont aussi des phrases correctes.

N.B.2 : dans le lexique, le radical **ser** sera considéré comme la forme de référence pour le verbe *être*. On parlera donc dorénavant de verbe **ser** (et non plus de verbe **é**).

- **3.** Le verbe **bai**, comme le verbe **poi**, perd son **-i-** à la forme clitique.

Exemple : **m-ta bába téra lonji**, *j'irais dans des pays lointains.*

3.2. Tournures factitives : *mánda* et *poi*

Le créole dispose de deux auxiliaires factitifs (exprimant le fait de faire faire quelque chose à quelqu'un), **mánda** et **poi**.

Exemples :

- **m-ta mánda dába-el-el,** *je le lui ferais donner.*
- **m-ta po-l trabádja,** *je le ferai travailler.*

Ces deux auxiliaires n'ont pas exactement le même sens :

- **mánda** = *donner à quelqu'un l'ordre de faire quelque chose.*
- **poi** = *obliger quelqu'un à faire quelque chose (souvent contre son gré).*

Si la personne à qui l'on fait faire quelque chose n'est pas exprimée explicitement, l'emploi de **mánda** est obligatoire (cf. exemple ci-dessus).

3.3. Usage conjonctif de *só*

Só, que l'on traduit généralement par *seulement*, en sus de son usage restrictif (leçon 4), peut aussi fonctionner comme une conjonction de subordination, introduisant généralement des conditionnelles, avec le sens de *dès que, à peine.* Comme dans le cas des subordonnées conditionnelles introduites par **si**, le verbe est généralement à l'aspect accompli (marque zéro).

Exemple : **só m-odjába algem**, *dès que je verrais quelqu'un, à peine verrais-je quelqu'un...*

Exercices

I. Traduisez en français les phrases capverdiennes suivantes

1. Ês ka kré dába-nós-el.
2. Nunka m-ka flába-ês náda.
3. Si-m serba riku, m-ka ta dába-nhós náda.
4. M-kré kumeba-el gósi, pamódi m-teni fómi.
5. Albés e ta flába-mi pa-m sperába-el má nunka e ka ta bem.

II. Traduisez en capverdien les formes suivantes

1. Tu nous l'avais donné.
2. Il la leur avait envoyée.
3. Je ne pouvais pas vous le dire.
4. Je ne voulais pas te le dire, mais toi tu voulais (le) savoir.
5. Il m'avait dit qu'il m'aimait, mais il ne m'a pas rendu visite.
6. Si nous avions une voiture, nous les lui ramènerions (ses enfants).

III. Traduisez en capverdien les phrases suivantes en distinguant les pronoms réciproques et réfléchis

1. Ils se sont disputés (**sánha na**, *se fâcher contre*).
2. Elles se sont entretuées.
3. Nous nous sommes parlés.
4. Pierre et Sandra s'aiment.
5. Elles voulaient se suicider.

IV. Mettez les systèmes conditionnels futurs à l'irréel, puis traduisez les phrases ainsi obtenues

Exemple : **si-m fika mi-só, m-ta bá undê-u.**
> si-m fikába mi-só, m-ta bá undeba-bo.
> *si je me retrouvais tout seul, j'irais te rendre visite.*

1. S-e kre-m (**kré** a ici le sens d'*aimer*)**, e ta fla-nh-el.**
2. Si-m ka átcha si kása, m-ta torna bá Práia.
3. Só m-odja koitádu, m-ta da-l dinheru kel óra.
4. Si nu ka dexa di kel kombérsu, a-el e ta máta kabésa.
5. Si nhós ser riku, nhós ta kumbidá-nu pa-nu bá buáti.

V. Traduisez les phrases suivantes

1. Si tu n'avais pas d'argent, il n'irait pas te voir.
2. Si vous veniez avec Jean, Sandra ne viendrait pas.
3. Si j'étais riche, je ferais donner de l'argent aux pauvres.
4. Si mon père ne s'était pas cassé le bras, je ne serais pas inquiète.
5. Si mes grands-parents m'envoyaient une lettre, je leur répondrais aussitôt.

VI. Traduisez en capverdien les phrases suivantes

1. Ils ne veulent pas que Jean soit professeur.
2. À cette époque, je n'étais jamais allé en Amérique.
3. Je l'ai obligé à travailler parce qu'il ne voulait rien faire.
4. Il a perdu tous les membres de sa famille, mais il t'a (toi).
5. Quand je serai riche, je ferai construire (faire) des maisons pour tous mes amis.

Civilisation : argent et travail

Comme l'autosuffisance alimentaire est désormais hors de portée (leçon 14), les Capverdiens ont absolument besoin d'argent pour acquérir les biens de consommation et denrées alimentaires nécessaires à leur survie.

Les Créoles peuvent se procurer de l'argent de deux façons :

- **1.** en travaillant. Le taux de chômage est élevé dans l'Archipel, même s'il est dur à estimer, en raison des travaux agricoles saisonniers ainsi que de nombreux petits métiers non déclarés (vendeurs de beignets...). On peut raisonnablement penser qu'au moins 30 % des Capverdiens adultes en âge de travailler sont sans emploi. Les métiers les plus appréciés sont les postes administratifs de la fonction publique ou des nombreux projets de développement, où le salaire est fixe. Une secrétaire ou un chauffeur gagnent environ 150 euros/ mois (1000 FF), un ingénieur avec une bonne expérience 500 à 600 euros/ mois (3.500 à 4.000 FF). Les travaux journaliers à la campagne sont souvent rémunérés à la journée, entre 3 et 6 euros/ jour (20 à 40 FF).

- **2.** en recevant des mandats de parents émigrés. Ces aides extérieures constituent l'unique source de revenus de bien des ménages.

Les salaires capverdiens sont bien supérieurs à ceux pratiqués dans de nombreux pays d'Afrique Noire. Cependant, comme la plupart des biens de consommation et denrées alimentaires sont importés, le coût de la vie est très élevé dans l'Archipel : un kilogramme de tomates coûte souvent environ 2 euros (de 12 à 15 FF), un T-shirt vaut de 8 à 11 euros (50 à 70 FF). Beaucoup de Capverdiens doivent donc survivre dans une société qui pratique des prix équivalents à ceux de l'Europe, mais avec des budgets beaucoup plus réduits que ceux dont disposent la majorité des Occidentaux. Dans ces conditions, boucler la fin du mois est souvent un véritable exercice d'acrobatie.

De ce fait, le manque d'argent est particulièrement présent dans les préoccupations des Capverdiens. L'expression **ka tem meiu**, *ne pas avoir* *les moyens (financiers)* de faire quelque chose, revient très fréquemment dans les conversations.

La monnaie capverdienne s'appelle l'*escudo* capverdien (en créole **merés**, cf. leçon 2), à ne pas confondre avec l'*escudo* portugais. Elle est indexée sur un panier de monnaies, où prédominent le dollar et l'euro (100 escudos = 1 euro ou 7 FF), ce qui lui assure une certaine stabilité. La République du Cap-Vert a ainsi réussi à échapper aux crises inflationnistes dont sont victimes nombre de pays en voie de développement.

N.B. : l'abréviation de l'*escudo* est le signe $, que vous verrez apparaître sur les factures des commerçants. Ne confondez pas avec les dollars !

LISOM DIZOITU : NHÓS LEBÁ-NU FUNTI LIMA !

1. Anne ku Djom sata bá Rubera da Bárka na káru. Djom ki sata giâ. A-la trés mininu na bera-stráda ta pidi buleia.
2. Mininus : buleia ! dá-nu buleia !
3. Anne : djobi Djom, da kes mininu buleia !
4. Djom : undi nhós sata bai ?
5. Mininus : lebá-nu ti Gudim !
6. Djom : nhós subi fáxi !
7. Sata tchiga um minina.
8. Minina : da-m buleia ti Nhága.
9. Djom : subi na frenti, fáxi nu bai.
10. Bem más kuátu rapás.
11. Rapásis : nhós lebá-nu Funti Lima.
12. Djom : i ka ta da ! Ka-nhós subi pamódi ka tem kau-poi-tud'algem ! Káru dja ká xeia.
13. Rapás : inda ka ká intchi.
14. Djom : dja-m fla-nhós pa nhós ka subi ! Mi ki ta mánda n-es káru. Nhós fika li o m-ta mostra-nhós própi !
15. Rapás : tudu dretu ! Só ka-u xatia. Nu ta fika.

***

16. Anne : Djom, oxi tem tokatina na kása-Sándra. Nu ta bai ?
17. Djom : nu ta ba-l sim.

***

18. Mininu : pára mós, pára li nu dixi !
19. Djom : nhós dixi, nhós toma kudádu pa nhós ka ntridja pé.
20. Mininus : obrigádu.
21. Djom : kel-li é ka náda. Djobi Anne, a-mi m-konxi kes mininu. Ês mora la na kel kása fóra'l mó-la.
22. Anne : lonji !

Vocabulaire

bera, *subst*, bord.
buleia, *subst*, fait de prendre quelqu'un en auto-stop.
dixi (**i**), *v*, descendre.
dizoitu, *num*, dix-huit.
fóra, *adv*, dehors, **fóra'l mó**, hors de portée, isolé, lit. "hors de la main".
Funti Lima, *npr*, Fonte Lima, village situé dans le centre de l'île de Santiago, au pied de la ville d'Assomada.
giâ, *v*, conduire.
Gudim, *npr*, Godim, village situé sur la route qui relie Praia et Assomada, approximativement à mi-chemin entre les deux villes.
intchi (**i**), *v*, (se) remplir.
ká, *v*, finir de, contraction de **kába** (cf. grammaire).
kudádu, *subst*, attention, **toma kudádu**, faire attention, lit. "prendre attention".
'l, *prép*, de, variante de **di** (cf. grammaire).
leba, *v*, emmener, emporter.
mostra, *v*, montrer, **m-ta mostra-nhós**, je vais vous faire voir de quel bois je me chauffe, lit. "je vous montrerai".

Traduction. Leçon 18. Emmenez-nous à Fonte Lima !

1. Anne et Jean vont en voiture à Ribeira da Barca. C'est Jean qui conduit. Voilà trois enfants au bord de la route qui demandent à être emmenés en auto-stop.
2. Les enfants : s'il vous plaît (un passage), prenez-nous (donnez-nous un passage).
3. Anne : regarde Jean, prends [donc] ces enfants en stop.
4. Jean : où allez-vous ?
5. Les enfants : emmène-nous à Godim.
6. Jean : montez en vitesse (vite) !
7. Une jeune fille arrive.
8. La jeune fille : conduis-moi jusqu'à Nhagar.
9. Jean : monte devant, [allez] vite, allons-y.
10. Quatre (plus quatre) garçons s'approchent (viennent).
11. Les garçons : emmène-nous à Fonte Lima.
12. Jean : ah ! ça n'est pas possible (ça ne donne pas) ! Ne montez pas parce qu'il n'y a pas [assez de] place pour mettre tout le monde ! Cette voiture est déjà complètement remplie.
13. Un garçon : elle n'est pas encore tout à fait pleine.
14. Jean : je vous ai dit de ne pas monter ! C'est moi qui commande dans cette voiture. Restez où vous êtes (ici) ou je vais vraiment me fâcher (je vais vraiment vous montrer) !
15. Le garçon : ça va ! Ne t'énerve donc pas ! Nous ne montons pas (nous restons).

***

16. Anne : Jean, aujourd'hui, il y a un petit concert de guitare chez Sandra. Est-ce que nous y allons.
17. Jean : bien sûr que nous allons y aller.

***

18. Un enfant : arrête-[toi], s'il te plaît (garçon), que nous descendions !
19. Jean : [allez-y] descendez, faites attention de ne pas vous faire une entorse (vous tordre les pieds).
20. Les enfants : merci.
21. Jean : de rien (ceci n'est rien). Regarde Anne, (moi) je connais ces enfants. Ils vivent là-bas dans cette maison isolée-là (dehors de la main).
22. Anne : qu'est-ce qu'elle est loin !

Vocabulaire (suite)

Nhága, *npr*, Nhagar, village situé à la sortie d'Assomada sur la route qui relie cette ville à Tarrafal.
ntridja, *v*, se tordre (le pied).
pé, *subst*, pied.
pidi (i), *v*, demander.
Rubera da Bárka, *npr*, Ribeira da Barca, village de pêcheurs situé sur la côte Nord-ouest de l'île de Santiago.
stráda, *subst*, route.
subi (i), *v*, monter.
tokatina, *subst*, petit concert de musique,
xatia, *v*, se fâcher.
xeia, *v*, (se) remplir.

Commentaire grammatical

1. L'impératif

1.1. Généralités

L'impératif en capverdien se construit de façon extrêmement régulière à partir de la forme de l'actif-présent. Il n'existe pas de terminaison spécifique pour ce mode.

Exemple : **pára !**, *arrête(-toi) !*

À titre d'exemple, voici la flexion de **pára**, *arrêter/ s'arrêter* à l'impératif négatif et positif.

Personne	Impératif positif		Impératif négatif	
2 sing	**pára !**	*arrête !*	**ka-u pára !**	*n'arrête pas !*
1 plur	**nu pára !**	*arrêtons !*	**ka-nu pára !**	*n'arrêtons pas !*
2 plur	**nhós pára !**	*arrêtez !*	**ka-nhós pára !**	*n'arrêtez pas !*

Tous les verbes suivent ce modèle. Pour utiliser l'impératif créole correctement, il faut retenir deux choses :

- **1.** le pronom personnel sujet est obligatoire sauf à la 2ème personne de l'impératif positif.

- **2.** la négation est placée devant le pronom personnel sujet et le verbe à l'impératif négatif. On distingue ainsi **ka-nhós pára !**, *ne (vous) arrêtez pas !* de **nhós ka pára**, *vous ne vous êtes pas arrêtés.*

N.B. : la forme **ka-bu pára** est aussi entendue, à côté de **ka-u pára**.

1.2. Autres particularités de l'impératif en capverdien

1. Le verbe à l'impératif peut être suivi de pronoms personnels objets. Ces pronoms sont alors suffixés comme à l'actif-présent (leçons 7, 15).

Exemple : **lebá-nu ti Gudim !**, *emmène-nous à Godim !*

2. Lorsque l'impératif est suivi d'une proposition de but, celle-ci suit normalement directement l'ordre exprimé sans aucune conjonction de subordination.

Exemple : **pára-li nu dixi !**, *arrête-(toi)* [pour que] *nous descendions !*

3. L'adverbe **só** est fréquemment utilisé pour produire un impératif négatif renforcé.

Exemple : **ka-u xatia !**, *ne te fâche pas !* > **só ka-u xatia !**, *ne te fâche surtout/ donc pas !, surtout ne te fâche pas !*

2. Récapitulation sur l'ordre des compléments directs

On a déjà parlé de la place respective des compléments d'objet direct, indirect et de destination en capverdien (leçons 7, 15). Ces trois compléments suivent le verbe sans préposition en créole.

Exemple :

- complément d'objet indirect (COI) : **da kes mininu buleia !**, *prends ces enfants en auto-stop*, lit. "*donne à ces enfants un passage*" ;

- complément d'objet direct (COD) : **nhós toma kudádu**, *faites (prenez) attention !*

- complément de destination (CDE) : **Anne ku Djom sata bá Rubera da Bárka**, *Anne et Jean vont à Ribeira da Barca.*

Ces trois types de compléments sont appelés compléments directs en capverdien. Ils obéissent à plusieurs règles générales :

- **1.** Un complément direct (quel qu'il soit) est en général placé immédiatement après le verbe, de préférence à un complément prépositionnel.

Exemple : **Anne ku Djom sata bá Rubera da Bárka na káru**, *Anne et Jean vont en voiture à Ribeira da Barca.* Le complément direct de destination **Rubera da Bárka**, *Ribeira da Barca*, est placé en créole devant le complément prépositionnel de moyen **na káru**, *en voiture.*

- **2.** Lorsque plusieurs compléments directs dépendent d'un même verbe, ils se succèdent toujours dans l'ordre suivant : **COI - COD - CDE.**

Exemples :

- da kes mininu buleia !, lit. "*donne à ces enfants un passage*". **Kes mininu** (COI) est placé devant **buleia** (COD) ;

- **lebá-nu Funti Lima !**, *emmène-nous à Fonte Lima.* **Nu** (COD) est placé devant **Funti Lima** (CDE).

- **3.** Tout complément direct peut être remplacé par un pronom personnel complément.

Exemples :

- **da-m buleia !**, *prends-moi en auto-stop !*, lit. "*donne-moi un passage*". Ici le pronom **-m** a une fonction de COI.

- **nu ta ba-l sim**, *bien sûr que nous allons y aller.* Ici le pronom **-l** a une fonction de CDE. C'est comme si l'on disait en français "*nous l'irons*" au lieu de "*nous y irons*". En pratique seul le verbe **bai**, et son synonyme **parti**, *partir, aller*, peuvent être suivis d'un pronom personnel ayant une fonction de complément de destination.

3. Idiomatismes

3.1. Mise en emphase du sujet

Pour mettre en relief le sujet d'une action, le créole fait suivre le groupe sujet de **ki**.

Exemple : **Djom sata giâ**, *Jean conduit* > **Djom ki sata giâ**, *c'est Jean qui conduit.*

Si le sujet est un pronom personnel, on utilise presque toujours la forme tonique simple (leçon 5) pour la mise en emphase.

Exemple : **m-ta mánda n-es káru**, *je commande dans cette voiture* > **mi ki ta mánda n-es káru**, *c'est moi qui commande dans cette voiture.*

3.2. Polymorphisme de *di*

Nous avons déjà souvent rencontré la préposition capverdienne **di**, qui est souvent l'équivalent le plus proche de la préposition française *de.*

Exemple : **káru di Djom**, *la voiture de Jean.*

Placée entre deux noms ou deux groupes nominaux, la préposition **di** peut prendre deux autres formes en créole :

- la forme zéro (absence de préposition).

Exemple : **na bera-stráda**, *au bord de la route.*

- la forme **'l**.

Exemple : **fóra'l mó**, *hors de portée*, lit. "*(sur) le dehors de la main*".

Il est extrêmement difficile de délimiter exactement les cas où l'on emploie **di**, zéro ou **'l**. Retenez que :

- **1.** l'usage impose souvent le choix d'une variante. Il est plus idiomatique en créole de dire **na bera-stráda** ou **fóra'l mó** que d'employer **di** dans de tels contextes. Autre exemple, *cheville* se dit **odju'l pé**, lit. "*œil du pied*" en créole. Dans ce cas précis, on ne peut pas employer **di** ou zéro. La pratique quotidienne de la langue sera donc votre meilleur guide dans le choix des variantes de **di**.

- **2.** **'l** ne peut suivre que des mots terminés par une voyelle atone, comme **fóra** ou **odju**. On ne pourrait donc pas trouver **'l** après des mots comme **pé**, *pied* (terminé par une voyelle tonique) ou **mininas**, *jeunes filles* (terminé par une consonne).

- **3.** **di** est davantage employé par les créolophones les plus influencés par le portugais.

- **4.** en cas de doute, l'usage de **di** permet généralement d'être compris, même s'il n'est pas toujours correct.

Il faut à tout le moins connaître l'existence de ces différentes variantes et apprendre au fur et à mesure les expressions les plus courantes fixées par l'usage.

3.3. Le modal *ká*

Le verbe modal **ká**, *finir de*, est issu d'une contraction de **kába**, *finir*. Il indique que l'action du verbe principal a été totalement achevée, et se traduit souvent par un adverbe comme *complètement, tout à fait...*

Exemple : **káru dja ká xeia**, *cette voiture est déjà complètement remplie*.

Attention : ne confondez pas le modal **ká** (tonique, avec /a/ ouvert) avec **ka**, négation verbale (atone, avec /ɐ/ fermé).

Exemple : **inda ka ká intchi**, *elle n'est pas encore complètement remplie*.

Exercices

I. Mettez à l'impératif positif puis négatif les verbes capverdiens suivants, à la personne qui vous est indiquée. Traduisez les deux formes impératives en français

Exemple : **subi** (2PP)
> **nhós subi, ka-nhós subi**
> *montez, ne montez pas*

1. Bádja (1PP)
2. Bem (2PS)
3. Spéra (2PP)
4. Sai (2PS)
5. Trabádja (1PP)

N.B. : PS = personne du singulier/ PP = personne du pluriel.

II. Traduisez en capverdien les phrases suivantes

1. Dites-le-nous !
2. Ne les attendons pas !
3. Demain, je ferai des beignets. - Surtout n'(en) fais pas !
4. J'ai faim. Donne-moi des mangues afin que je mange !
5. Tu veux que j'aille chercher les enfants ? - Oui, amène-les-moi ici !
6. Arrêtez-vous pour laisser monter la jeune fille (afin que la jeune fille monte).

III. Identifiez les compléments directs dans les phrases capverdiennes suivantes, et dites de quel type il s'agit (COI, COD, CDE), puis traduisez ces phrases en français

Exemple : **ês mánda Djom kárta**

> **Djom** = COI (complément d'objet indirect), **kárta** = COD (complément d'objet direct).

> *ils ont envoyé une lettre à Jean.*

1. M-lebâ-l-el Práia.
2. Bu pista Sándra el.
3. Nu ta tarsê-s kása.
4. Pamódi nhós ka ba-l ?
5. E da nh'armum dós mángi.

IV. Traduisez en capverdien les phrases suivantes en faisant attention à la place des compléments directs

1. Nous ne l'avons pas dit à Pierre.
2. Vous leur avez envoyé (**mánda fla**) *(vos) salutations.*
3. Tu as donné deux cents escudos à mon ami.
4. Je les ai ramenés (emmenés à nouveau) à la campagne.
5. Je suis allée à Assomada et à Tarrafal, puis je suis revenue à Praia.

V. Traduisez en capverdien les phrases suivantes

1. Je n'en peux plus (j'ai fini de me fatiguer).
2. J'ai mal à la cheville (la cheville me fait mal).
3. C'est le père de Sandra qui a acheté cette voiture-ci.
4. Où sont-ils ? - Ils sont déjà (complètement) descendus de la voiture.
5. Ils sont allés jusqu'à ce village complètement isolé (hors de portée).
6. Est-ce que c'est toi (c'est toi) qui as dit que je ne savais (sais) pas conduire ?

Civilisation : l'auto-stop

L'auto-stop est un usage bien établi dans le Cap-Vert contemporain. Bien que le nombre de véhicules à moteur grimpe en flèche, la proportion des Capverdiens possédant une voiture particulière est encore réduite et beaucoup ont recours à l'auto-stop, surtout à la campagne.

En capverdien, auto-stop se dit **buleia** (du portugais *boleia*), mais le mot désigne plus exactement le <u>fait d'être transporté en auto-stop</u>, c'est-à-dire un *passage*. D'où les expressions **pidi buleia**, *faire de l'auto-stop*, lit. *"demander un passage"*, et **da buleia**, *prendre en auto-stop*, lit. "*donner un passage*".

Quand une voiture s'arrête pour prendre quelqu'un en auto-stop, il est très fréquent que plusieurs autres personnes se précipitent pour en profiter, ce qui donne lieu à des tractations plus ou moins longues et animées, selon le nombre d'auto-stoppeurs et l'humeur du conducteur. De plus, il y a des questions de préséance à respecter : on fait monter devant les personnes âgées et les femmes, et au besoin on en fait passer d'autres derrière pour leur laisser la place. Dans les pick-up (nombreux au Cap-Vert), les gens assis dans la benne crient ou sifflent lorsqu'ils veulent descendre, et chaque arrêt de la voiture est une nouvelle occasion de solliciter une **buleia** pour d'autres auto-stoppeurs.

LISOM DIZANÓVI : NHA DA-M BÉNSU !

1. Na zóna di pai di Sándra.
2. Anne : inda nu sta lonji ?
3. Sándra : dja-nu tchiga. Es kása ki nha pai mora n-el.
4. Pai di Sándra : nhós tchiga !
5. Sándra : da-m bénsu !
6. Pai : Diós librá-nu di bóka-pekador !
7. Tiâ di Sándra : Sándra, módi bu sta ?
8. Sándra : Anne, a-li nha tiâ, el é armum di nha pai.
9. Anne : nha da-m bénsu !
10. Tiâ : Diós kiriá-nu ku saúdi ! Ki óra ki nhós bem ?
11. Sándra : gósi-li ki nu tchiga.
12. Tiâ : nhós xinta m-sat'á fasi kafé.
13. Sándra : papai, m-kré bá fla tiu Bisenti mantenha.
14. Pai : m-ka sabi s-e sta li. Parsê-m m-e bá Práia.
15. Sándra : oxi k-e bai ?
16. Tiâ : kré na ónti k-e sai. Debi ser e diskesi si bu ta bemba...
17. Pai : *alors Anne, le Cap-Vert te plaît ?*
18. Anne : a-nhó nhu ta papia nha lingua ! Sándra, bu pai sabi fransés !
19. Sándra : aiam ! Na antigamenti, el ku si armum, ês studa p-ês ser pádri. Ês bá liseu, ês prendi lingua ku tcheu kusa. Má dispós ês ránxa ku mininas, ês bem kása. Dja, nunhum ka ser pádri !

Vocabulaire

a-nhó, *ppti*, vous, Monsieur (cf. grammaire).
antigamenti, *adv*, autrefois, dans le temps.
bénsu, *subst*, bénédiction.
Bisenti, *npr*, Vincent.
bóka, *subst*, bouche, (*ici*) discours, bavardage.
debi ser, *loc*, probablement.
dizanóvi, *num*, dix-neuf.
dja, *conj*, du coup, et donc, de ce fait.
kafé, *subst*, café.
kiria, *v*, grandir, (*ici*) faire grandir.
libra, *v*, protéger, délivrer.
liseu, *subst*, lycée.
nha, *ppsuj*, vous, Madame (cf. grammaire).
nhu, *ppsuj*, vous, Monsieur (cf. grammaire).
nunhum, *indéf*, aucun.
pádri, *subst*, prêtre.
papai, *subst*, papa.
pekador, *subst*, pécheur, (*ici*) être humain, personne.

Traduction. Leçon 19 : donnez-moi votre bénédiction !

1. Dans le village du père de Sandra.
2. Anne : [est-ce que] nous sommes encore loin ?
3. Sandra : nous sommes arrivés. C'est dans cette maison que vit mon père (cette maison que mon père vit dans elle).
4. Le père de Sandra : bienvenue (arrivez) !
5. Sandra : donne-moi (ta) bénédiction !
6. Le père : que Dieu te (nous) délivre des médisances (de la bouche des êtres humains) !
7. La tante de Sandra : Sandra, comment vas-tu ?
8. Sandra : Anne, voici ma tante, c'est (elle est) la sœur de mon père.
9. Anne : donnez-moi votre bénédiction !
10. La tante : que Dieu vous (nous) fasse grandir [et vous donne] (avec) la santé. À quelle heure êtes-vous arrivés (venus).
11. Sandra : nous venons d'arriver (c'est à l'instant que nous sommes arrivés).
12. La tante : asseyez-vous [le temps] que j'aille faire du café.
13. Sandra : papa, je veux aller dire bonjour à l'oncle Vincent.
14. Le père : je ne sais pas s'il est ici. Il me semble qu'il est allé à Praia.
15. Sandra : c'est aujourd'hui qu'il [y] est parti ?
16. La tante : je crois que c'est (dans) hier qu'il est parti [sorti]. Il a probablement (ce doit être) oublié que (si) tu venais...
17. Le père : *alors Anne, le Cap-Vert te plaît ?*
18. Anne : vous (vous) parlez ma langue ! Sandra, ton père sait le français !
19. Sandra : [mais] oui! (Dans) Autrefois, son frère et lui (ils) ont fait des études (étudié) pour être prêtres. Ils sont allés au lycée, ils ont appris des langues et beaucoup [d'autres] choses. Mais ensuite ils se sont mis à fréquenter des jeunes filles, (puis) ils ont fini par (en sont venus à) se marier. Et donc, aucun (des deux) n'a été prêtre.

Vocabulaire (suite)

ránxa, *v*, trouver, **ránxa ku**, sortir avec, fréquenter (qqun).

sat'á, contraction de **sata** + **bá/ bai**.

s-e, contraction de **si** + **e**.

tiâ, *subst*, tante.

xinta, *v*, s'asseoir.

Commentaire grammatical

1. Les marques de vouvoiement

1.1. Morphologie des pronoms personnels de vouvoiement

Le créole connaît deux pronoms personnels de vouvoiement singulier, soit à la forme tonique simple :

- **nhó**, *vous* (Monsieur, masculin).
- **nha**, *vous* (Madame, féminin).

Comme les autres pronoms personnels, les pronoms de vouvoiement changent de forme en fonction de leur place et de leur fonction dans l'énoncé.

Forme	Masculin	Féminin	Traduction
Tonique initiale	**a-nhó**	**a-nha**	*vous*
Tonique simple	pa **nhó**	pa **nha**	*pour vous*
Sujet	**nhu** bádja	**nha** bádja	*vous avez dansé*
Sujet enclitique	pa-**nhu** bádja	pa-**nha** bádja	*(pour) que je danse*
Compl. 1er ordre	m-ntendi-**nhó**	m-ntendi-**nha**	*je vous ai compris(e)*
Compl. 2nd ordre	m-fla-**nhó**-el	m-fla-**nha**-el	*je vous l'ai dit*

Retenons encore que :

- **1.** Ces pronoms peuvent aussi être sujets d'un verbe à l'impératif.

Exemple : **nha da-m bénsu**, *donnez-moi votre bénédiction (Madame) !*

- **2.** Au possessif, seule la forme tonique est employée.

Exemples :

- **káru di nhó**, *votre voiture (Monsieur).*
- **káru di nha**, *votre voiture (Madame).*

- **3.** Au pluriel le créole ne distingue pas le vouvoiement du tutoiement.

Exemple : **ki óra ki nhós bem ?**, *à quelle heure êtes-vous arrivés ?* Hors contexte, **nhós** renvoie aussi bien à plusieurs personnes qu'on tutoie qu'à plusieurs personnes qu'on vouvoie.

N.B. : dans les Îles Sous le Vent, les pronoms personnels de vouvoiement **nhu** et **nha** sont respectivement dérivés des mots portugais *senhor* et *senhora* = *Monsieur* et *Madame*. Dans les Îles au Vent (Nord de l'Archipel), on emploie des pronoms dérivés du portugais *você*, "*vous*" : **bosê, osê**. Dans les créoles du Nord, le pronom de vouvoiement ne change pas en fonction du sexe. Il connaît en revanche des formes plurielles : **bosês, osês**.

1.2. Emploi social du vouvoiement

Bien que le vouvoiement en capverdien soit une marque de respect, à l'instar du vouvoiement en français, on ne vouvoie pas exactement de la même façon dans les deux langues. En créole, on vouvoie deux grands types d'interlocuteurs :

- **1.** les gens plus âgés. Normalement, un individu doit vouvoyer toute personne appartenant à la génération de ses parents ou aux générations antérieures. Autrefois, les Créoles vouvoyaient aussi leurs parents, mais cette coutume est désormais presque disparue. En revanche, surtout à la campagne, il est encore assez courant de vouvoyer ses grands-parents.

- **2.** les gens d'un rang social élevé. Le vouvoiement est de rigueur pour s'adresser à des religieux (prêtres ou nonnes). On y a aussi recours pour parler à un homme politique, au patron d'une entreprise, etc.

Par contre, un vendeur ou un garçon de café ne vouvoieront pas leur client si celui-ci a le même âge ou est plus jeune qu'eux (leçon 2).

2. L'emphase (suite)

Les compléments adverbiaux, prépositionnels ou directs peuvent aussi être mis en emphase. Ils sont alors placés devant le sujet et suivis de la particule **ki**.

Exemple :

- **nu tchiga gósi-li**, *nous sommes arrivés à l'instant.*

> **gósi-li ki nu tchiga**, *ça fait un instant que nous sommes arrivés.*

Les compléments d'objet direct peuvent aussi être mis en emphase de la même façon.

Exemple :

- **m-odja si káru**, *j'ai vu sa voiture.*

> **si káru ki-m odja**, *c'est sa voiture que j'ai vue.*

Lorsqu'un complément introduit par une préposition est mis en emphase, il peut précéder le verbe sans préposition et être repris après le verbe par la préposition suivie d'un pronom personnel (dit de rappel).

Exemple :

- **nha pai mora n-es kása**, *mon père vit dans cette maison.*

> **es kása ki nha pai mora n-el**, *c'est dans cette maison que vit mon père*, lit. "*cette maison que mon père vit dans elle*".

N.B. : le pronom de rappel a toujours la forme **el**, quelle que soit la personne de l'antécédent : **bo ki-m gosta d-el**, *c'est toi que j'aime*, lit. "*toi que je l'aime*".

On peut aussi faire passer devant le **ki** le complément avec sa préposition.

Exemples :

- **n-es kása ki nha pai mora**, *c'est dans cette maison que mon père vit.*

- **na ónti k-e sai**, *c'est hier qu'il est parti.* Ici, **na ónti** est un "faux" complément prépositionnel, car **ónti** est un adverbe de temps (cf. ci-dessous). Si **ónti** est mis en emphase, il ne pourra pas être repris par un pronom de rappel.

3. Idiomatismes

3.1. Complétives négatives

Les complétives déclaratives (suivant des verbes comme *dire, accepter, déclarer, penser...*) sont toujours introduites par la conjonction **ma** en créole si le verbe de la principale est à la forme affirmative.

Si le verbe de la principale est à la forme négative, on a souvent recours à la conjonction **si** :

- **m-sabi m-e** [**ma** + **e**] **sta li**, *je sais qu'il est ici.*

> **m-ka sabi s-e** [**si** + **e**] **sta li**, *je ne sais pas s'il est ici.*

Si sert aussi à introduire les complétives dépendant de verbes exprimant une idée de doute (*oublier, douter...*).

Exemple : **e diskesi si bu ta bemba**, *il a oublié que tu venais.*

N.B. : dans cette phrase, l'aspect progressif **sata** serait aussi correct pour le verbe **bem**.

3.2. Accompli de *ser*

Le verbe **ser** possède un accompli, qui est normalement formé avec le radical **ser**.

Exemple : **nunhum ka ser pádri**, *aucun (des deux) n'a été prêtre.*

Cette forme est la plus correcte et il est recommandé de l'employer. Cependant, **ser** est très concurrencé à l'accompli par la forme ***foi***, empruntée au portugais.

3.3. Tournure *na* + adverbe de temps

Beaucoup d'adverbes de temps peuvent être précédés en créole de la préposition **na**, *dans, en* :

- **na ónti k-e sai**, *c'est hier qu'il est parti.*

- **na antigamenti ês studa**, *autrefois, ils ont fait des études.*

Cet emploi temporel de **na**, qui a un sens généralement spatial (lieu où l'on est), est comparable à l'emploi des prépositions françaises *dans* ou *en*, dans des expressions temporelles comme *dans le temps, en ce temps-là*. Mais la combinaison de **na** avec des adverbes de temps est souvent possible en capverdien alors qu'elle ne l'est pas en français. Cette combinaison est toujours facultative en créole, la présence du **na** produisant un léger effet d'emphase.

N.B. : **na** peut aussi précéder la conjonction temporelle **kántu ki** (mais pas **óki**).

Exercices

I. Employez le pronom de vouvoiement (masculin ou féminin) qui convient dans les phrases suivantes, puis traduisez-les en français

1. **Módi** (masc) **tchoma ?**
2. **Kása** (masc) **más grándi ki di sel.**
3. **M-kré tilifonába**-(fém)**, má témpu ka da-m.**
4. (masc) (masc) **tchomâ-l, a-el e ka obi-**(masc).
5. **Dj-ês bá buska fidjus** (fém) **má ind'ês ka tarsi-**(fém)**-ês.**

II. Traduisez en capverdien les phrases suivantes

1. *Je vous ai (déjà) dit de m'attendre (Monsieur).*
2. *Est-ce que vous (vous) voulez manger avec moi (Madame) ?*
3. *Asseyez-vous (Monsieur) que j'aille appeler votre frère.*
4. *Ma voiture est vieille, mais la vôtre est neuve (Madame).*
5. *Il vous l'avait envoyée, mais vous ne l'avez pas reçue (Madame).*

III. Mettez en emphase les groupes soulignés dans les phrases suivantes, puis traduisez-les en français.

Exemple : **nhós fla <u>Sándra</u> el.**
> **<u>Sándra</u> ki nhós fla-l**
> *c'est à Sandra que vous l'avez dit*

1. **M-ka odja <u>es káru</u>.**
2. **Nu papia <u>ku kes ómi</u>** (2 possibilités).
3. **Bu tilifona <u>pa bu pai</u>** (2 possibilités) **?**
4. **Ês ta kumeba <u>só banána ku papáia</u>.**

IV. Dans les phrases suivantes, mettez le verbe souligné à la forme négative, puis traduisez les phrases obtenues en français

Exemple : **e flá-nu ma si armum ka kré bá undê-l**
> e ka flá-nu si si armum ka kré bá undê-l
> *il ne nous a pas dit que son frère ne voulait pas lui rendre visite*

1. Nu fláda ma-u bába Fránsa.
2. Ês sabeba ma-nhu kebrába mó.
3. Pedru fla-m ma Sándra ta bem oxi.
4. Bu lembra ma bu tiu flába-bo pa-u tilifonába-el.

V. Traduisez en capverdien les phrases suivantes en faisant précéder l'élément temporel de la préposition *na*

1. Hier, il m'a dit que tu ne l'aimais (aimes) pas.
2. Quand vous étiez enfant (Monsieur), les choses (**kusas**) *étaient différentes* (**diferenti**).
3. Autrefois, on dansait davantage le batouque.

VI. Traduisez en capverdien les phrases suivantes

1. C'est cette fille que tu aimes (2 possibilités) ?
2. Il n'a jamais été mon professeur.
3. C'est dans (avec) cette voiture-là que je suis venu (2 possibilités).
4. J'ai oublié que Jean ne pouvait (peut) pas venir aujourd'hui.
5. Ils ne savaient pas que mon oncle avait acheté une maison neuve.
6. Quand tu iras au Sénégal, envoie-moi une carte pour (employez **pa**) *que je sache que tu es bien (correctement) arrivé.*

Civilisation : la bénédiction

La bénédiction est un autre incontournable des traditions capverdiennes. Lorsque deux personnes appartenant à des générations différentes se rencontrent, la politesse créole veut que la personne la plus jeune demande sa bénédiction (**bénsu** ou **bensom**) à la personne la plus âgée. On demande une bénédiction avec la main tendue et la paume tournée vers le haut. La personne qui bénit prend la main tendue et en place la paume contre le front du plus jeune, en prononçant une formule de bénédiction.

Il existe de très nombreuses formules toutes faites. Celles des phrases 6 et 10 en sont des exemples typiques. La bénédiction peut aussi être donnée à distance, auquel cas c'est la personne qui demande la bénédiction qui porte elle-même sa main à son front, tandis que le bénisseur étend le bras dans sa direction en la bénissant.

La coutume de la bénédiction semble avoir été répandue autrefois dans tout l'Archipel. De nos jours, elle n'est en vigueur que dans les zones rurales des quatre Îles Sous le Vent (Brava, Fogo, Santiago, Maio). On lui attribue selon les auteurs une origine africaine ou européenne. Dans les familles les plus conservatrices, les enfants demandent une bénédiction à leurs parents lorsqu'ils s'absentent de la maison. Chez les catholiques (90 % de la population), le filleul demande normalement une bénédiction à ses parrain et marraine chaque fois qu'il les rencontre. En créole, ceci se dit **toma padrinhu/ madrinha bénsu**, *prendre la bénédiction au parrain/ à la marraine.*

Bien que cette tradition soit encore très vivante au Cap-Vert, elle est en net recul chez les plus jeunes et dans les milieux urbains, où elle est progressivement substituée par les poignées de main et autres salutations internationales.

LISOM VINTI : NU AL TORNA ODJA UM DIÂ

1. Anne : Djom, napundi k-u stába ónti ? M-bá bu kása, m-ka atchâ-u.

2. Djom : nha primu mbárka oxi, e bá Mérka. E fasi dispidida na kása di si mai ku si pai la Somáda. M-bá la na ónti, oxi sédu m-bem ku el Práia, m-kumpanhâ-l ti oroportu. A-el dj-e bá si kaminhu, a-nós nu sta li só ku sodádi, má ku Diós, nu al torna odja um diâ.

***

3. Zinhu : Djom, bu odja kel minina-la ?

4. Djom : aiam, minina bunita !

5. Zinhu : a-mi m-gosta más di kel bránka-la.

6. Djom : mós, a-el é feia dimâs ! A-mi más é di mudjer prétu ki-m gosta.

7. Sándra : a-bo bu gosta más di préta ? Sima Anne é burmedju, pamódi bu ka dexâ-l sabi kel-li ?

8. Djom : Anne é stranjeru, dj'é otu kusa.

9. Sándra : a-bo bu tem ki ruspeta tudu mudjer. Si bu mai éra bránku, bu ka ta gostába d-el ?

10. Djom : a-gó kel-li ka omésmu kusa !

11. Sándra : xa-m fla-u um kusa, nhu bazófu. A-mi pa-m pari um fidju mátchu buru móda bo, dexâ-m pari dés fidju fémia.

12. Djom : dés fidju fémia ! Bu pai di fidju ka ta aguenta, e ta fuxi.

13. Sándra : é p-e toma kudádu. Báka pari, boi ka parsi, báka rastora, boi na tchom !

Vocabulaire

aguenta, *v*, supporter.
al, *pa*, marque du potentiel (cf. grammaire).
báka, *subst*, vache.
bazófu, *adj*, fanfaron, fier.
boi, *subst*, taureau.
bránka, *adj*, blanche, féminin de **bránku** (cf. grammaire).
bránku, *adj*, blanc.
bunita, *adj*, jolie, belle, féminin de **bunitu** (cf. grammaire).
burmedju, *adj*, rouge.
buru, *adj/ subst*, âne, idiot.
dimâs, *adv*, trop, (*ici*) très.
dispidida, *subst*, adieu, fête d'adieu.
dj-e, contraction de **dja** + **e**.
dj'é, contraction de **dja** + **é**.
feia, *adj*, laide, féminin de **feiu** (cf. grammaire).
feiu, *adj*, laid.
fuxi, *v*, fuir, s'enfuir.
kumpánha, *v*, accompagner.
mbárka, *v*, émigrer, aller vivre à l'étranger.
omésmu, *indéf*, même.
pa...dexa, *loc*, plutôt...que (cf. grammaire).
pari, *v*, accoucher (de).
préta, *adj*, noire, féminin de **prétu** (cf. grammaire).
prétu, *adj*, noir.
primu, *subst*, cousin.

Traduction. Leçon 20 : nous nous reverrons bien un jour

1. Anne : Jean, où étais-tu hier ? Je suis allé chez toi (à ta maison) [mais] je ne t'ai pas trouvé.
2. Jean : mon cousin est parti (a émigré) aujourd'hui, (il est allé en) pour l'Amérique. Il a fait une fête d'adieux chez ses parents. Hier, je suis allé là-bas, ce matin (aujourd'hui tôt) je suis revenu avec lui à Praia, et je l'ai accompagné jusqu'à l'aéroport. (Lui), le voilà parti vers d'autres cieux (sur son chemin), et nous [ses proches] nous restons ici, pleins de tristesse (seulement avec de la nostalgie), mais, si Dieu le veut (avec Dieu), nous nous reverrons bien un jour.

***

3. Joseph : Jean, tu as vu cette fille là-bas ?
4. Jean : oui ! (c'est vraiment) une jolie fille !
5. Joseph : moi je préfère cette autre qui a la peau plus pâle.
6. Jean : mon vieux (garçon), [je trouve pourtant qu'] elle est vraiment (trop) laide celle-là ! Moi, je préfère les femmes (plus) sombres (moi plus c'est des femmes noires que je raffole).
7. Sandra : [alors] toi tu préfères les [filles] sombres ? Et Anne avec sa peau rose (rouge), pourquoi ne l'as-tu pas informée de tes goûts (pourquoi tu ne l'as pas laissée savoir cela) ?
8. Jean : Anne est (une) étrangère, ce n'est pas pareil (c'est déjà une autre chose).
9. Sandra : (dis donc) toi tu devrais (dois) respecter toutes les femmes. Si ta mère était blanche, tu ne l'aimerais pas ?
10. Jean : ah mais ça (ceci) n'est pas la même chose.
11. Sandra : laisse-moi te dire une bonne chose, monsieur le fanfaron. Moi, plutôt que d'avoir (accoucher d') un [seul] fils [aussi] bête (âne) que toi, je préfère(rais) avoir dix filles.
12. Jean : dix filles ! Le père de tes enfants ne tiendra pas le coup, il s'enfuira.
13. Sandra : il a intérêt à faire (il faut qu'il prenne) attention. Quand la vache a accouché, le taureau n'est pas venu, [mais] quand elle a repris des forces, elle lui a flanqué une raclée (le taureau par terre) !

Vocabulaire (suite)

rastora, *v*, se remettre, reprendre des forces.
ruspeta, *v*, respecter.
sédu, *adv*, tôt.
sodádi, *subst*, nostalgie, regret.
tchom, *subst*, sol, **na tchom**, par terre.
xa, *fv*, forme abrégée de **dexa**, laisser, employée principalement à l'impératif en combinaison avec les pronoms objets **–m** (**xa-m**) et **–nu** (**xá-nu**).

Commentaire grammatical

1. Le verbe : le potentiel

La particule **al** est la marque du potentiel, cinquième (et dernier) aspect du capverdien moderne. Le potentiel est rarement employé en créole contemporain, mais il fait néanmoins encore partie de la langue quotidienne (tout le monde le connaît). Placé entre le sujet et le verbe, il signifie que l'action verbale est susceptible d'avoir lieu. On peut souvent le traduire en français par les adverbes *probablement, bien*, ou par le verbe modal *devoir*, ou encore par l'expression *il se peut que* (en fonction du degré de probabilité autorisé par le contexte).

Exemples :

- **nu AL torna odja um diâ**, *nous nous verrons bien un jour.*
- **Djom AL tem káru**, *Jean doit avoir une voiture, il se peut que Jean ait une voiture.*

2. La question du genre en créole

La question du genre est un point particulièrement épineux du capverdien moderne, assez comparable aux problèmes posés par le pluriel (leçon 13) et où le principe d'économie de la langue créole joue un rôle important.

D'une façon générale, la notion de genre n'est pertinente en créole que lorsqu'il s'agit d'êtres sexués (êtres humains ou animaux) et à propos de noms communs ou d'adjectifs qualificatifs. Il y a alors trois façons principales de distinguer les deux genres :

- **1.** il existe deux mots distincts pour les deux sexes. Ceci ne se produit que pour quelques noms communs d'usage très courant.

Exemples :

- **ómi**, *homme* ≠ **mudjer**, *femme.*
- **pai**, *père* ≠ **mai**, *mère.*
- **boi**, *taureau* ≠ **báka**, *vache.*

- **2.** on distingue les deux sexes au moyen des mots **mátchu**, *mâle*, et **fémia**, *femelle.* C'est ainsi que l'on procède pour la plupart des noms d'animaux (sauf ceux relevant du cas **1.**), ainsi que pour certains noms de parenté.

Exemples :

- **fidju mátchu,** *fils* ≠ **fidju fémia,** *fille.*
- **katchor mátchu**, *chien (mâle)* ≠ **katchor fémia**, *chienne.*

N.B. : les mots **fidju, katchor**, pris isolément, signifient uniquement *enfant (fils ou fille de quelqu'un), chien (mâle ou femelle).*

- **3.** il existe une désinence féminine spécifique, comportant toujours la lettre **-a**.

Exemples :

- **tiu**, *oncle* ≠ **tiâ**, *tante.*
- **bendidor**, *vendeur* ≠ **bendidera**, *vendeuse* (leçon 2).
- **pursor**, *professeur, instituteur* ≠ **pursóra**, *enseignante, institutrice.*
- **bránku**, *blanc* ≠ **bránka**, *blanche.*

Ces désinences féminines sont d'emploi beaucoup plus restreint en créole que dans les langues romanes (portugais, français) :

- pour les noms communs, seuls certains noms de métiers ou de parenté connaissent une désinence féminine.
- pour les adjectifs qualificatifs, les limitations sont encore plus grandes :

- **3.1.** ce sont principalement les adjectifs terminés par **-u** au masculin (comme **bránku**, *blanc* ou **prétu**, *noir*) qui peuvent avoir une forme féminine, et seulement quand ils se rapportent à un être humain (ou à certains animaux domestiques).

- **3.2.** la forme féminine n'est normalement employée que si l'adjectif est substantivé (employé à la place d'un nom commun).

Exemples :

- **bu gosta más di préta**, *tu préfères les [filles] sombres (la sombre).*
- **di mudjer prétu ki-m gosta**, *ce sont les femmes sombres que je préfère.* Ici, on a employé **prétu** (forme masculine), car le mot **mudjer**, *femme*, suffit à indiquer le genre féminin (principe d'économie).

- **3.3.** quelques adjectifs directement liés à l'attrait sexuel des individus s'accordent systématiquement en genre même lorsqu'ils qualifient (en tant qu'épithètes ou attributs) un être animé de sexe féminin. Ce sont essentiellement **bunitu**, *beau*, et **feiu**, *laid.*

Exemple :

- **rapás bunitu**, *un beau garçon* ≠ **minina bunita**, *une jolie fille.*

Les règles énoncées ci-dessus peuvent être suivies avec profit pour l'apprentissage de la langue capverdienne. Cependant, dans la pratique et surtout en créole urbain, il existe de très nombreuses interférences avec le portugais, qui viennent compliquer le système traditionnel créole.

N.B. : il existe aussi des formes féminines pour les adjectifs terminés en -**dor** au masculin, que nous n'étudierons pas dans le cadre de cet ouvrage. La forme féminine est généralement -**dera**.

3. Idiomatismes

3.1. Juxtaposition et coordination

Le créole dispose de quelques conjonctions servant à coordonner des propositions indépendantes, comme **i**, *et*, ou **má**, *mais*. Cependant, elles sont bien moins utilisées qu'en français ou en portugais. Dans la conversation courante, la langue capverdienne préfère souvent juxtaposer les phrases, l'élément de liaison étant déduit du contexte (principe d'économie).

Exemples :

- **m-bá bu kása, m-ka atchâ-u**, *je suis allé chez toi (mais) je ne t'ai pas trouvé.*
- **m-bem ku el Práia, m-kumpanhâ-l ti oroportu**, *je suis revenu avec lui à Praia (et) je l'ai accompagné jusqu'à l'aéroport.*

Si vous employez **i** et **má**, vous ne ferez pas de faute grave. Mais habituez-vous à juxtaposer : votre créole gagnera en élégance et en fluidité.

3.2. Compléments pseudo-directs introduits par *ku*

Avec les verbes de mouvement, essentiellement **bai** et **bem**, les compléments d'accompagnement (CA) introduits par **ku**, *avec*, sont souvent placés devant le complément de destination.

Exemple : **m-bem ku el Práia**, *je suis revenu à Praia avec lui.* **Ku el**, complément prépositionnel d'accompagnement, est placé devant **Práia**, complément direct de destination.

Ceci contrevient aux règles générales énoncées à propos de la place des compléments directs en créole (leçon 18). Le CA se comporte ici comme un complément d'objet direct : on l'appellera complément pseudo-direct.

3.3. Expression *pa... dexa*

L'expression créole discontinue **pa...dexa** permet d'exprimer une préférence entre deux options. En français, on peut la traduire par *plutôt...que, préférer... plutôt que de,* ou encore *valoir mieux... que* (phrases impersonnelles).

Exemples :

- **pa-m pari um fidju mátchu** (...), **dexâ-m pari dés fidju fémia,** *je préfère accoucher de dix filles plutôt que d'accoucher d'un seul garçon.*

- **pa ser náda dexa ku kel-li,** *ça vaut mieux que rien,* lit. "*plutôt que ce soit rien, laisse-(moi) avec ceci*".

Attention : dans ce type de phrase, le français commence le plus souvent par mentionner l'option préférée par celui qui parle : *plutôt accoucher de dix filles* (option préférée) *qu'accoucher d'un seul garçon* (option refusée)... Le capverdien fait l'inverse. Ainsi, si nous considérons l'exemple de la phrase 11 :

- **pa** introduit d'abord l'option refusée : **pari um fidju mátchu.**
- **dexa** introduit ensuite l'option préférée : **pari dés fidju fémia.**

Exercices

I. Traduisez en capverdien les phrases suivantes en utilisant le potentiel

1. *Un jour, si Dieu le veut, je visiterai (connaîtrai) l'Europe et l'Amérique.*
2. *Il reviendra bien, mais je ne sais pas si je serai encore ici quand il arrivera.*
3. *J'ai faim et je n'ai pas d'argent sur moi. - Va chez (trouver) Jean : il se peut qu'il ait des bananes.*
4. *Quand tu seras triste (avec de la nostalgie), tu m'enverras sûrement une lettre, (mais) moi je ne te répondrai pas.*

II. Mettez au féminin les groupes soulignés dans les énoncés suivants et faites les accords si nécessaire, puis traduisez en français les phrases ainsi obtenues

1. **Kel ómi é feiu**
2. **E tem trés boi**
3. **Nha pai ka gosta di mi**
4. **E tem só armum mátchu.**
5. **A-mi nunka m-ka ta kása ku ómi bránku.**
6. **A-bo bu gosta di kel rapás ? - A-mi m-gosta más di kel prétu-la.**

III. Traduisez en capverdien les phrases suivantes

1. Elle a accouché d'une fille ce matin.
2. Sandra a sept enfants : quatre garçons et trois filles.
3. Les chiennes aboient (**ládra**) *plus que les chiens (que les mâles).*
4. Ces vaches blanches sont très laides, moi je préfère cette autre noire là-bas.
5. Cette institutrice est jolie, mais je préfère (j'aime plus) cette jeune fille étrangère.

IV. Remettez dans l'ordre les phrases suivantes, puis traduisez-les

1. ka/ ku/ a-nhós/ Fránsa/ ês/ bá/ nhós
2. di/ feia/ a-mi/ ka/ m-/ minina/ gosta
3. kaminhu/ ka/ náda/ bu/ -m/ bu/ fla/ bu/ bai
4. -só/ -m/ el/ pa/ mi/ bibi/ dexâ /fika/ -m/ ku (2 possibilités)
5. bádju/ -l/ fidju/ tem/ ka/ sála *(salle)* **di/ -bu/ um/ na/ si/ dexâ/ fémia/ bu**

V. Traduisez en capverdien les phrases suivantes

1. J'ai salué Pierre mais il ne m'a pas répondu.
2. Je préfère avoir (passer) faim que manger de l'igname.
3. Mieux vaut aller en Amérique que de rester ici sans travail.
4. Je suis allé avec Anne au Sénégal, elle est restée là et moi je suis revenu à Praia.
5. Si tu ne buvais pas de rhum, tu aurais plus d'argent et tu (t')achèterais une maison.

Civilisation : beauté et métissage

Le Cap-Vert est un pays à la fois africain et latin : les conversations y sont donc souvent animées, en particulier lorsqu'elles concernent les relations entre hommes et femmes. Le créole regorge d'expressions imagées et pittoresques pour dépeindre ces rapports. Ainsi, l'histoire de la vache (phrase 13) est une phrase toute faite qui explique que lorsqu'un homme ne reconnaît pas l'enfant qu'il a fait à une femme, il peut s'attendre à ce que celle-ci se venge de lui un jour.

Comme la quasi-totalité des Capverdiens sont métis, la couleur de la peau est un des grands critères de classification des beautés de l'autre sexe. Lorsque des Capverdiens disent de l'un d'entre eux qu'il est **bránku**, *blanc* (ou **bránka**), cela veut dire qu'il est *brun clair* ou *café au lait*. À l'inverse, **prétu**, *noir*, signifie dans ce contexte *brun foncé* ou *chocolat*.

Les Blancs au sens européen du terme ne sont guère plus de quelques centaines au Cap-Vert, et il s'agit pour la plupart d'étrangers venus d'Europe ou d'Amérique. On les appelle familièrement **koperánti,** *coopérants*, parce que beaucoup travaillent dans des projets de coopération et de développement.

Il existe aussi une importante population originaire du Continent africain au Cap-Vert (peut-être vingt-mille personnes, soit 5% de la population environ), concentrée essentiellement dans les grandes villes (Praia et Mindélo).

LISOM VINTI-UM : FÓRSA DI KRÉ-TCHEU...

Pour finir en musique et en chanson, voici tout d'abord une *morne*, d'Eugénio Tavares, le plus célèbre auteur de langue capverdienne. Originaire de l'île de Brava, il composa en créole de nombreux poèmes et chansons, dont beaucoup sont encore connus de nos jours. La chanson du **kré-tcheu** est une de ses œuvres les plus fameuses. Eugénio Tavares a écrit l'ensemble de son œuvre dans sa langue maternelle, le créole de Brava. Il s'agit d'une variante extrêmement proche du créole de Santiago que vous avez appris dans cette méthode et vous ne devriez pas éprouver de difficulté majeure à percevoir le sens de cette chanson. Pour plus de commodité, je me suis permis d'adapter la graphie originale aux conventions de la méthode (la graphie originale est donnée ci-après).

Couplet 1

Ka tem náda n-es bida
Más grándi ki amor
Si Deus ka tem midida
Amor ind'é *maior*
Amor ind'é *maior*
***Maior* ki már ki seu**
Más entri otus kré-tcheu
Di meu ind'é maior.

Couplet 2

O fórsa di kré-tcheu
Abrí-m nha ása *em* flor !
Dixâ-m alkansâ seu
Pa-m bá odja Nós Sinhor
Pa-m bá pidí-l simenti
Di amor kuma es di meu
Pa-m bem da tudu genti
Pa tudu konxê seu.

Refrain

Kré-tcheu más sábi
É kel k'é di meu
El é k'é tchábi
Ki abrí-m nha seu
Kré-tcheu más sábi
É kel ki kre-m...
Si dja-m perdê-l
Mórti dja bem...

Vocabulaire

abrí, *v*, ouvrir (Brava), Santiagais **abri** (**i**).
alkansâ, *v*, atteindre (Brava), Santiagais **alkánsa**.
amor, *subst*, amour.
ása, *subst*, aile.
Deus, *subst*, Dieu, variante de **Diós**.
dixâ, *v*, laisser (Brava), Santiagais **dexa**.
em, *prép*, en, lusitanisme (cf. grammaire).
entri, *prép*, entre.

Traduction. Leçon 21 : la force de [mon] amour

Couplet 1

Il n'y a rien dans cette vie
Qui soit plus grand que l'amour
Il se peut que (si) Dieu n'ait pas de limites (mesure)
Mais l'amour est encore plus grand
L'amour est encore plus grand
Plus grand que la mer, [ou] que le ciel
Mais parmi tant d'êtres aimés
Mon amour est le plus grand.

Couplet 2

Ô force de [mon] amour
Ouvre mes ailes en fleur
Afin que (laisse-moi) j'atteigne le ciel
Et que j'aille voir Notre Seigneur
Je lui demanderai [qu'il me donne] des graines
D'un amour pareil au mien
J'en donnerai à tout le monde
Afin que tous connaissent [aussi] le ciel.

Refrain

Le plus bel amour
C'est le mien (celui qui est mien)
C'est lui la clé
Qui m'a ouvert le (mon) ciel...

Le plus bel amour
C'est celle qui m'aime
Si je le perdais (si je l'ai perdu)
J'en mourrais (la mort est venue).

Vocabulaire (suite)

flor, *subst*, fleur.
fórsa, *subst*, force.
genti, *subst*, gens, variante de **gentis**.
ind'é, contraction de **inda** + **é**.
konxê, *vf*, connaître (Brava), Santiagais **konxi**.
kré-tcheu, *subst*, chéri, amour, être aimé.
kuma, *conj*, comme (Brava), Santiagais **sima**.
maior, *adj*, plus grand, lusitanisme (cf. grammaire).
már, *subst*, mer.
midida, *subst*, mesure, (*ici*) limite.
mórti, *subst*, mort.
seu, *subst*, ciel.
simenti, *subst*, graine, semence.
Sinhor, *subst*, Seigneur (sens religieux), **Nós Sinhor**, Notre Seigneur, Dieu.
tchábi, *subst*, clé.
vinti-um, *num*, vingt-et-un.

Commentaire grammatical

1. Lusitanismes et dialectalismes

Ce poème créole comporte quelques mots qui méritent un petit commentaire linguistique :

- 1. normalement, *plus grand* se dit **más grándi** en créole, mais on trouve ici la forme ***maior***, issue du portugais *maior*. Dans un texte en capverdien, ***maior*** est un lusitanisme (signalé ici en italique), c'est-à-dire un emprunt au portugais. Dans le second couplet, ***em***, dans l'expression ***em* flor**, *en fleur*, est également un lusitanisme : la préposition créole correspondant au portugais *em*, "*en/ dans*", est généralement **na**. L'expression ***em* flor** pourrait par exemple être remplacée par **sima flor**, *comme une fleur*, pour éviter l'emprunt au portugais...mais l'auteur en a décidé autrement ! Tous les créolophones puisent régulièrement des mots dans le vocabulaire du portugais, qui a toujours été la principale langue écrite de référence de l'Archipel du Cap-Vert. Le poète Eugénio Tavares, qui bien sûr connaissait ses classiques portugais, a lui aussi parfois recours à cette tentation. Ce qu'il importe de retenir ici, c'est que, en raison de l'omniprésence de la culture portugaise au Cap-Vert (les Créoles parlent le capverdien mais lisent et écrivent en portugais), il est très fréquent de rencontrer des lusitanismes dans les productions orales aussi bien qu'écrites des créolophones, même quand le capverdien dispose d'un mot propre équivalent au terme emprunté. En conséquence, si vous n'êtes pas lusophone, il peut s'avérer profitable de faire l'effort d'apprendre au moins des rudiments de portugais si vous voulez aller plus avant dans la découverte et la connaissance de la culture capverdienne.

- 2. on relève aussi quelques formes typiques du dialecte de Brava, à savoir :

- **dixâ-m**, *laisse-moi*, correspondant au santiagais **dexâ-m**.

- **kuma**, *comme*, qui se dit généralement **sima** en santiagais moderne. La variante **kuma** peut être néanmoins entendue à Santiago, où elle est employée par certaines personnes âgées en milieu rural. Comme la *morne* d'Eugénio Tavares a été composée il y a plus d'un demi-siècle, ce **kuma** pourrait être davantage un archaïsme qu'un régionalisme.

- **konx<u>ê</u>, alkans<u>â</u>**, *connaître, atteindre*, où le verbe à la forme libre est accentué sur la dernière syllabe (ici soulignée), tandis que l'on a **k<u>o</u>nxi, alk<u>á</u>nsa** à Santiago. Dans ce cas particulier, c'est en fait le santiagais qui se distingue des autres dialectes du capverdien : l'accentuation des verbes polysyllabiques sur la dernière syllabe est générale dans l'Archipel, à l'exception de Santiago. Vous entendrez donc également **konxê, alkansâ/ alkansá** à Fogo, à Mindélo etc.

Il existe donc bien quelques différences de prononciation (voire de grammaire) entre les différentes îles du Sud de l'Archipel (le Sotavento), dont font partie Santiago et Brava mais, comme vous venez de le constater par vous-mêmes, ces différences sont très limitées. En pratique, la connaissance du santiagais vous permet donc d'avoir directement accès aux variétés de créole parlées dans les quatre îles du Sotavento : Brava, Fogo, Maio et Santiago.

2. L'emphase (suite)

Lorsque les pronoms personnels de troisième personne **el** et **ês**, sont mis en emphase, un **é** de renforcement est souvent introduit entre le pronom emphatique et le relatif **ki**.

Exemple :

- **el é tchábi ki abrí-m nha seu**, *il est la clé qui a ouvert mon ciel.*

> **el é k'é tchábi ki abrí-m nha seu**, *c'est lui la clé qui a ouvert mon ciel.*

3. Les numéraux créoles : les ordinaux

3.1. Cas général

Nous voici arrivés à la vingt-et-unième leçon, en créole **lisom vinti-um**, *leçon vingt-et-un*. Le capverdien moderne ne connaît des formes spécifiques d'adjectifs ordinaux que pour les nombres de 1 à 4 :

Nombre	Ordinal	Traduction
1	**purmeru**	*premier, -ère*
2	**sugundu**	*deuxième*
3	**tirseru**	*troisième*
4	**kuártu**	*quatrième*

Ces quatre premiers ordinaux sont normalement invariables en genre et en nombre, et ils sont placés devant le nom.

Exemple : **purmeru bés**, *la première fois.*

Pour des nombres supérieurs à 4, on emploie le numéral cardinal (leçon 10), placé après le nom, ou d'autres tournures plus compliquées qui ne seront pas systématiquement abordées ici.

Exemple :

- **kel libru-li dj'é vinti libru ki-m lé na nha bida**, *ce livre est le vingtième que j'aie lu dans ma vie*, lit. "*ce livre-ci c'est déjà vingt livres que j'ai lu dans ma vie*".

3.2. Les jours de la semaine

En portugais, les noms de cinq des sept jours de la semaine (du lundi au vendredi) sont formés à partir des ordinaux (portugais *segunda feira*, "*lundi*", lit. "*second jour*"). Ces noms de jours ont été intégrés sous une forme figée en capverdien et les ordinaux portugais ont donc été conservés tels quels dans les noms de jours créoles. Le tableau ci-dessous récapitule les noms de ces cinq jours, ainsi que ceux du samedi et du dimanche (déjà vus dans la leçon 3).

Capverdien	Portugais	Français
sugunda-fera	*segunda feira*	*lundi*
térsa-fera	*terça feira*	*mardi*
kuárta-fera	*quarta feira*	*mercredi*
kinta-fera	*quinta feira*	*jeudi*
sésta-fera	*sexta feira*	*vendredi*
sábru	*sábado*	*samedi*
diâ dimingu	*domingo*	*dimanche*

Commentaire thématique

Le Cap-Vert est un des très rares pays du monde à ne pas avoir connu de guerre au cours de son histoire (si l'on excepte quelques raids de corsaires anglais ou français aux dix-septième et dix-huitième siècles). La violence étant donc reléguée au second plan des préoccupations des Créoles, l'amour, avec ses joies, ses peines, ses emportements et ses vicissitudes, constitue un des trois thèmes fondamentaux de la littérature en langue capverdienne, les deux autres étant la question de l'émigration et de l'exil et l'exaltation du pays natal, dont on aura un échantillon dans la leçon suivante.

Dans le cadre de cette chanson, le mot **amor** se réfère évidemment à la passion amoureuse. Mais **amor** en capverdien a un sens plus large que celui d'*amour* en français courant. Selon les contextes, il peut signifier :

- *amitié*, *affection* : **kel dós armum/ amigu tem tcheu amor na kumpanheru**, *ces deux frères/ amis sont très attachés l'un à l'autre*, lit. "*ont beaucoup d'amour l'un pour l'autre*".

- *envie, désir (même abstrait)* : **m-ka fika ku amor na skrebi**, *je n'avais pas envie d'écrire*, lit. "*je ne suis pas resté avec l'amour dans l'écrire*".

Le terme **amor** désigne donc en créole toute sentiment positif éprouvé envers quelqu'un ou quelque chose : le sens même du mot dans la langue capverdienne favorise donc cette vision universaliste du poète qui imagine de demander à Dieu de semer l'amour dans tous les cœurs. La liaison suggérée entre le sentiment amoureux et la divinité révèle ici la face européenne et chrétienne de la culture capverdienne.

L'être aimé est aujourd'hui encore généralement désigné en créole par **kré-tcheu**, lit. "*aimer beaucoup*", expression très employée dans les chansons et poésies capverdiennes.

Exercices

I. Mettez en emphase les groupes soulignés dans les phrases suivantes, puis traduisez-les en français

Exemple : **Di meu é más grándi**
> **di meu k'é más grándi**
> *c'est le mien qui est le plus grand*

1. **M-odjâ-u ónti na Práia.**
2. **Ês é amigu di nha xefri.**
3. **M-bem ku kel trés amigu** (2 possibilités).
4. **El é fidju di Djom.**
5. **M-tchiga trés óra.**
6. **Nhu ka ntendi náda !**

N.B. : en cas de mise en emphase d'un pronom de troisième personne, vous utiliserez la forme vue dans cette leçon.

II. Traduisez en capverdien les phrases suivantes

1. *Mardi, nous étudierons la vingt-deuxième leçon.*
2. *La première fois que je suis allé (allé regarder) au théâtre* (**tiátu**), *j'ai vu "Roméo et Juliette"* (**Rumeu ku Juliéta**).
3. *C'est son cinquième enfant (c'est déjà cinq enfants qu'elle a).*
4. *J'ai fait deux gâteaux* (**bolu**) *: le premier (ce premier) est pour mes amis, le second (ce second) est pour ma famille.*
5. *Il est arrivé en quatrième position* (**lugár**).

III. Traduisez en capverdien les phrases suivantes

1. *C'est vous (Madame) qui vous appelez Sandra Varela ?*
2. *Sandra est très jolie, mais je préfère Zinaïda.*
3. *Plutôt rester pauvre que de travailler pour lui !*
4. *C'est vous (tous) qui deviez ramener les enfants !*
5. *Tu as la clé ? – Oui je l'ai (j'ai oui). La voici !*
6. *C'est vendredi que tu vas à Tarrafal ?*

Texte en graphie originale

Dans cette leçon et la suivante, où nous étudions des productions littéraires publiées, le texte vous est aussi présenté en graphie originale. Comme vous le constaterez par vous-même, l'orthographe employée par les auteurs ou les éditeurs de textes capverdiens est parfois très éloignée de celle qui est employée dans cette méthode. Ces écarts proviennent du fait que le capverdien n'est que peu utilisé à l'écrit (par exemple, il n'y a pas de journal quotidien ou hebdomadaire en créole), où le portugais domine. Comme de plus le capverdien n'est pas enseigné à l'école, tout créolophone qui s'essaie à écrire sa langue maternelle a tendance à produire son propre système de transcription, plus ou moins influencé par le portugais et les autres langues avec lesquelles il est entré en contact (anglais, français...).

Depuis l'indépendance de la République du Cap-Vert (1975), on observe une tendance à l'unification des systèmes orthographiques employés, du fait de la reconnaissance croissante de la langue créole par les autorités du pays. Cependant, cette tendance est limitée du fait que la langue créole continue à être absente de l'école et aussi à cause de la grande dispersion des Capverdiens, répartis sur trois continents (Europe, Afrique, Amérique). Pour toutes ces raisons, si vous voulez lire en capverdien, il faudra vous préparer à jongler avec de nombreuses variantes graphiques. Dans l'état actuel de l'écrit capverdien, une connaissance solide des bases de la langue orale est de toute façon indispensable pour vous permettre d'y voir clair dans le foisonnement des systèmes de transcription rencontrés dans les textes disponibles.

Força de crecheu

Ca tem nada na es bida
Más grande que amor.
Se Deus ca tem medida,
Amor inda é maior...
Amor inda é maior,
Maior que mar, que ceu :
Mas, entre otos crecheu,
De meu inda é maior.

Crecheu más sábe
É quel que é de meu.
El é que é chabe
Que abrim nha ceu...
Crecheu mas sabe
É quel que q'rem...
Se ja'n perdel,
Morte ja bem.

Ó força de crecheu,
Abri'n nha asa em flor !
Dixa'n alcança ceu
Pa'n ba oja Nós Senhor,
Pa'n ba pedil semente
De amor coma es de meu,
Pa'n bem da todo gente,
Pa todo conché ceu !

LISOM VINTI-DÓS : SODÁD, *PETIT PAYS...*

En ce début de vingt-et-unième siècle, il eût été inconcevable de produire une méthode de capverdien à base française sans étudier quelques textes chantés par Cesária Évora, la chanteuse capverdienne la plus connue, aussi bien en France que dans le reste du monde. Vous trouverez ci-dessous la transcription de deux chansons interprétées par la diva aux pieds nus. La première, intitulée *Sodád*, a pour auteur Nando da Cruz. La seconde, intitulée *Petit pays* (en français dans le texte), a été composée par Luis Morais et Amandio Cabral.

Chanson 1 : **Sodád**

Kem mostró-b
Ess kaminhu lonj ?
Kem mostró-b
Ess kaminhu lonj ?

Ess kaminhu
Pa Som Tomé ?

Sodád sodád
Sodád
D-ess nha térra Som Niklau !

Si bo skrevê-m
Um ta skrevê-b,
Si bo skesê-m
Um ta skesê-b,

Até dia
Ki bo voltá.

Sodád sodád
Sodád
D-ess nha térra Som Niklau !

SODADE (paroles: Amandio Cabral & musique: Amandio Cabral / Luis Morais)

interprété par Cesaria Evora dans l'album "Miss Perfumado" (Lusafrica/BMG)

Chanson 2 : ***Petit pays***

La na seu, bo é um stréla
Ki ka ta briliá
Li na már, bo é um areia
Ki ka ta moiá

Spaiód n-ess mund fóra
Só rótch'i már
Térra póbr, xei d'amor
Tem mórna, tem koladera

Térra sáb, xei d'amor
Tem batuk, tem funaná
Oi tónt sodád
Sodád sodád
Oi tónt sodád
Sodád sem fim

Petit pays, je t'aime beaucoup,
Petit petit je l'aime beaucoup

PETIT PAYS (paroles & musique: Nando da Cruz)

interprété par Cesaria Evora dans l'album "Cesaria" (Lusafrica/BMG)

Traduction. Leçon 22 : Nostalgie, Petit pays

Chanson 1 : Nostalgie

Qui t'a montré
Ce long chemin (lointain) ?
Qui t'a montré
Ce long chemin ?

Ce chemin
Qui conduit à São Tomé ?

Ah combien me manque
Combien me manque
Saint-Nicolas, mon île (pays) !

Si tu m'écris
Je t'écrirai,
Si tu m'oublies
Je t'oublierai,

Jusqu'au jour
Où tu reviendras.

Ah combien me manque
Combien me manque
Saint-Nicolas, mon île (pays) !

Chanson 2 : *Petit pays*

(Là) dans le ciel, tu es une étoile
Qui ne brille pas
(Ici), au milieu de la mer, tu es du sable
Qui ne se mouille pas

Dispersé de par le monde
[Tu n'es] que roche et mer
Pays pauvre, rempli d'amour
Avec (il y a) tes mornes et tes coladéras

Douce terre, remplie d'amour
Avec tes batouques et tes founanas
Oh qu'il est poignant le mal du pays (tant de nostalgie)
Il fait languir et point ne finit (nostalgie sans fin)

Petit pays, je t'aime beaucoup,
Petit petit je l'aime beaucoup

Vocabulaire

areia (st. **riâ**), *subst*, sable.
até (st. **ti**), *prép*, jusqu'à.
-b (st. **–u**), *popo*, te (cf. grammaire).
batuk (st. **batuku**), *subst*, batouque.
briliá (st. **limia**), *v*, briller.
dia (st. **diâ**), *subst*, jour.
ess (st. **es**), *dém*, ce, ce...-ci.
funaná, *subst*, founana, musique originaire de l'île de Santiago.
i (st. **ku**), *conj*, et.
kem (st. **kem ki**), *inter*, qui.
koladera, *subst*, coladéra, genre musical typique du Nord de l'Archipel des Îles du Cap-Vert.
lonj (st. **lonji**), *adj*, lointain.
moiá (st. **modja**), *v*, (se) mouiller.
mórna, *subst*, morne, genre musical capverdien au rythme lent et aux accents langoureux.
mostrá (st. **mostra**), *v*, montrer.
mund (st. **mundu**), *subst*, monde.
oi, *itj*, ah !, oh !
póbr (st. **póbri**), *adj*, pauvre.
rótcha, *subst*, roche, rocher.
sáb (st. **sábi**), *adj*, agréable.
skesê (st. **diskesi** (**e**) ou **skesi** (**e**)), *v*, oublier.
skrevê (st. **skrebi** (**e**)), *v*, écrire.
sodád (st. **sodádi**), *subst*, nostalgie, regret.
Som Niklau (st. **Sam Nikulau**), *npr*, Saint-Nicolas, une des îles du Cap-Vert.

Som Tomé (st. **Sam Tomé**), *npr*, São Tomé, île principale de la République de São Tomé e Príncipe (en Afrique Équatoriale).
spaiód (st. **spadjádu**), *adj*, éparpillé, dispersé.
stréla, *subst*, étoile.
térra (st. **téra**), *subst*, pays.
tónt (st. **tántu, fórti**), *adv*, tant.
vinti-dós, *num*, vingt-deux.
voltá (st. **bolta**), *v*, revenir.

N.B. : lorsque les mots des chansons ont une forme graphique différente de celle qu'ils ont en dialecte de Santiago, la forme santiagaise (précédée de l'abréviation st.) a été systématiquement donnée entre parenthèses.

Commentaire grammatical

1. Le saint-vincentin et les créoles du Nord de l'Archipel : présentation

À l'instar de la majorité du répertoire de Cesária Évora, les deux chansons ici présentées sont composées et interprétées en dialecte saint-vincentin. Pratiqué sur l'île de Saint-Vincent, où se trouve Mindélo, la deuxième ville du pays, le saint-vincentin (ou mindélien) est la langue maternelle d'environ 15% des Capverdiens et il est couramment compris dans les îles habitées du Nord de l'Archipel (le Barlavento), à savoir : Boa Vista, Saint-Antoine, Saint-Nicolas, Saint-Vincent et Sal. Le saint-vincentin est donc le second dialecte du Cap-Vert (après le badiais) en termes de prestige et d'usage et il est la variété de référence pour les cinq îles du Barlavento, qui ensemble représentent près de 30% de la population capverdienne.

Dans le cadre de cette méthode, il ne nous est pas possible de fournir toutes les règles propres du saint-vincentin. Les quelques indications qui suivent devraient néanmoins vous permettre de vous y retrouver un peu.

2. Particularités de prononciation

Dans ces deux chansons, nous pouvons relever au moins cinq grandes particularités du mindélien, par contraste avec le santiagais :

- **1**. Chute des voyelles finales atones **-u** et **-i**. Quand un mot santiagais est terminé par les voyelles atones **–u** et **–i**, ces voyelles ne sont généralement pas prononcées dans son correspondant mindélien.

Exemples :

- santiagais **sodád<u>i</u>, sáb<u>i</u>**, *nostalgie, agréable* ≠ mindélien **sodád, sáb**.

- santiagais **batuk<u>u</u>, mund<u>u</u>**, *batouque, monde* ≠ mindélien **batuk, mund**.

N.B. : cette règle n'est pas absolue. Ainsi, le **–u** final atone du mot **kaminhu**, *chemin*, est prononcé (en tout cas dans la chanson) en mindélien comme en santiagais.

- **2**. Chuintement du **s**- devant consonne. En santiagais, la lettre {**s**}, lorsqu'elle est suivie d'une consonne, est prononcée comme le {s} du mot français *scolaire*. En revanche, en mindélien, le {**s**} dans la même position est prononcé comme le {ch} du français ***ch****timi*.

Exemple : santiagais **si bu skesê-m**, *si tu m'oublies*, prononcé "*si bou skéssain*",

≠ mindélien **si bo skesê-m**, prononcé "*si bo* ***ch****késséme*".

- **3**. En milieu de mot en particulier, le -**dj**- santiagais correspond très souvent à -**i**- en mindélien, prononcé comme le {y} du français *yole*.

Exemple : santiagais **modja**, *mouiller*,

≠ mindélien **moiá**, prononcé "*Meaux-ya*".

- **4.** Lorsqu'un mot santiagais se termine par **á** ou **â** tonique suivi d'un **–u** atone, la voyelle tonique du mot mindélien correspondant est généralement **ó**, tandis que la voyelle finale disparaît (cf. règle **1**).

Exemple : santiagais **kem ki mostrâ-bu, tántu, spadjádu**, *qui t'a montré, tant, éparpillé/ renversé*,

≠ mindélien **kem mostró-b, tónt, spaiód**.

N.B. : retenez en particulier que la plupart des mots terminés par –**ádu** (terminaison très courante dans la langue) en santiagais finissent généralement en **–ód** en mindélien.

- **5.** Le mindélien connaît au moins un son totalement absent du santiagais : c'est une consonne articulée à peu près comme la lettre {r} du français *Corée* ou les lettres {rr} du portugais *arroz*. En saint-vincentin, cette consonne est généralement transcrite {**r**} à l'initiale du mot et {**rr**} à l'intérieur ou en fin de mot.

Exemple : santiagais **rótcha, téra**, *roche, pays* (avec "r" roulé, comme en espagnol ou en portugais).

≠ mindélien **rótcha, térra** (le "r" et le "rr" sont prononcés grasseyés, c'est-à-dire comme en français standard).

N.B. : attention ! Le mindélien connaît aussi le "r" roulé, transcrit {r}. Ainsi, dans les mots **fóra**, *dehors*, ou **amor**, *amour*, le "r" est prononcé roulé, en mindélien comme en santiagais.

***

Les règles 1, 4 et 5 sont suivies par l'ensemble des parlers du Barlavento. Les règles 2 et 3 sont surtout valables pour les dialectes de Saint-Vincent et de Saint-Antoine.

3. Particularités morphologiques

3.1. Le système des pronoms personnels

On constate de légères différences dans la forme des pronoms :

- **1.** sujets atones : mindélien **um, bo,** *je, tu* ≠ santiagais **m-, bu**.

Exemple : mindélien **si bo skesê-m, um ta skesê-b**, *si tu m'oublies, je t'oublierai* ≠ santiagais **si bu skesê-m, m-ta skesê-u**.

- **2.** objets de premier ordre : mindélien –**m** (prononcé comme le {m} du mot français *tam-tam*), -**b** ≠ santiagais –**m** (nasalise la voyelle qui précède), -**u** (ou –**bu**), *me, te*.

Exemple : **si bo skrevê-m** (-**ê-m** est prononcé "*éme*"), **um ta skrevê-b**, *si tu m'écris, je t'écrirai* ≠ santiagais **si bu skrebê-m** (-**ê-m** est prononcé "*ain*"), **m-ta skrebê-u**.

3.2. Le système verbal

Retenons que :

- **1.** la forme libre du verbe à l'actif-présent est toujours accentuée sur la dernière syllabe en mindélien (comme en dialecte de Brava), alors que les verbes polysyllabiques sont accentués sur l'avant-dernière syllabe en santiagais.

Exemple : mindélien **moiá**, *mouiller* ≠ santiagais **modja**.

- **2.** l'aspect verbal présente des points communs avec le santiagais.

Exemples :

- **ta** est la marque de l'habituel dans les deux dialectes : mindélien **areia ki ka ta moiá**, *du sable qui ne se mouille pas* = santiagais **riâ ki ka ta modja**.

- la marque ZÉRO pour l'accompli est aussi commune aux deux idiomes : mindélien **kem mostró-b**, *qui t'a montré* = santiagais **kem ki mostrâ-u**.

- la notion de verbe fort est pertinente en mindélien comme en santiagais : **tem batuk**, *il y a (ou elle a) du batouque* = santiagais **tem batuku**. Le verbe **tem** est fort dans les deux dialectes et donc la forme libre (aspect accompli, temps présent) correspond au présent de l'indicatif français.

4. Récapitulation sur le saint-vincentin et les variétés dialectales du capverdien

Il n'est pas nécessaire d'être un spécialiste de linguistique pour voir que le saint-vincentin est nettement plus éloigné du santiagais que ne l'est le créole de Brava. De fait, les parlers du Barlavento (le Nord de l'Archipel) présentent des différences notables avec ceux du Sud (le Sotavento), dont fait partie le badiais. Dans l'ensemble (ce n'est pas toujours si simple !), on peut dire que les dialectes du Barlavento présentent plus d'influences portugaises et moins de traces africaines que ceux du Sotavento. Cependant, l'arbre ne doit pas cacher la forêt : les points communs entre le Nord et le Sud de l'Archipel sont aussi nombreux ! Votre travail d'apprentissage du santiagais vous sera donc utile pour communiquer avec l'ensemble des Capverdiens, quelle que soit leur origine, et si vous tombez amoureux d'une autre île, il vous sera toujours facile d'adapter les connaissances que vous avez acquises dans cette méthode aux habitudes des Créoles au sein desquels vous avez envie de vous intégrer.

Commentaire thématique

Les deux chansons ici présentées traitent toutes deux du thème de l'identité capverdienne et de l'attachement au pays :

- 1. **Sodád** parle du déracinement que nombre d'îliens ont dû subir au cours des cinq siècles d'histoire de l'Archipel, pour fuir la misère ou la sécheresse. Ainsi, à la fin du XIXème siècle et dans la première moitié du XXème siècle, des milliers de Capverdiens ont-ils été contraints par les circonstances à l'exil vers les îles de São Tomé (**Som Tomé**) et de Príncipe, situées dans le Golfe de Guinée. Dans cet autre archipel, distant de plusieurs milliers de kilomètres du Cap-Vert (c'est à cette distance que se réfère le **kaminhu lonj** du poème) et qui faisait alors partie de l'empire colonial portugais, on manquait de main d'œuvre pour les plantations. Plongés dans un environnement étranger, les Créoles venus du Cap-Vert ont dû travailler durement pour de riches propriétaires terriens portugais qui les payaient un salaire de misère, leur interdisant toute possibilité de retour au pays. De nos jours encore, les Capverdiens et leurs descendants constituent une importante communauté à São Tomé et Príncipe, où ils ont préservé leur langue et leurs traditions et continuent de manifester un grand attachement à leur pays d'origine, pour lequel ils éprouvent toujours de la nostalgie (**sodád**), quelle que soit l'île à laquelle ils se rattachent (ici **Som Niklau**).

- 2. *Petit pays* souligne deux traits essentiels de l'identité capverdienne :

- le premier est l'isolement de l'Archipel, constitué essentiellement d'îles rocheuses au milieu de la mer (**só rótch'i már**).

- le second est l'importance de la musique dans la culture créole. Les quatre grands types de productions nationales - la morne, la coladéra, la founana et le batouque (**mórna, koladera, funaná**, **batuk**) - sont dûment mentionnés. Ce n'est pas par hasard que les quelques textes d'auteurs qui sont ici présentés sont tous des chansons : la musique est le terrain privilégié de l'expression artistique capverdienne et la langue créole domine dans les productions chantées, alors qu'elle n'est que rarement employée dans les autres genres littéraires (romans, théâtre...), où le portugais prévaut.

Exercices

I. Traduisez le texte des deux chansons ci-dessus en dialecte santiagais

Cet exercice vous permettra de mieux saisir la question des variations dialectales.

N.B. : utilisez le santiagais **fórti** pour traduire le mindélien **tónt**.

II. Écoutez d'autres chansons interprétées par Cesária Évora

Il vous est bien entendu fortement conseillé d'écouter aussi d'autres chanteurs capverdiens (vous trouverez quelques suggestions dans la discographie qui clôt ce volume). Ce dernier exercice n'est pas corrigé !

Textes en graphie originale

Chanson 1 : *Sodade*

Quem mostra'bo
Ess caminho longe ?
Quem mostra'bo
Ess caminhu longe ?

Ess caminho
Pa São Tomé

Sodade sodade
Sodade
Dess nha terra São Nicolau

Si bô 'screvê'me
'M ta screvê'be
Si bo 'squecê'me
'M ta squecê'be

Até dia
Qui bô voltá

Sodade sodade
Sodade
Dess nha terra São Nicolau

Chanson 2 : *Petit pays*

La na cêu, bô ê um estrela
Ki catá brilha
Li na mar, bô é um areia
Ki catá moiá

Espaiote nesse munde fora
Sô rotcha i már
Terra pobre chei di amor
Tem morna tem coladera

Terra sabe chei di amor
Tem batuco tem funaná
Oi tonte sodade
Sodade sodade
Oi tonte sodade
Sodade sem fim

Petit pays, je t'aime beaucoup,
Petit petit je l'aime beaucoup

Épilogue

Notre voyage conjoint dans l'univers du créole capverdien et du pays de Cesária Évora s'arrête (pour le moment) ici. J'espère que ces leçons vous auront donné envie d'aller plus loin dans la connaissance de la culture et de la langue capverdiennes. Ce pays et ses habitants méritent d'être mieux connus, à vous de continuer à en faire la découverte...

CORRIGÉ DES EXERCICES

Leçon 0

- **kalkanháda, pó, Mérka, Senegal, París, Dakár, kapás, e odjâ-l, kapús, kápa** ;
- **podi, komesa, pá, pa, fórti, kumi, báza, korpu, fri, féru** ;
- **sabi, sábi, korda, kórda, parti, párti, géra, gera, noda, nóda** ;
- **konta, kónta, pontu, kánta, spantádju, mémbra, lembra, kongu, funku, argem, na rilantim, konku, bom** ;
- **papia, kumida, lingua, bombia, lágua, laguâ, nderia, fatiâ, fatia, Práia, mágua, magua** ;
- **konxi, tchuba, bedju, ñanhi, nháku, tchobi, gredja, xarem, ñuli, nguli, m-obi, djobi** ;
- **kai, e djobê-u, sai, kau, ratchuéla, poziâ, dué, suísa, gáita, faíska, noiba, ráiba, suâ** ;
- **liom, duenti, ruénta, e bistí-m, e ruê-m, e pentiâ-m, e maguâ-m, parodiánti** ;
- **mbruga, mbipu, m-bai, ntendi, nkádja, m-skrebi, ndjárga, mporta, ntrega, ngori**.

Leçon 1

I. 1. Il y a 13 verbes : **é** (1 x 2, 4, 8), **sta** (5, 6), **tchoma** (7, 8, 9), **mora** (10, 11 x 2, 12)./ 2. Il y a 7 pronoms personnels atones sujets : **m-** (8, 9, 11, 12), **bu** (7, 10, 11)./ 3. Il y a 2 pronoms personnels toniques initiaux : **a-mi** (12), **a-bo** (11)./ 4. On remarque que le **ó** /ɔ/ de **módi** est ouvert, tandis que le **o** /o/ de **korpu** est fermé./ 5. Faites attention à ce que le **m-** ne forme pas une syllabe séparée de ce qui suit (ne rajoutez pas de voyelle !).

II. 1. Bu mora na Práia ?/ 2. Undi bu mora ? M-mora na Santiágu./ 3. M-mora na Fránsa./ 4. Bu tchoma Djom./ 5. Módi bu tchoma ? - M-tchoma Anne./ 6. Gentis sta dretu.

III. 1. A-bo bu mora na Práia./ 2. A-mi m-mora na Santiágu./ 3. A-mi m-mora na Fránsa./ 4. A-bo bu tchoma Djom./ 5. A-mi m-tchoma Anne./ 6. A-bo bu sta dretu.

Leçon 2

I. 1. Bu mesti batáta./ 2. A-mi m-kré mafáfa./ 3. Anne mora na Práia./ 4. Batáta é káru./ 5. Djom sta dretu.
Formes négatives : **1. Bu ka mesti batáta./ 2. A-mi m-ka kré mafáfa./ 3. Anne ka mora na Práia./ 4. Batáta é ka káru** (ou **batáta ka é káru**)./ **5. Djom ka sta dretu.**

II. 1. Papáia é kántu ?/ 2. Módi bendidera tchoma ?/ 3. Kántu kilu di papáia bu mesti ?/ 4. Kel é kántu ?/ 5. Undi Djom mora ? (**Djom mora undi ?** est également possible) **/ 6. Kusé bu kré ?/ 7. Gentis é módi ?**
Traductions : *1. Combien coûtent les papayes ?/ 2. Comment s'appelle la vendeuse ?/ 3. De combien de kilos de papayes as-tu besoin ?/ 4. C'est combien, combien ça coûte ?/ 5. Où habite Jean ?/ 6. Que veux-tu, qu'est-ce que tu veux ?/ 7. Comment va ta famille ?* (si vous fréquentez des créolophones, vous pourrez constater que la phrase **É módi, gentis ?** existe aussi en créole : elle signifie *comment ça va, mes amis ?,* le mot **gentis** ayant ici un autre sens que celui que vous avez appris dans la leçon 1).

III. 1. Bu sabi é kusé ? - M-sabi sim !/ 2. Mafáfa é kántu ?/ 3. Bu sabi é kántu ?/ 4. Bu ka mesti papáia ? - M-mesti sim !/ 5. Bu kré duzéntus kilu di papáia ? - M-ka kré nau !

Leçon 3

I. 1. E ka pása sábi./ 2. M-teni dinheru./ 3. M-ka tem amigu./ 4. E bádja ku Djom./ 5. Kel fim di sumána, ês ka diskánsa, ês bá bádja na Somáda./ 6. A-bo bu ka sabi náda, a-el e ka sabi bádja/ 7. A-mi m-ka konxi Sándra.

II. 1. M-bai Tarafal, m-kunsa bem Práia./ 2. Nhós diskánsa, nhós bá sinéma, nhós kunsa bá bádja./ 3. Bu bádja, bu bá bera-már, bu náda, bu kunsa bem Somáda./ 4. Nu prendi bádju di Kau Berdi, nu diskánsa, nu kunsa bem kása.

III. 1. A-el e ka teni dinheru./ 2. Ês bádja na mei di koku, ês kunsa bem Práia./ 3. Nhós ka prendi bádju di Santiágu./ 4. Nem bu ka bádja.
Traductions : *1. Lui il n'a pas d'argent./ 2. Ils (elles) ont dansé au milieu des cocotiers, puis ils (elles) sont revenu(e)s à Praia./ 3. Vous n'avez pas appris les danses de Santiago (danses santiagaises, badiaises)./ 4. Tu n'as même pas dansé.*

IV. 1. Nem e ka sábi náda./ 2. Nem bu ka diskánsa kel fim di sumána./ 3. Nem nhós ka teni dinheru di pága óla./ 4. Nem ês ka pága.

Leçon 4

I. 1. M-ka ta bai (ou **bá**) **kumi na kása di Djom./ 2. Nu ta papia nglés./ 3. Bu ka ta trabádja./ 4. E ta átcha gazádju./ 5. Ês ka ta ntendi purtugés.**

II. 1. (...) **m-ka konxi Fránsa./ 2. Fransés ta parsi ku purtugés./ 3. Bu ta papia nglés má bu ka ta papia kiriolu./ 4.** (...) **pamódi nhós ka ta ntendi kiriolu./ 5.** (...) **dispós nu ta bá konxi Fránsa./ 6.** (...) **ês pása mal pamódi ês ka ta papia nglés.**
Traductions : *1. Je connais les États-Unis, mais je ne connais pas la France./ 2. Le français ressemble au portugais./ 3. Tu parles l'anglais mais tu ne parles pas le créole (capverdien)./ 4. Vous n'avez pas compris Jean parce que vous ne parlez pas le créole./ 5. Il faut que nous apprenions le français, ensuite nous visiterons la France./ 6. Ils sont allés manger chez un ami américain, ils ne se sont pas amusés (ils se sont ennuyés) parce qu'ils ne parl(ai)ent pas l'anglais.*

III. 1. Es fim di sumána, nhós ta bai Tarafal má nhós ka ta náda./ 2. M-ta papia nglés má m-ka sabi náda./ 3. E trabádja na Santiágu, má e ka ta ntendi kiriolu./ 4. Si bu bá Fránsa, bu ka ta pása sábi pamódi bu ka ta papia fransés./ 5. Nu mora na Práia, má tudu fim di sumána, nu ta bá Somáda./ 6. M-ka konxi Mérka má um diâ m-ta prendi nglés, m-ta kunsa bai la.

IV. 1. Anne ku Sándra bá sinéma./ 2. Ês ku ês ês ta papia só kiriolu./ 3. Fránsa ka ta parsi ku Mérka./ 4. M-mesti batáta ku mafáfa./ 5. M-papia ku Djom./ 6. Nhós ta prendi nglés ku purtugés./ 7. Nu ta kumi só mafáfa ku banána.

Leçon 5

I. 1. A-mi m-ka sabi, a-nhós nhós tem ki sabi./ 2. A-bo si bu bai la, m-ta bai ku bo./ 3. A-nós nu papia na el, pamódi e ta fika sempri el-só déntu kása./ 4. A-ês ês kré papia ku Djom, má Djom ka kré papia ku ês.

Traductions : *1. Moi je ne (le) sais pas, mais vous vous devez (le) savoir./ 2. Si toi tu y vas, j'irai avec toi./ 3. Nous nous avons parlé de lui (d'elle), parce qu'il (elle) reste toujours tout(e) seul(e) chez lui (elle)./ 4. Eux, ils veulent parler avec Jean, mais Jean ne veut pas parler avec eux.*

II. 1. M-kumpra pastel pa bo. Toma !/ 2. Djom ka tilifona pa nhós./ 3. A-nhós nhós bai sinéma senh-el./ 4. Si nhós bai Tarafal, nhós ta átcha gazádju n-ês./ 5. A-ês ês ka kré kumpra mafáfa pa nós./ 6. Es fim di sumána, m-ka podi sai ku ês./ 7. Nhós teni dinheru di sai.

III. 1. A-el e sta na bika./ 2. É kántu ? - É duzéntus merés./ 3. Sándra é ka minina di Fránsa./ 4. Si bu sta duenti, bu tem ki fika déntu kása./ 5. É kenha ? - M-ka sabi é kenha.
Traductions : *1. Lui, il est fauché (sans le sou)./ 2. C'est combien ? - C'est deux cents escudos./ 3. Sandra n'est pas une jeune fille française./ 4. Si tu es malade, il faut que tu restes chez toi./ 5. Qui est-ce ? - Je ne sais pas qui c'est.*

IV. 1. A-nós nu sta dretu./ 2. É fáxi./ 3. M-sta na Práia./ 4. "Zero Hora" é buáti di Práia./ 5. John é amigu di Sándra ku Anne.

V. 1. Módi bu ta bai Práia ?/ 2. Kusé bu kumpra ?/ 3. Kántu bu kré ?/ 4. Kusé ki ta fasi ?

Leçon 6

I. 1. Kusé bu sta n-el li ou **kusé bu sata fasi ?/ 2. M-sata náda./ 3. A-nós nu sata kusia./ 4. A-el e ka sata trabádja./ 5. Nhós ka sata kumi./ 6. Ês sata prendi fransés.**

II. 1. A-ês ês ta trabádja na Práia./ 2. Gósi, m-sata studa, dispós m-ta bá pasia ku bo./ 3. Kusé Djom sta n-el li ? - A-el e sata papia ku Anne./ 4. (...) A-nós nu sata kusia, má bo bu ka ta kumi ku nós./ 5. A-bo sempri bu bádja (ou **ta bádja**) **dretu, má gósi, bu sata bádja réi di dretu./ 6. (...) m-kré bai Somáda, má gósi m-ka sata** (ou **ta**) **sai ku bo./ 7. Djom gosta di gizádu, má e ka ta djánta ku Anne pamódi e teni kusa-fasi.**
Traductions : *1. Eux ils (elles elles) travaillent à Praia/ 2. Maintenant, je travaille (j'étudie), ensuite j'irai me promener avec toi/ 3. Qu'est-ce que Jean est en train de faire ? (Lui) il est en train de parler avec Anne/ 4. Qu'est-ce que vous êtes en train de faire ? Nous sommes en train de cuisiner, mais toi tu ne mangeras pas avec nous/ 5. Toi tu as toujours*

bien dansé (ou *tu danses toujours bien*), *mais en ce moment, tu danses très bien/ 6. Ce week-end, j'ai l'intention d'aller à Assomada, mais maintenant je ne veux pas sortir (me promener) avec toi/ 7. Jean aime le ragoût, mais il ne dînera pas avec Anne, parce qu'il a des choses à faire.*

III. 1. M-ka teni náda-fasi gósi, ontom m-ka sata fasi náda./ 2. E sabi papia nglés ku purtugés, e sata prendi kiriolu, dispós e ta prendi fransés./ 3. A-ês, ês ka kré studa : dispós ês ka ta átcha trabádju./ 4. Kusé (ki) nhós sata fasi ou **kusé (ki) nhós sta n-el ? - Nu sata pasia na bera-már./ 5. Nu ta papia nglés ku fransés má gósi nu sata papia kiriolu./ 6. Si bu bai sinéma, m-ka ta kusia pa bo, a-bo bu ka ta kumi./ 7. M-teni témpu, má m-ka teni dinheru.**

IV. 1. Purtugés é réi di difisi./ 2. Nu pása réi di sábi./ 3. Djom ta náda réi di dretu./ 4. Nglés ta prendi réi di fáxi./ 5. Batáta sta réi di káru.

Leçon 7

I. 1. A-el e ka flá-nu náda./ 2. M-ka kré tilifonâ-s./ 3. (...) **má um diâ m-ta papiâ-l./ 4.** (...) **Káru fra-m róda la Somáda./ 5. E odja-nhós na Práia, má nhós nhós ka odjâ-l./ 6. Nu sperâ-u na Tcháda Grándi, má bu ka atchá-nu.**
Traductions : *1. Lui, il (elle, elle) ne nous a rien dit./ 2. Je ne veux pas leur téléphoner./ 3. Je ne sais pas parler le français, mais un jour je le parlerai./ 4. Pourquoi n'es-tu pas venu dîner chez moi ? - J'ai crevé un pneu à Assomada./ 5. Il (elle) vous a vus à Praia, mais vous, vous ne l'avez pas vu(e)./ 6. Nous t'avons attendu à Achada Grande, mais tu ne nous as pas trouvés.*

II. 1. E tilifoná-nu./ 2. M-ka odja-nhós./ 3. Ês kusiâ-l gizádu./ 4. Bu fla-m tcheu kusa./ 5. Nu ka atchâ-u./ 6. Bu fra-s róda.

III. 1. M-sata sperâ-s./ 2. A-nhós nhós dura ku bem./ 3. A-mi m-sata bai la támbi ou **a-mi támbi m-sata bai la./ 4. Ês fla-l má bu ka obi./ 5. A-bo bu ka ta atchá-nu la./ 6. M-ta tilifona-nhós si nhós kré** ou **si nhós kré m-ta tilifona-nhós./ 7. Bu ka odja Djom ? - M-ka odjâ-l nau** ou **nau m-ka odjâ-l.**
Traductions : *1. Je suis en train de les attendre./ 2. Vous, vous avez mis longtemps pour/ à venir./ 3. Moi aussi je vais là-bas./ 4. Ils l'ont dit, mais tu n'as pas entendu./ 5. Toi, tu ne nous rejoindras pas là-bas./ 6. Je vous téléphonerai si vous (le) désirez./ 7. Tu n'as pas vu Jean ? - Non, je ne l'ai pas vu (non, pas du tout).*

IV. 1. Nglés m-ka ta papiâ-l dretu./ 2. A-bo, nu ka odjâ-u, a-el e odjâ-u./ 3. Nhós ka kusiâ-l gizádu sábi ?/ 4. Es pastel, m-kumprâ-l pa bo./ 5. E ta atchá-nu la (ou **na**) **Tcháda Grándi./ 6. A-nhós, témpu ka da-nhós./ 7. Ês mora na Somáda, má ês ka odjâ-s.**

V. 1. Undi bu sata bai ? – M-sata bá Práia./ 2. M-bá (ou **bai**) **náda./ 3. Manham, nu sata** (ou **ta**) **bai** (ou **bá**) **Somáda, bu kré bem** (ou **bai**) **ku nós ?/ 4. M-fika di bai** (ou **bá**) **Fránsa./ 5. Um diâ, nhós ta bá** (ou **bai**) **Mérka.**

Leçon 8

I. 1. Bu káru é bedju, di meu más nóbu./ 2. Nós kása é ka grándi sima di sês./ 3. M-ka konxi si nominhu./ 4. Ses pilidu é más kumpridu ki di nhós./ 5. (...) **M-ta bá ku nha káru./ 6. Téra stranjeru ka más sábi ki téra di nós./ 7. Nha nómi é kurtu, di bo más kumpridu, di sel más bunitu./ 8. Nhós téra tem tcheu sábi.**
Traductions : *1. Ta voiture est vieille, la mienne est plus neuve./ 2. Notre maison n'est pas aussi grande que la leur./ 3. Je ne connais pas son surnom./ 4. Leur nom de famille est plus long que le vôtre./ 5. Comment iras-tu à Tarrafal ? - J'y irai avec ma voiture./ 6. Les pays étrangers ne sont pas plus beaux/ agréables que le nôtre./ 7. Mon prénom est court, le tien est plus long, le sien est plus joli./ 8. Votre pays a beaucoup d'avantages/ de charme.*

II. 1. É nha káru, káru é di meu./ 2. É nós pilidu, pilidu é di nós./ 3. É ses batáta, batáta é di ses./ 4. É si róda, róda é di sel./ 5. É nhós kása, kása é di nhós./ 6. É bu pastel, pastel é di bo.

III. 1. Nós káru é bedju, di bo é grándi./ 2. Si kása é grándi, má di meu (é) **más grándi ki di sel./ 3. Nhós téra é grándi, di ses é réi di pikinóti./ 4. Pilidu di Sándra é kurtu, di Djom é kumpridu./ 5. Nha trabádju é duru, di sel é sábi./ 6. M-bai Tarafal ku nha káru, a-nhós nhós bai ku di nhós.**

IV. 1. Ses pilidu (é) **más kumpridu ki di nhós, má nhós nómi más bunitu ki di ses./ 2. Pedru** (é) **más bedju ki Djom./ 3. Sábi !/ 4. Pilidu di Djom** (é) **más kurtu ki di meu** ou **pilidu di Djom** (é) **ka kumpridu sima di meu./ 5. Bu káru é grándi sima di Sándra./ 6. Nós téra** (é) **ka sábi sima Kau Berdi./ 7. Fránsa** (é) **más pikinóti ki Mérka.**

Leçon 9

I. 1. (...) má m-ka konxê-l dretu./ 2. Ês nxiná-nu kiriolu ti kabésa duê-nu./ 3. Si bu diskesê-m, m-ta diskesê-u./ 4. (...) má e ka obi-nhós./ 5. (...) m-fla-l mantenha, e ka kudí-m./ 6. (...) ses gentis ka ta ntendê-s más.
Traductions : *1. Il (elle) veut parler avec moi, mais je ne le (la) connais pas bien./ 2. Ils (elles) nous ont enseigné le créole jusqu'à ce que nous en ayons mal à la tête./ 3. Si tu m'oublies, je t'oublierai./ 4. Vous avez parlé avec Pierre, mais il ne vous a pas entendus./ 5. Je suis allé à Praia, j'ai vu Jean, je l'ai salué, (mais) il ne m'a pas répondu./ 6. Quand Anne et François retourneront dans leur pays, leur famille ne les comprendra plus.*

II. 1. E odjâ-m má e ka kudí-m./ 2. M-ka konxi-nhós i m-ka kré bai undi-nhós./ 3. Bu konxê-nu : óki-nu bá undê-s, nu ka ta diskesê-u./ 4. Si viáxi ka korê-l dretu, má (a-)mi m-fasê-l gizádu sábi, bu podi purbâ-l si bu kré./ 5. Nu sata obi-nhós, má nu ka sata ntendi-nhós./ 6. Kabésa sata duê-l, a-bo pé sata duê-u, a-nós mó sata duê-nu.

III. 1. Q : Bu ta bai Fránsa ku mi ? R : M-ka ta nau./ 2. Q : Nhós ta papia kiriolu ? R : Nu ta sim./ 3. Nhós ta diskesê-m ? R : Nu ka ta nau./ 4. Q : Nhós ta seta nxinâ-l fransés ? R : Nu ta sim./ 5. Q : M-ka ta konsigi papia kiriolu. R : Bu ta sim./ 6. Q : E ta bem oxi. R : E ka ta nau.

IV. 1. É nha káru, a-el (el) é nóbu./ 2. A-nós (nós) é di Práia./ 3. A-mi (mi) é berdiánu, a-bo (bo) é fransés./ 4. A-ês (ês) é ka (ou ka é) tcheu./ 5. A-nhós (nhós) é di li, má nhós ka kré kudí-m.

V. 1. M-ka ta (sata) ntendi fransés más./ 2. Bu ka papia ku el más./ 3. Nu ka sata obi-nhós más./ 4. Ês ka papia kiriolu ku ês más./ 5. Nhós ka ta fla-l náda más./ 6. E ka kudí-u más.

Leçon 10

I. Treizi/ Vinti-sinku/ Saténti-dós/ Novénti-nóvi/ Duzéntus-i-trinti-um/ Mili-trezéntus-i-oiténti-trés/ Mili-kinhéntus-i-kinzi/ Mili-nóviséntus-i-dizaséti/ Mili-nóviséntus-i-trinti-nóvi/ Mili-nóviséntus-i-koréntisinku/ Mili-setuséntus-i-oiténti-nóvi/ Dós mili-kinzi/ Séti miliom duzéntus-i-trinti-séti mili-senti-vinti-kuátu/ Um biliom nóviséntus-i-trés miliom setuséntus-i-oiténti-nóvi mili-vinti-um.

II. Vinti-um más sunkuénti-kuátu ta da saténti-sinku (75)./ Koréntisinku bés saténti-oitu ta da trés mili-kinhéntus-i-dés (3510)./ Duzi dibidi pa kuátu ta da trés (3)./ Kinhéntus-i-sunkuénti-séx bu tra dizanóvi ta da kinhéntus-i-trinti-séti (537)./ Mili-duzéntus-i-trintisinku bés trinti-séti ta da korénti-sinku mili saiséntus-i-novénti-sinku (45.695)./ Nóviséntus-i-oiténti-séti bu tra katorzi ta da nóviséntus-isaténti-trés (973)./ Kinhéntus-i-duzi dibididu pa dizaséx ta da trintidós (32)./ Sinku mili-saiséntus-i-saténti-trés más sasénti-sinku ta da sinku mili-sétuséntus-i-trinti-oitu (5738).

III. 1. Djom kumpra sinku kilu di batáta ku kinzi mafáfa./ 2. Papáia é kántu ? Duzéntus-i-sinku merés kada kilu./ 3. Pedru tem um kása ku dós káru ku séti fidju./ 4. Novénti-séti mili-saiséntus-i-oiténti-trés algem mora na Práia, oitu miliom duzéntus-i-trinti-séx-mili-oituséntus-i-korénti-dós algem mora na París, i duzi miliom trezéntus-i-korénti-sinku mili-duzéntus-i-saténti-sinku mora na Nóbu Iórki./ 5. Djom, Pedru, vinti-sinku nhós tra treizi é kántu ? ou **vinti-sinku nhós tra treizi kántu ki ta da ?**

IV. 1. É kántu ?/ 2. Kal ki bu kré ? ou **kal k-u kré ?/ 3. É kusé ?/ 4. Kem** (ou **kenha**) **ki nhós odja ?** ou **nhós odja kenha ?/ 5. Nhós ka sabi pamódi ês ka pása sábi./ 6. Pamódi nhós bem ?/ 7. Módi nhós ntendi ?**

Leçon 11

I. 1. Dja-nu bai, ti tchau !/ 2. Dja-m ka kré bá la más./ 3. Dja-u kusia bu gizádu ?/ 4. Dja-nhós kánsa ! / 5. Kántu k-ês bem, ês atchâ-l dj-e purpára fésta.

Traductions : *1. On s'en va (nous partons), à bientôt (salut) ! 2. Je ne veux plus retourner là-bas ! 3. Alors (ça y est), tu as fini de cuisiner ton ragoût ?/ 4. Vous êtes (déjà) fatigués (vous n'en pouvez plus) ! Vous (alors) vous n'êtes pas courageux ! 5. Quand ils sont venus (arrivés), il avait déjà préparé la fête.*

II. 1. Tokinfim dja-u tchiga !/ 2. E ka konsigi pása na nzámi ? - Dj-e konsigi sim./ 3. Dja-nu bai./ 4. Dja-u odja (ou **bu odja**) **Pedru ku Djom ? - Aiam, dj-ês bem./ 5. Manham bu tem ki papia ku Pedru. – Má dja-m papia ku el !/ 6. Dja-nu disnafrága !**

III. 1. Kántu ki nu tchiga.../ 2. Óki nu tchiga.../ 3. Óki-m bá Tarafal.../ 4. Kántu (ki)-m bá Tarafal...

Traductions : *1. Quand nous sommes arrivés, ils avaient déjà mis la sono./ 2. Quand nous arriverons, nous danserons./ 3. Quand j'irai à Tarrafal, je n'irai pas chez Sandra./ 4. Quand je suis allé à Tarrafal, j'ai vu Zinaïda, mais je n'ai pas vu Sandra.*

IV. 1. Kántu k-u bai, m-ka fla-u náda./ 2. Óki-m bem, e ka ta papia ku mi./ 3. Óki nu bá Somáda, nu ta mora na kel kása grándi./ 4. Ók-e odjâ-u, e ta ntendi./ 5. Kántu k-ês papia, m-ntendi tudu kusa./ 6. Óki nhós prendi kiriolu, nhós ka ta kré bai nhós téra más.

V. 1. E atchâ-l dj-e bai./ 2. Óki Anne papia kiriolu, e ta atchá-nu dja-nu bai Mérka./ 3. Kántu ki-m tchiga kása, m-atchâ-u dja-u bem./ 4. Pedru spéra Anne, e bem ku el fésta, ês átcha-nhós dja-nhós poi som./ 5. Si nhós ka bá fáxi, nhós ta atchâ-s dj-ês bai./ 6. Kántu k-e tchiga Práia, e atchâ-m dja-m djánta.

VI. 1. M-tchiga nhós diánti (frenti)./ 2. Ês sta nós diánti (frenti)./ 3. Sándra bá ses trás./ 4. Katchor sata kóri nha trás.

Leçon 12

I. 1. Káru ki-m odja.../ 2. Djonsinhu fla-m ma.../ 3. Nhós ka gosta pa.../ 4. A-mi m-ta átcha ma.../ 5. (...) ês flá-nu m-ês.../ 6. Kántu ki-m fla-l p-e entra, e fla-m m-e ka teni témpu.
Traductions : *1. La voiture que j'ai vue n'est plus ici./ 2. Jeannot m'a dit que Anne a décidé de venir aujourd'hui./ 3. Vous n'avez pas envie que je reste avec vous./ 4. Moi je trouve que s'il (elle) a travaillé* (ou *s'il(elle) travaille*), *il (elle) doit être payé (recevoir de l'argent)./ 5. Quand ils (elles) nous ont appelés, ils (elles) nous ont dit qu'ils viendraient nous rendre visite./ 6. Lorsque je lui ai dit d'entrer, il m'a dit qu'il n'avait pas le temps.*

II. 1. Nu ka gosta pa-nu mora na Práia./ 2. Ês fla-u pa-u fla bu pai p-e fika ku bo./ 3. Nhós ta átcha ma Práia é bunitu ?/ 4. M-fla-s p-ês tchiga oxi dés óra di parmanham ou **m-fla-s m-ês ta tchiga oxi dés óra di parmanham./ 5. M-sabi ma Djonsinhu ta trabádja dretu na skóla.**
Traductions : *1. Nous n'avons pas envie d'habiter à Praia./ 2. Ils (elles) t'ont dit (conseillé) de dire à ton père de rester avec toi./ 3. Trouvez-vous que Praia est (soit) jolie ?/ 4. Je leur ai dit de venir (d'arriver) aujourd'hui à dix heures du matin* ou *je leur ai dit qu'ils (elles) arriveraient aujourd'hui à dix heures du matin./ 5 Je sais que Jeannot travaille bien à l'école.*

III. 1. Djom ka seta pa-m bá ku el./ 2. M-kré pa-u fla-m kusé ki fasi./ 3. Kel bendidera ki mora na Pilom Kam fla-m ma si zóna é sábi./ 4. Bu ta átcha ma mafáfa sta káru ? Ontom bu tem ki kumpra batáta./ 5. Káru ki-m kumpra oxi ka más grándi ki káru di Pedru.

IV. 1. A-li ka ta da, a-la ta da./ 2. A-si, bu ka ta midjora. Bu mesti diskánsa./ 3. Manham bu tem pontu, a-gó si bu kré tra bom valor, bu tem ki trena.

V. 2. A-nhós nhós kompô-s káru, má ês ês ka da-nhós dinheru./ 3. A-mi m-kompô-l káru, má el e ka da-m dinheru./ 4. A-ês ês kompô-nu káru, má nós nu ka da-s dinheru./ 5. A-nós nu kompô-s káru, má ês ês ka dá-nu dinheru.
Traduction phrase 1 : *toi tu as réparé ma voiture, mais moi, je ne t'ai pas donné d'argent.*

VI. 1. Nu tchiga gósi-li./ 2. Nha pai tchoma Pedru. / 3. M-tchoma nh'armum, má e ka kudí-m./ 4. Básta m-e midjora, m-ka ta sta ku xintidu kansádu más./ 5. Nh'armum fla-m pa-m fla-u m-e ka ta bem Práia oxi.

Leçon 13

I. 1. Mudjeris berdiánu./ 2. Kas ki bu kré ?/ 3. A-ês é di li, a-mi é di Fránsa/ 4. Fransezis di Práia ka sabi papia kiriolu./ 5. Ómis ki tchomâ-m fla-m ma-u kebra mó./ 6. Ês bá bádja ku mosis, mosis ka lebâ-s kása dispós.
Traductions : *1. Des (les) femmes capverdiennes./ 2. Lesquels veux-tu ?/ 3. Ils sont d'ici, moi je suis français./ 4 Les Français de Praia ne savent pas parler le créole* (ici le singulier pourrait être maintenu si le contexte indique qu'il s'agit d'une généralité)./ *5. Les hommes qui m'ont appelé m'ont dit que tu t'étais cassé le bras./ 6. Elles sont allées danser avec les (des) garçons, et (mais) après les garçons ne les ont pas ramenées à la maison.*

II. 1. Kes pikéna é fransés./ 2. Mudjer ta trabádja más ki ómi./ 3. Mudjeris ki nu odja ka flá-nu mantenha./ 4. Tcheu algem fla-m m-ês ka kré kumi ku el./ 5. Kántu fidju bu tem ? - M-tem sinku fidju, trés mátchu, dós fémia./ 6. M-tarsê-u trés kilu di papáia. - M-ka podi tomâ-l.

III. 1. Es sumána m-ka ta trabádja./ 2. Es káru (é) más bunitu ki kel ou **kel káru-li é más bunitu ki kel-la./ 3. Kes mós sata** (ou **ta**) **bebi tcheu grógu./ 4. Si bu bebi d-es grógu** (ou **di kel grógu-li**)**, bu ta toma moku./ 5. E fla-m ma kel kasáku-li** (ou **ma es kasáku-(li)**) **é pa mi, ma kel kasáku-la** (ou **ma kel kasáku-(la)**) **é pa bo.**

IV. 1. Ómi ka gosta di spéra mudjer (ou **mudjer ka gosta di spéra ómi)/ 2. Es noti m-ta bá Práia ku amigus./ 3. M-ka ta fika n-es kau pamódi dja-m fronta./ 4. Bu fla rapásis p-ês sperâ-s.**
Traductions : *1. Les hommes n'aiment pas attendre les femmes* (ou *les femmes n'aiment pas attendre les hommes*)*./ 2. Ce soir j'irai à Praia avec des amis./ 3. Je ne veux pas rester dans cet endroit parce que je suis excédé (j'en ai assez)./ 4. Tu as dit aux garçons de les attendre ?*

V. 1. Kré e ka tchiga inda./ 2. Kes pikéna fla-m ma-u ka bem./ 3. Sedi dja da-m (ou **m-teni sedi**)**, m-kré pa-u da-m póntchi./ 4. Kré rapásis ka átcha nha kása./ 5. Kré bu ntendi m-e ka sabi kiriolu./ 6. M-ta bebi grógu tudu diâ, má m-gosta más di sarabedja.**

Leçon 14

I. 1. Ês ta odjába nha pai tudu diâ./ 2. Nu temba ki bemba Práia./ 3. E ka ta papiába fransés dretu (en contexte passé **e ka ta papia** pourrait suffire)**./ 4. M-ka kreba pa-u trabadjába ku mi** ou **m-ka kré pa-u trabadjába ku mi** ou **m-ka kreba pa-u trabádja ku mi./ 5. Pálu ka éra grándi sima Pedru./ 6. Óki-m flába** (ou **fla**) **Pedru mantenha, nunk'e ka ta kudiba./ 7. Ês ta pasába** (ou **pása**) **fómi pamódi ês ka teneba batáta.**
Traductions : *1. Ils voyaient mon père tous les jours./ 2. Nous devions (re)venir à Praia./ 3. Il ne parlait pas bien le français./ 4. Je ne voulais pas que tu travailles avec moi./ 5. Paul n'était pas aussi grand que Pierre./ 6. Lorsque je saluais Pierre, il ne répondait jamais./ 7. Ils souffraient de la (avaient) faim parce qu'ils n'avaient pas de patates douces.*

II. 1. Óki azágua ka dába, algem ta padiseba ou **óki azágua dába, algem ka ta padiseba./ 2. A-mi m-kreba pa nha pai bibeba ku mi./ 3. Na kel altura Práia éra más pikinóti ki gósi./ 4. Nhós flába Sándra ma-nhós gostába di si pai.**
Traductions : *1. Lorsque les récoltes étaient insuffisantes, les gens avaient faim* ou *lorsque les récoltes étaient abondantes, les gens n'avaient pas faim./ 2. Moi je voudrais* (ou *voulais*) *que mon père vive avec moi./ 3. À cette époque, Praia était plus petite (moins grande) qu'aujourd'hui./ 4. Vous aviez dit à Sandra que vous aimiez son père.*

III. 1. M-temba ki papiába ku bo na kel (ou **n-es**) **prabulema./ 2. Éra p-e ka bebeba sarabedja más./ 3. Nu ta tomába um** (obligatoire car il s'agit d'un nombre et non d'un article indéfini) **grógu ku dós póntchi**

tudu diâ./ 4. M-gostába di almusába ku nhós na Santiágu./ 5. A-mi m-ka kreba pa-u papiába ku kes mudjer./ 6. M-mesteba mel pa-m purparába nha póntchi./ 7. Kusé bu sata faseba (ou **kusé bu stába n-el) ? - M-sata kompoba káru na** (um) **ofisina di Práia.**

IV. 1. Um diâ m-ta torna bai Kau Berdi./ 2. A-mi m-ka gostába pa-m bibeba ku nhas tiu (ou **nha tius**)**./ 3. Nhas donu** (ou **nha donus**) **kusiá-nu uma gizádu !/ 4. Pálu, bu sabeba ma ses pai é armum ?/ 5. Dja ki bu ka gosta di papáia, m-ka ta torna kumprâ-u./ 6. Nhas armum fla-m** (**nh'armuns fla-m**) **ma-u ka kré p-ês torna pása fómi./ 7. E kumpra uma káru ! Bunitu !**

Leçon 15

I. 1. M-ka fla-l-el./ 2. Nhós ka dá-nu-el./ 3. E ta pistâ-l-el./ 4. Nhós ka tarsê-nh-el./ 5. E mandâ-s-el./ 6. M-lebâ-u-ês skóla./ 7. M-kumpra-nhós-el.
Traductions : *1. Je ne le lui ai pas dit./ 2. Vous ne nous l'avez pas donnée./ 3. Il la lui prêtera./ 4. Vous ne me l'avez pas apporté./ 5. Ils les leur a envoyées./ 6. Je te les ai emmenés à l'école./ 7. Je vous l'ai acheté.*

II. 1. E da-s-el./ 2. M-mandâ-u-el./ 3. Ês kumprá-nu-el./ 4. Bu tarsê-nh-ês./ 5. Nu pista-nhós-el./ 6. Nhós fla-l-el, má e ka obí-l.

III. 1. Undê-u ? Alê-u li, nau alâ-u la, bu sta la./ 2. Undê-nu ? Alê-nu li, nau alá-nu la, nu sta la./ 3. Undê-l ? Alê-l li, nau alâ-l la, e sta la./ 4. Undê-m ? Alê-m li, nau alâ-m la, m-sta la./ 5. Undi-nhós ? Ali nhós li, nau ala nhós la, nhós sta la./ 6. Undi Sándra ku Djom ? Alê-s li, nau alâ-s la, ês sta la.

IV. 1. Undi nha káru ? - Dja-m tarsê-u-el./ 2. M-skrebê-l kárta má m-ka mandâ-l-el./ 3. Undê-l ? - Alâ-l ta bem.
Traductions : *1. Où est ma voiture ? - Je viens de te la ramener./ 2. Je lui ai écrit une lettre, mais je ne la lui ai pas envoyée./ 3. Où est-il ? - Le voilà qui arrive.*

V. 1. Undi si armum ? Alâ-l la !/ 2. Bu kustuma bádja bádju di Kau Berdi ?/ 3. Undi nhós mininu(s) (ou **mininus di nhós**) **? Nhós kré pa-nu tarsi-nhós-ês ?/ 4. Undi kel sinku libru ? - Ês sta na nha kása pamódi bu pistâ-nh-el./ 5. Dja-u odja** (ou **bu odja**) **rapásis, bendidera kré papia ku ês. - M-sabi undê-s, m-ta mandâ-l-ês manham./ 6. M-kustuma bá Fránsa, má m-ka kustuma bá Mérka./ 7. Pamódi nhós ka skrebê-m ? - Módi ? Bu ka átcha nós kárta ? Nu mandâ-u-el kuárta-fera !**

Leçon 16

I. 1. Verbe **sabi**, *savoir,* aspect : accompli (marque zéro), voix : passive (marque **-du**), temps : présent (marque zéro)/ 2. Verbe **fasi**, *faire*, aspect : accompli (marque zéro), voix : passive (marque **-du**), temps : passé (marque **-ba**), ici les marques de voix et de temps sont fusionnées dans une seule marque de passif-passé (marque **-da**)/ 3. Verbe **bombu**, *porter sur le dos*, aspect : habituel (marque **ta**), voix : passive (marque **-du**), temps : présent (marque zéro)/ 4. Verbe **fla**, *dire*, aspect : accompli (marque zéro), voix : passive (marque **-du**), temps : présent (marque zéro), verbe **sta**, *être (quelque part)*, aspect : accompli (marque zéro), voix : active (marque zéro), temps : présent (marque zéro)/ 5. Verbe **fla**, *dire*, aspect : actuel (marque **dja**, ici **dj-**), voix : passive (marque **-du**), temps : présent (marque zéro), verbe **kré**, *vouloir*, aspect : accompli (marque zéro), voix : active (marque zéro), temps : présent (marque zéro)/ 6. Verbe **bebi**, *boire*, aspect : progressif (marque **sata**), voix : passive (marque **-du**), temps : présent (marque zéro).
Traductions : *1. on (personne) ne sait pas son nom/ 2. Ce jour-là, on avait fait une belle fête (une fête agréable)./ 3. À la campagne, on porte les enfants sur le dos./ 4. On nous a dit que notre frère se trouve* (ou *trouvait*) *ici./ 5. On leur a (déjà) dit de ne pas aller là-bas, mais ils ne veulent rien entendre./ 6. On boit (les gens boivent) beaucoup de rhum cette année au Cap-Vert.*

II.a. 1. dádu/ 2. dádu/ 3. fládu/ 4. tendu/ 5. djugádu, fasedu.
II.b. 1. Ês ka ta dáda náda./ 2. Mininus dja dáda óla di purtugés./ 3. A-mi m-fláda ma si pai kebra (ou **kebrába**) **mó./ 4. Na nós sidádi, ka tenda nunhum prabulema kel ánu./ 5. Na Áfrika ta djugáda ori, n'Orópa ke-li ka ta faseda.**
Traductions : *1. On ne leur donnait rien (ils ne recevaient rien)./ 2. Les enfants avaient (déjà) fini* (ou *venaient de finir*) *leur (le) cours de portugais./ 3. Moi, on m'avait dit que son père s'était cassé le bras./ 4. Dans notre ville, il n'y avait eu aucun problème cette année-là./ 5. En Afrique, on jouait à l'awélé, (mais) en Europe cela ne se pratiquait (faisait) pas* (ou *on ne faisait pas cela).*

III. 1. E tchomádu Djom./ 2. Ke-li ka podi fládu na lingua kiriolu./ 3. Nhós sata speráda na Práia./ 4. Si pai matâ-l, má si mai fládu m'éra otu algem./ 5. Um bés, ta (ou **sata**) **pasáda fómi** (ou **algem ta pasába fómi**) **na Kau Berdi, oxi inda ta** (ou **sata**) **pasádu fómi n-otu téra di Áfrika.**

IV. 1. Ês mesti kumeba./ 2. A-nhós nhós ka kré badjába./ 3. M-ka podi sperába más di ki si./ 4. Nunka bu ka kustuma purbába torésma./ 5. Nu kré torna bemba Kau Berdi, má nu ka sabeba mok'éra pa-nu faseba.
Traductions : *1. Ils avaient besoin de manger./ 2. Vous vous ne vouliez pas danser./ 3. Je ne pouvais pas attendre davantage./ 4. Tu n'avais jamais goûté de la couenne de cochon frite./ 5. Nous voulions revenir au Cap-Vert, mais nous ne savions pas comment nous devions faire.*

V. 1. E po-l na si káru./ 2. Nunka m-ka bá Fránsa (ou **m-ka kustuma bá Fránsa**)**./ 3. Inda nhós ka kumpra káru ?/ 4. Kusé bu ta toma ? - A-mi m-kré tomába** (ou **bebeba**) **sarabedja** (ou **a-mi m-ta toma** (**um**) **sarabedja**)**./ 5. Dja ki m-diskeseba nha raís afrikánu, m-kré** (**bá**) **konxeba Senegal.**

Leçon 17

I. *1. Ils ne voulaient pas nous le donner./ 2. Je ne leur avais jamais rien dit./ 3. Si j'étais riche, je ne vous donnerais rien./ 4. Je voudrais le manger maintenant, parce que j'ai faim./ 5. Parfois (des fois) il me disait de l'attendre (que je l'attende) mais il ne venait jamais.*

II. 1. Bu dába-nós-el./ 2. E mandába-ês-el./ 3. M-ka podi flába-nhós-el./ 4. M-ka kré flába-bo-el, má bo bu kré sabeba./ 5. E flába-mi m-e gostába di mi, má e ka bá undê-m./ 6. Si nu temba (ou **teneba**) **káru, nu ta tarseba-el-ês.**

III. 1. Ês sánha na kumpanheru./ 2. Ês máta kumpanheru./ 3. Nu papia ku kumpanheru./ 4. Pedru ku Sándra gosta di kumpanheru./ 5. Ês kré matába kabésa.

IV. 1. S-e kreba-mi, e ta flába-mi-el./ 2. Si-m ka atchába si kása, m-ta torna bába Práia/ 3. Só m-odjába koitádu, m-ta dába-el dinheru kel óra./ 4. Si nu ka dexába di kel kombérsu, a-el e ta matába kabésa./ 5. Si nhós serba riku (ou **si nhós éra riku**)**, nhós ta kumbidába-nós pa-nu bába** (ou **bai**) **buáti.**
Traductions : *1. S'il m'aimait, il me l'aurait dit (il me le dirait)./ 2. Si je n'avais pas trouvé sa maison, je serais retourné à Praia./ 3. Dès que je verrais des pauvres (un pauvre), je leur (lui) donnerais aussitôt de l'argent./ 4. Si nous n'avions pas arrêté de parler de cela, il se serait suicidé./ 5. Si vous étiez riches, vous nous inviteriez à sortir (aller) en boîte de nuit.*

V. 1. Si bu ka temba dinheru, e ka ta bá undeba-bo./ 2. Si nhós bemba ku Djom, Sándra ka ta bemba./ 3. Si-m serba (ou **si mi éra**) **riku, m-ta mánda dába koitádu dinheru./ 4. Si nha pai ka kebrába mó, m-ka ta stába** (ou **m-ka stába**) **ku xintidu kansádu./ 5. Si nhas donu mandába-mi kárta, m-ta kudiba-ês kel óra.**

VI. 1. Ês ka kré pa Djom ser pursor./ 2. Na kel altura, nunka m-ka bába Mérka./ 3. M-po-l trabádja pamódi e ka kré faseba náda./ 4. E perdi tudu si familias (ou **tudu ses familia**)**, má e tem-bo./ 5. Óki-m ser riku, m-ta mánda fasi kása pa nhas tud'amigu** (ou **tudu nhas amigu** ou **tudu nh'amigus** ou **nha tud'amigus**).

Leçon 18

I. 1. Nu bádja, ka-nu bádja./ 2. Bem, ka-u bem./ 3. Nhós spéra, ka-nhós spéra./ 4. Sai, ka-u sai./ 5. Nu trabádja, ka-nu trabádja.
Traductions : *1. Dansons, ne dansons pas./ 2. Viens, ne viens pas./ 3. Attendez, n'attendez pas./ 4. Sors, ne sors pas./ 5. Travaille, ne travaille pas.*

II. 1. Nhós flá-nu-el !/ 2. Ka-nu sperâ-s./ 3. Manham m-ta fasi pastel. - Só ka-u fasi !/ 4. M-teni fómi (ou **fómi dja da-m**)**. Da-m mángi m-kumi./ 5. Bu kré pa-m bá buska mininus ? - Aiam, tarsê-nh-ês li !/ 6. Nhós pára minina subi !**

III. 1. **l** = COI, **el** = COD, **Práia** = CDE./ 2. **Sándra** = COI, **el** = COD./ 3. **s** = COD, **kása** = CDE./ 4. **l** = CDE./ 5. **nh'armum** = COI, **dós mángi** = COD.
Traductions : *1. Je le lui ai emmené à Praia./ 2. Tu l'as prêté à Sandra./ 3. Nous les ramènerons à la maison./ 4. Pourquoi n'y êtes-vous pas allés ?/ 5. Il a donné deux mangues à mon frère.*

IV. 1. Nu ka fla Pedru el./ 2. Nhós mánda fla-s mantenha./ 3. Bu da nh'amigu duzéntus merés./ 4. M-torna lebâ-s fóra./ 5. M-bá Somáda ku Tarafal, m-kunsa bem Práia.

V. 1. Dja-m ká kánsa./ 2. Odju'l pé sata duê-m./ 3. Pai di Sándra ki kumpra es káru (ou **kel káru-li**)**./ 4. Undê-s ? - Dj-ês ká dixi di káru./ 5. Ês bá ti kel zóna fóra'l mó./ 6. Bo ki fla ma-m ka sabi giâ ?**

Leçon 19

I. 1. Módi nhu tchoma ?/ 2. Kása di nhó más grándi ki di sel./ 3. M-kré tilifonába-nha, má témpu ka da-m./ 4. A-nhó nhu tchomâ-l, a-el e ka obi-nhó./ 5. Dj-ês bá buska fidjus di nha má ind'ês ka tarsi-nha-ês.
Traductions : *1. Comment vous appelez-vous (Monsieur) ?/ 2. Votre maison est plus grande que la sienne (Monsieur)./ 3. Je voulais vous téléphoner (Madame), mais je n'en ai pas eu le temps./ 4. Vous (Monsieur), vous l'avez appelé, mais lui il ne vous a pas entendu./ 5. Ils sont (déjà) partis chercher vos fils (Madame), mais ils ne vous les ont pas encore ramenés.*

II. 1. Dja-m fla-nhó pa-nhu sperâ-m./ 2. Nha kré kumi ku mi ?/ 3. Nhu xinta m-bá tchoma armum di nhó./ 4. Nha káru é bedju, má di nha é nóbu./ 5. E mandába-nha-el, má nha ka atchâ-l.

III. 1. Es káru ki-m ka odja./ 2. Ku kes ómi ki nu papia ou **kes ómi ki nu papia ku el./ 3. Pa bu pai k-u tilifona** ou **bu pai k-u tilifona pa el ?/ 4. Só banána ku papáia k-ês ta kumeba.**
Traductions : *1. C'est cette voiture-ci que je n'ai pas vue./ 2. C'est avec ces hommes que nous avons parlé./ 3. C'est à ton père que tu as téléphoné ?/ 4. Ils ne s'alimentaient que de bananes et de papayes (c'est uniquement de bananes et de papayes qu'ils s'alimentaient).*

IV. 1. Nu ka fláda s-u bába Fránsa./ 2. Ês ka sabeba si nhu kebrába-mó./ 3. Pedru ka fla-m si Sándra ta bem oxi./ 4. Bu ka lembra si bu tiu flába-bo pa-u tilifonába-el.
Traductions : *1. On ne nous avait pas dit que tu étais allé en France./ 2. Ils ne savaient pas que vous vous étiez (Monsieur) cassé le bras./ 3. Pierre ne m'a pas dit que (si) Sandra venait aujourd'hui./ 4. Tu ne t'es pas rappelé que ton oncle t'avait dit de lui téléphoner.*

V. 1. Na ónti, e fla-m ma-u ka gosta d-el./ 2. Na kántu ki nhó éra mininu, kusas éra diferenti./ 3. Na antigamenti, sata (ta) poda batuku más tcheu.

VI. 1. Di kel minina (ou **pikéna**) **ki bu gosta** ou **kel minina** (ou **pikéna**) **ki bu gosta d-el ?/ 2. Nunk'e ka ser nha pursor./ 3. Ku kel káru-la ki-m bem** ou **kel káru-la ki-m bem ku el./ 4. M-diskesi si Djom ka podi bem oxi./ 5. Ês ka sabeba si nha tiu kumprába kása nóbu./ 6. Ók-u bá Senegal, mandâ-m kárta pa-m sabi ma-u tchiga dretu.**

Leçon 20

I. 1. Um diâ, ku Diós, m-al (bá) konxi Orópa ku Mérka./ 2. E al torna bem, má m-ka sabi si inda m-ta sta li ók-e tchiga./ 3. M-teni fómi, m-ka teni dinheru. - Bá átcha Djom : e al teni banána./ 4. Ók-u sta ku sodádi, bu al mandâ-m kárta má mi m-ka ta kudí-u.

II. 1. Kel mudjer é feia./ 2. E tem trés báka./ 3. Nha mai ka gosta di mi./ 4. E tem só armum fémia./ 5. A-mi nunka m-ka ta kása ku mudjer bránku./ 6. A-bo bu gosta di kel minina (ou **pikéna) ? - A-mi m-gosta más di kel préta-la.**
Traductions : *1. Cette femme est laide./ 2. Il (elle) a trois vaches./ 3. Ma mère ne m'aime pas./ 4. Il (elle) n'a que des sœurs./ 5. Moi je ne me marierai jamais avec une femme au teint pâle./ 6. Tu la trouves jolie cette femme toi ? - Moi, je préfère celle qui a le teint foncé là-bas.*

III. 1. E pari um fidju fémia oxi sédu./ 2. Sándra tem séti fidju : kuátu mátchu, trés fémia./ 3. Katchor fémia ta ládra más ki (katchor) mátchu./ 4. Kes báka bránku é réi di feiu, a-mi m-gosta más di kel prétu-la./ 5. Kel pursóra-li é bunita, má m-gosta más di kel minina stranjeru-la.

IV. 1. A-nhós nhós ka bá ku ês Fránsa./ 2. A-mi m-ka gosta di minina feia./ 3. Bu bai bu kaminhu bu ka fla-m náda ou **bu ka fla-m náda bu bai bu kaminhu./ 4. Pa-m fika mi-só, dexâ-m bibi ku el** ou **pa-m bibi ku el dexâ-m fika mi-só./ 5. Si bu tem um fidju fémia, ka-bu dexâ-l na sála di bádju.**
Traductions : *1. Vous, vous n'êtes pas allés en France avec eux./ 2. Moi, je n'aime pas les filles laides./ 3. Tu es parti et tu ne m'as rien dit (sans rien me dire)* ou *tu ne m'as rien dit et tu es parti./ 4. Je préfère vivre avec lui que de rester toute seule* (ou *je préfère vivre avec elle que de rester tout seul*) ou *je préfère rester toute seule que de vivre avec lui* (ou *je préfère rester tout seul que de vivre avec elle*)*./ 5. Si tu as une fille, ne la laisse pas [aller seule] dans les salles de bal.*

V. 1. M-fla Pedru mantenha, má e ka kudí-m./ 2. Pa-m kumi mafáfa, dexâ-m pása fómi./ 3. Pa fika li sem trabádju, dexa bá Mérka./ 4. M-bai ku Anne Senegal, e fika la, a-mi m-torna bem Práia./ 5. S-u ka bebeba grógu, bu ta teneba (ou **temba) más dinheru, bu ta kumprába kása.**

Leçon 21

I. 1. Bo ki-m odja ónti na Práia./ 2. Ês (é) **k'é amigu di nha xefri./ 3. Ku kel trés amigu ki-m bem** ou **kel trés amigu ki-m bem ku el./ 4. El** (é) **k'é fidju di Djom./ 5. Trés óra ki-m tchiga./ 6. Nhó ki ka ntendi náda !**
Traductions : *1. C'est toi que j'ai vu hier à Praia./ 2. Ce sont eux (qui sont) les amis de mon chef/ patron./ 3. C'est avec ces trois amis que je suis venu./ 4. C'est lui (qui est) le fils de Jean./ 5. C'est à trois heures que je suis arrivé./ 6. C'est vous qui n'avez rien compris !*

II. 1. Térsa-fera, nu ta studa lisom vinti-dós./ 2. Purmeru bés ki-m bá djobi tiátu, m-odja Rumeu ku Juliéta./ 3. Dj'é sinku fidju k-e tem./ 4. M-fasi (ou **dja-m fasi) dós bolu : kel purmeru é pa nhas amigu, kel sugundu é pa nhas gentis./ 5. E tchiga na kuártu lugár.**

III. 1. Nha ki tchoma Sándra Baréla ?/ 2. Sándra é mutu bunita, má m-gosta más di Zináida./ 3. Pa trabádja pa el, dexa fika póbri ! ou **pa-m trabádja pa el, dexâ-m fika póbri !/ 4. Nhós ki temba ki tarseba mininus !/ 5. Bu teni tchábi ? – M-teni sim. Alê-l li !/ 6. Sésta-fera k-u ta** (ou **sata) bá Tarafal ?**

Leçon 22

I. Chanson 1 : **Sodádi**
Kem ki mostrâ-u/ Es kaminhu lonji ? (bis)**/ Es kaminhu/ Pa Sam Tomé ?**
Sodádi (ter)**/ D-es nha téra Sam Nikulau !**
Si bu (ou **s-u) skrebê-m/ M-ta skrebê-u/ Si bu** (ou **s-u) diskesê-m/ M-ta diskesê-u**
Ti diâ k-u bolta (ou **k-u torna bem)**
Chanson 2 : ***Petit pays***
La na seu, bo é (um) stréla/ Ki ka ta limia
Li na már, bo é (um) riâ/ Ki ka ta modja
Spadjádu n-es mundu fóra/ Só rótcha ku már
Téra póbri, xei d'amor/ Tem mórna, tem koladera
Téra sábi, xei d'amor/ Tem batuku, tem funaná
Oi fórti sodádi/ Sodádi sodádi/ Oi fórti sodádi/ Sodádi sem fim

MÉMENTO GRAMMATICAL

DU CAPVERDIEN MODERNE

(DIALECTE DE SANTIAGO)

On trouvera ci-dessous un rappel des principales règles phonétiques et morphologiques du capverdien moderne. Pour plus de détails, reportez-vous aux explications données dans les leçons en vous servant de l'index grammatical.

PRONONCIATION ET ORTHOGRAPHE

I. L'accent tonique

En capverdien, tous les verbes, substantifs, adjectifs, adverbes, ainsi que certains pronoms comportent une voyelle tonique. Les 3 règles suivantes permettent de retrouver la voyelle tonique d'un mot à partir de sa forme écrite :

- règle 1 : toute voyelle portant un accent écrit – aigu (´) ou circonflexe (^) – est tonique.

- règle 2 : en l'absence d'accent écrit, tout mot terminé par une voyelle ou une voyelle suivie de –{s} est accentué sur l'avant-dernière syllabe.

- règle 3 : en l'absence d'accent écrit, tout mot terminé par une consonne autre que –{s} est accentué sur la dernière syllabe.

II. Voyelles

II.1. Voyelles orales

Symbole API	Orthographe employée ici	Équivalent français (si existant)
/i/	{i, í}	{**i**} de *fini*
/u/	{u, ú}	{**ou**} de ***coucou***
/e/	{e, ê} {é} en fin de mot	{**é**} de ***été***
/ɐ/	{a, â}	proche du {**œu**} de *sœur*
/o/	{o, ô} {ó} en fin de mot	{**eau**} de *peau*
/ɛ/	{é}	{**è**} de *j'achète*
/a/	{á}	{**a**} de *papa*
/ɔ/	{ó}	{**o**} de *pomme*

II.2. Voyelles nasales

Symbole API	Orthographe employée ici	Équivalent français (si existant)
/ĩ/	{in, im, i-m, í-m}	proche du {**ing**} de *parking*
/ũ/	{un, um, ú-m}	proche du {**ung**} de *Samsung*
/ẽ/	{en, em, e-m, ê-m}	{**in**} de *zinzin*
/ɐ̃/	{an, am, a-m, â-m}	proche du {**un**} de *embrun*
/õ/	{on, om, o-m, ô-m}	{**on**} de *bonbon*
/ɛ̃/	{én, ém}	proche du {**in**} de *fin* prononcé avec l'accent du Sud-ouest
/ã/	{án, ám}	{**an**} de *gnangnan*
/ɔ̃/	{ón, óm}	proche du {**on**} de *bon* prononcé avec l'accent du Sud-ouest

III. Consonnes

Symbole API	Orthographe employée ici	Équivalent français (si existant)
/p/	{p}	{**p**} de *poupée*
/t/	{t}	{**t**} de *téter*
/tʃ/	{tch}	{**c**} de *tchèque*
/k/	{k}	{**c**} de *coco*
/b/	{b}	{**b**} de *baba*
/d/	{d}	{**d**} de *dédale*
/dʒ/	{dj}	{**dj**} de *adjoint*
/g/	{g}	{**g**} de *gaga*
/f/	{f}	{**f**} de *fanfaron*
/s/	{s}	{**ss**} de *ressasser*
/ʃ/	{x}	{**ch**} de *chouchou*
/v/	{v}	{**v**} de *vivoter*
/z/	{z}	{**z**} de *zézayer*
/ʒ/	{j}	{**j**} de *jujube*
/m/	{m}	{**m**} de *maman*
/n/	{n}	{**n**} de *nounou*
/ñ/	{nh}	{**gn**} de *gnognotte*
/ŋ/	{ñ}	{**ng**} de l'anglais *singing*
/r/	{r}	{**r**} "roulé" de l'espagnol *torero*
/l/	{l}	{**l**} de *loulou*
/j/	{i}	{**y**} de *yole*
/w/	{u}	{**ou**} de *fouet*

IV. Correspondances avec les autres systèmes orthographiques

Le système orthographique Verbalis-Quint (VQ), utilisé dans cette méthode, suit pour l'essentiel les règles de l'ALUPEC (ALphabet Unifié Pour l'Écriture de la langue Capverdienne, adopté par le Parlement de la République du Cap-Vert en 1998 pour une période expérimentale de cinq ans). Il s'en démarque néanmoins sur un certain nombre de points secondaires pour des raisons d'ordre technique et linguistique dont le détail est de peu d'intérêt pour un non-spécialiste.

On trouvera dans le tableau ci-dessous la liste des principaux points de divergence entre les deux systèmes.

Point	VQ	Exemple	ALUPEC	Exemple	Traduction
1	{á}	k**á**ba	{i}	k**a**ba	*finir*
2	{tch}	**tch**ora	{tx}	**tx**ora	*pleurer*
3a	{mb, mp}	kó**mp**ra	{nb, np}	kó**np**ra	*achat*
3b	{m} final	bo**m**	{n} final	bo**n**	*bon*
4	{ñ}	**ñ**anhi	{n̈}	**n̈**anhi	*ronger*
5	{li}	i**li**a	{lh}	i**lh**a	*île*

N.B. : le dictionnaire de référence Créole de Santiago-Portugais-Allemand de l'équipe du linguiste Jürgen Lang (voir la Bibliographie) suit les conventions de l'ALUPEC pour les points 2, 3 et 5 et celles du système Verbalis-Quint pour le point 1.

MORPHOLOGIE

I. Le nom

I.1. Substantifs (noms communs) et adjectifs qualificatifs

Comme le français et le portugais, le créole distingue deux types de noms :

- les substantifs (ou noms communs).

Exemples : **ómi, mudjer, katchor, mésa**, *homme, femme, chien, table.*

- les adjectifs qualificatifs.

Exemples : **grándi, pikinóti, bedju**, *grand, petit, vieux.*

Cependant, comme dans de nombreuses langues romanes, la limite entre les deux catégories est loin d'être tranchée :

- la plupart des adjectifs peuvent être substantivés (en présence d'un démonstratif etc.).

Exemple : **m-gosta más di kel pikinóti-li**, *je préfère le petit*, lit. "*ce petit-ci*".

- de nombreux noms peuvent être indifféremment adjectifs ou substantifs en fonction du contexte.

Exemple :

- **m-kumpra káru merkánu**, *j'ai acheté une voiture américaine* (emploi adjectival de **merkánu**, *américain*).

- **n-es otel, tem tcheu merkánu**, *il y a beaucoup d'Américains dans cet hôtel* (emploi substantivé de **merkánu**).

I.2. Flexions de nombre

Comme le français, le capverdien connaît deux nombres : le singulier et le pluriel.

I.2.1. Formation du pluriel

Voici les règles de formation du pluriel des noms en capverdien:

- 1. les mots terminés par une voyelle forment leur pluriel par adjonction d'un –**s** final.

Exemples : **ómi, minina**, *homme, jeune fille* > **ómis, mininas**, *hommes, jeunes filles.*

- 2. les mots terminés par une consonne autre que –**m** forment leur pluriel par adjonction d'un –**is** final.

Exemples : **mudjer, rapás**, *femme, garçon* > **mudjeris, rapásis**, *femmes, garçons.*

- 3. les mots terminés par –**m** (c'est-à-dire par une voyelle nasale) forment graphiquement leur pluriel en remplaçant le –**m** par –**ns**.

Exemple : **armum**, *frère* > **armuns**, *frères.*

N.B. : les noms en **-és** ont généralement un pluriel en **-ezis**.

Exemple : **fransés**, *Français* > **fransezis**, *Français (pluriel).*

I.2.2. Usage du pluriel

L'usage du pluriel est beaucoup plus réduit en capverdien qu'en français et ce pour diverses raisons :

- **1**. le rôle du contexte : si un élément quelconque du contexte permet de savoir que le nom est au pluriel, on ne met pas de marque de pluriel.

Exemples :

- **mudjer di Kau Berdi é bunita**, *les femmes du Cap-Vert sont jolies*, lit. "*la femme du Cap-Vert est jolie*". On sait qu'il y a plus d'une femme au Cap-Vert, donc on n'a pas besoin de mettre le mot **mudjer**, *femme*, au pluriel en créole.

- **m-tem trés fidju**, *j'ai trois enfants.* Le numéral **trés**, *trois*, permet de savoir qu'il y a plus d'un enfant, donc il est inutile de mettre **fidju** au pluriel.

- **2**. la règle de la marque unique : un groupe nominal ne comporte qu'une seule marque de pluriel, placée presque toujours sur le premier élément pluralisable du groupe.

Exemple : **kes katchor**, *ces chiens.* Il n'est pas nécessaire de fléchir **katchor** au pluriel puisque le démonstratif **kes** est déjà au pluriel.

- **3**. la raison sémantique (sens des mots) : à quelques exceptions près (notamment **kusa, kása**, *chose, maison*), seuls les substantifs faisant référence à des êtres animés (êtres humains ou animaux) peuvent former un pluriel. Ainsi, des mots comme **káma, lansol, póti**, *lit, drap, jarre*, n'ont pas de forme plurielle en santiagais. Si on veut indiquer qu'il y en a plusieurs :

- on en spécifiera le nombre avec un numéral (**um, dós, trés**..., *un, deux, trois...*) : **trés káma**, *trois lits.*

- ou on en indiquera la quantité relative au moyen d'un adverbe (**tcheu, poku**, *beaucoup de, peu de*) : **n-es kása, tem tcheu póti**, *il y a beaucoup de jarres dans cette maison.*

- ou bien on utilisera un déterminant (démonstratif, indéfini...) au pluriel : **uns lansol**, *quelques draps.*

I.3. Flexions de genre

Le capverdien santiagais connaît deux genres nominaux, le masculin (ou genre non marqué) et le féminin (genre marqué).

I.3.1. Formation du féminin

Les formes féminines des noms se classent en trois catégories :

- **1**. les féminins lexicaux. Pour un petit nombre de substantifs courants désignant des êtres humains ou des animaux familiers, il existe une forme féminine bien distincte de la forme masculine.

Exemples :

- **ómi**, *homme* ≠ **mudjer**, *femme*.
- **pai**, *père* ≠ **mai**, *mère*.
- **boi**, *taureau* ≠ **báka**, *vache*.

- **2**. les féminins analytiques. Pour la plupart des noms désignant des animaux (à l'exception de ceux ayant un féminin lexical) ainsi que pour quelques noms de parenté, on distingue le masculin du féminin au moyen des adjectifs **mátchu**, *mâle*, et **fémia**, *femelle*.

Exemples :

- **fidju mátchu**, *fils*, lit. "*enfant mâle*" ≠ **fidju fémia**, *fille*, lit. "*enfant femelle*".
- **katchor mátchu**, *chien (mâle)*, lit. "*chien mâle*" ≠ **katchor fémia**, *chienne*, lit. "*chien femelle*".

- 3. les féminins synthétiques. Ceux des adjectifs qui se fléchissent en genre et un certain nombre de substantifs ont une désinence spécifique pour le féminin. Cette désinence comporte toujours la lettre **–a**.

- **tiu**, *oncle* ≠ **tiâ**, *tante*.
- **trabadjador**, *travailleur* ≠ **trabadjadera**, *travailleuse* (substantif ou adjectif).
- **pursor**, *professeur, instituteur* ≠ **pursóra**, *enseignante, institutrice*.
- **bránku**, *blanc* ≠ **bránka**, *blanche*.

N.B. : seuls les adjectifs qualificatifs terminés en **–u** et en **–dor** peuvent avoir une désinence féminine (respectivement **–a** et **–dera**).

I.3.2. Usage du féminin

I.3.2.1. Substantifs

La sphère d'emploi du féminin est beaucoup plus réduite en capverdien qu'en français ou en portugais, et ce pour deux raisons au moins :

- **1**. en créole, la notion de féminin s'applique exclusivement aux êtres sexués (êtres humains et animaux). Les substantifs désignant des entités asexuées telles que **káru, mésa**, *voiture, table*, commandent tous un accord au genre non marqué (ou "masculin"). On dit en santiagais **dós káru bránku ku dós mésa bránku**, *deux voitures blanches et deux tables blanches* : malgré sa désinence **–a**, le mot **mésa**, *table*, n'est pas féminin en capverdien puisqu'il désigne un objet qui n'a pas de sexe.

- **2**. le rôle du contexte. En créole, sauf dans le cas des féminins lexicaux, on ne précise le genre féminin que si cette précision est exigée par le contexte.

Exemple :

- **a-la fidju di Djom ta bem**, peut se traduire par *voilà le fils de Jean qui arrive* ou *voilà la fille de Jean qui arrive* en fonction du contexte général. Si je suis avec des amis et que je vois par la fenêtre l'enfant de Jean en train d'arriver, mes amis le voient aussi et ils savent donc si l'enfant est un garçon ou une fille : il n'est donc pas nécessaire de parler ici de **fidju mátchu**, *enfant mâle*, ou de **fidju fémia**, *enfant femelle.*

- **Mariâ sirbi di tradutor**, *Marie a servi de traductrice (aux visiteurs étrangers...)*. En créole, on pourrait théoriquement employer une forme féminine, **tradutóra**, *traductrice, interprète femme*, mais le contexte rend cette forme superflue. On sait que Marie (prénom féminin) est une femme, donc on n'a pas besoin d'insister à nouveau sur son sexe quand on parle de son métier.

I.3.2.2. Adjectifs

Il existe des phénomènes d'accord en genre de l'adjectif qualificatif en créole, mais ces accords sont limités à quelques cas précis :

- **1**. les adjectifs ayant une forme féminine (voir plus haut) sont ordinairement fléchis au féminin seulement s'ils sont substantivés.

Exemple :

- **m-odja dós mudjer prétu**, *j'ai vu deux femmes à la peau sombre* (pas d'accord de l'adjectif qualificatif **prétu**, *noir, sombre*).

- **djobi kel dos préta-la** !, *regarde donc ces deux femmes sombres-là*, lit. "*ces deux sombres-là*" (accord de **prétu** en tant qu'adjectif substantivé).

- **2**. un petit nombre d'adjectifs qualificatifs s'accordent en présence d'un substantif. Ils ont toujours un sens directement lié à l'attrait sexuel des individus qu'ils qualifient. Ainsi, **bunitu**, *beau/ joli*, et **feiu**, *laid.*

Exemple : **rapás bunitu**, *un beau garçon* ≠ **minina bunita**, *une jolie fille.*

I.4. Récapitulation sur les flexions de genre et de nombre

Les règles qui viennent d'être énoncées pour les flexions de genre et de nombre en santiagais sont fondées sur un usage relativement conservateur de la langue : elles sont fiables et si vous vous y conformez, vous vous exprimerez correctement en capverdien. Cependant, dans la pratique, il est possible que certains de vos interlocuteurs ne les suivent pas à la lettre : cela est généralement dû aux nombreuses interférences qui se produisent avec le portugais, qui est la principale langue scolaire au Cap-Vert et dont les flexions de genre et de nombre diffèrent nettement du système créole.

Par ailleurs, les règles qui vous sont données ici, en particulier en ce qui concerne le genre, n'ont pas la prétention d'être complètes. À ce jour, personne n'a pu rendre compte de façon exhaustive et satisfaisante de la question du genre en créole capverdien. Les explications contenues dans la présente méthode sont donc limitées par le niveau actuel de nos connaissances et des données disponibles sur la langue capverdienne.

I.5. Degrés de l'adjectif (et de l'adverbe)

Soit A l'adjectif qualificatif (ou l'adverbe) considéré. Le capverdien connaît deux degrés de comparaison pour A :

- 1. la supériorité.

Construction : **más** + A + (**di**) **ki** = *plus* + A + *que*.

Exemple : **nha kása (é) más grándi ki di bo**, *ma maison est plus grande que la tienne.*

- **2.** l'égalité.

Construction : A + **sima** (ou **móda**) = *aussi* + A + *que*.

Exemple : **bu kása é grándi sima di meu**, *ta maison est aussi grande que la mienne.*

Sauf cas d'emprunt au portugais, le capverdien n'a pas de forme spécifique pour le comparatif d'infériorité (français *moins* + A + *que*). À titre d'exemple, pour traduire en capverdien la phrase française *ma maison est <u>moins</u> grande <u>que</u> la tienne*, on peut avoir recours à deux solutions :

- produire une comparaison de supériorité utilisant l'adjectif antonyme (de sens opposé) : **nha kása é más pikinóti ki di bo**, *ma maison est plus petite que la tienne* (donc elle est moins grande).

- utiliser une comparaison d'égalité négative : **nha kása (é) ka grándi sima di bo**, *ma maison n'est pas aussi grande que la tienne* (donc elle est moins grande).

N.B. : il existe deux comparatifs de supériorité irréguliers en capverdien moderne :

- l'adjectif/ adverbe **bom**, *bon/ bien*, forme le comparatif **más midjor**, *meilleur/ mieux*.

- l'adjectif **mau**, *mauvais*, et l'adverbe **mal**, *mal*, forment le comparatif **más pior**, *pire/ pis*.

Ces formes irrégulières sont néanmoins facultatives : on peut aussi dire **más bom, más mau** ou **más mal**.

I.6. Verbalisation des noms

La séparation entre verbe et nom n'est pas si nette en créole qu'en français ou en portugais. Ainsi, il arrive assez fréquemment que des éléments clairement nominaux puissent être verbalisés (= employés comme des verbes) dans certaines circonstances :

- **1**. plusieurs dizaines d'adjectifs qualificatifs peuvent se combiner avec diverses particules aspectuelles (voir la partie sur le verbe) et devenir des verbes dans certains contextes.

Exemples :

- **dja-m bedju**, *je suis trop vieux, je me sens vieux*, lit. "*j'ai vieux*" (conjugaison de l'adjectif **bedju**, *vieux*, à l'aspect actuel).

- **mininu kontenti tcheu kántu k-e odja si mai**, *l'enfant fut très content quand il vit sa mère*, lit. "*l'enfant contenta beaucoup*" (conjugaison de l'adjectif **kontenti**, *content*, à l'aspect accompli).

- **si bu kuntina ta studa si, bu ta dodu**, *si tu continues à étudier de cette façon, tu vas devenir fou*, lit. "*tu foueras*" (conjugaison de l'adjectif **dodu**, *fou*, à l'aspect habituel à valeur de futur).

- **2**. quelques substantifs peuvent aussi manifester un comportement verbal.

Exemples :

- **nhós kudádu !**, *faites attention !*, lit. "*attentionez !*" (conjugaison du substantif **kudádu**, *attention*, à la personne **nhós** de l'impératif).

- **a-mi m-ka médu bo**, *je n'ai pas peur de toi*, lit. "*moi je ne te peure pas*" (conjugaison du substantif **médu**, *peur*, à l'aspect accompli, avec ici un comportement aspectuel de verbe fort).

La verbalisation des adjectifs et des substantifs est un point extrêmement complexe de la grammaire du créole santiagais. Elle n'a pas été abordée dans les leçons de cette méthode. Il est cependant bon de connaître l'existence de ce phénomène, très vivant dans la langue parlée contemporaine.

I.7. Diminutifs et augmentatifs

Le capverdien utilise des suffixes diminutifs et augmentatifs, qui n'ont pas été étudiés en détail dans les leçons de la méthode, mais qui méritent néanmoins d'être cités, car ils ont une fréquence d'emploi élevée. Retenons l'essentiel :

- **1**. le suffixe diminutif le plus couramment employé en créole est –**inhu**. Le tableau suivant résume son comportement morphologique.

Son final du mot	Forme	Exemple	Traduction
voyelle atone sauf -**a**	**-inhu**	**ómi > ominhu**	*homme > petit homme*
-**a** atone	**-inha**	**tripa > tripinha**	*intestin > intestin grêle*
voyelle tonique	**-sinhu**	**pé > pesinhu**	*pied > peton*
-m	**-nsinhu**	**Djom > Djonsinhu**	*Jean > Jeannot*
consonne sauf **-m**	**-(s)inhu**	**flor > flor(s)inhu**	*fleur > petite fleur*

N.B.1 : les substantifs de genre féminin ont toujours un suffixe –**inha**, quelle que soit le son final du mot : **mudjer**, *femme* > **mudjerinha**, *petite femme, femmelette.*

N.B.2 : les substantifs terminés par une consonne autre que –**m** connaissent parfois deux formes suffixées (en –**inhu** et en –**sinhu**) avec des sens différents : **katchor**, *chien* > **katchorinhu**, *chiot*, et **katchorsinhu**, *petit chien.*

- **2**. le suffixe augmentatif le plus couramment employé en créole est –**om**. Son comportement morphologique est assez similaire à celui de –**inhu**.

Son final du mot	Forme	Exemple	Traduction
voyelle atone sauf -**a**	**-om**	**ómi > omom**	*homme > géant*
-**a** atone	**-om**	**pédra > pedrom**	*pierre > grosse pierre*
voyelle tonique	**-som**	**pé > pesom**	*pied > énorme pied*
-m	**-nsom**	**pom > ponsom**	*pain > énorme pain*
consonne sauf **-m**	**-(s)om**	**flor > flor(s)om**	*fleur > énorme fleur*

N.B.1 : les substantifs du genre féminin ont toujours un suffixe –**óna**, quel que soit le son final du mot : **mudjer**, *femme* > **mudjeróna**, *énorme femme.*

N.B.2 : avec les substantifs non féminins, le suffixe **-óna**, a une valeur emphatique. Ainsi, **uma pedróna**, *une énorme pierre*, désigne une pierre qui est encore plus énorme que lorsque l'on dit **uma pedrom**, *une énorme pierre (mais moins énorme que la* **pedróna***).*

***

Le capverdien dispose encore d'un certain nombre d'autres suffixes nominaux (diminutifs, augmentatifs ou autres) qui ne seront pas mentionnés ici. On peut trouver la liste de ces suffixes dans des grammaires plus approfondies (voir la bibliographie en fin d'ouvrage).

II. Les périnominaux

II.1. Les pronoms personnels

Le santiagais moderne connaît huit personnes grammaticales :

- 5 au singulier : **1.** *moi*, **2a.** *toi*, **2b.** *vous (homme)*, **2c.** *vous (femme)*, **3.** *il/ elle/ ça* ;

- 3 au pluriel : **1.** *nous*, **2.** *vous*, **3.** *ils/ elles.*

II.1.1. Les pronoms toniques

Ces pronoms portent tous un accent tonique

Tonique initial	Tonique simple	Traduction
a-mi	**mi**	*moi*
a-bo	**bo**	*toi*
a-nhó	**nhó**	*vous (Monsieur)*
a-nha	**nha**	*vous (Madame)*
a-el	**el**	*lui/ elle/ ça*
a-nós	**nós**	*nous*
a-nhós	**nhós**	*vous (tous)*
a-ês	**ês**	*eux/ elles*

Les pronoms toniques initiaux ne s'emploient qu'en début d'énoncé (ou de proposition).

Exemple : **a-mi m-gosta di bádja, a-bo bu gosta di kánta**, *moi j'aime danser, toi tu aimes chanter.*

Les pronoms toniques simples sont employés obligatoirement :

- 1. après une préposition : **m-fasê-l pa bo**, *je l'ai fait pour toi.*

- 2. après un verbe fléchi au passé ou au passif (voir plus bas) : **m-odjába-el**, *je l'avais vu.*

- 3. comme pronoms objets, après un pronom personnel objet de second ordre (voir plus bas) : **m-ka da-u-el**, *je ne te l'ai pas donné.*

- 4. comme pronoms objets, après le verbe **tem**, *avoir (de façon inaliénable)*, au présent : **m-tem-bo**, *je t'ai toi.*

- 5. comme pronoms sujets, avec les formes **é** et **éra** du verbe **ser**, *être* : **mi é, mi éra**, *je suis, j'étais.*

- 6. en combinaison avec certains adverbes (**só**, *seulement*, **mé**, *même...*) : **m-sta mi-só**, *je suis tout seul*, **fasê-l bo-mé !**, *fais-le toi-même !*

- 7. dans les constructions emphatiques (voir plus bas) : **mi ki sabi**, *c'est moi qui le sais.*

Par ailleurs, les pronoms toniques simples peuvent aussi être employés facultativement en lieu et place des pronoms toniques initiaux :

mi m-ka sabi, *je ne sais pas* (on pourrait dire aussi **a-mi m-ka sabi**, *même sens*).

N.B. : par convention, nous nommerons dans ce mémento les personnes grammaticales capverdiennes en utilisant la forme du pronom tonique simple. Par exemple, au lieu de parler de la 1ère personne du singulier, nous parlerons de la personne **mi**, etc.

II.1.2. Les pronoms atones

Ces pronoms ne portent pas d'accent tonique.

II.1.2.1. Pronoms atones sujets

II.1.2.1.1. Cas général

Étant donné que le verbe santiagais ne se fléchit pas en fonction du sujet (voir plus bas), le pronom personnel sujet est d'emploi quasi-obligatoire en santiagais moderne dans la conjugaison verbale. Dans l'usage, le pronom atone sujet du capverdien correspond à peu de choses près à l'emploi qui est fait du pronom personnel sujet en français ou en anglais. Il est toujours placé devant le verbe.

Voici le tableau des pronoms personnels sujets, combinés avec le verbe **kánta**, *chanter*.

Personne	Pronom sujet	Traduction
mi	**m-**kánta	*j'ai chanté*
bo	**bu** kánta	*tu as chanté*
nhó	**nhu** kánta	*vous (masc.) avez chanté*
nha	**nha** kánta	*vous (fém.) avez chanté*
el	**e** kánta	*il/ elle a chanté*
nós	**nu** kánta	*nous avons chanté*
nhós	**nhós** kánta	*vous (tous) avez chanté*
ês	**ês** kánta	*ils/ elles ont chanté*

N.B. : les formes **é** et **éra** du verbe **ser**, *être*, constituent une exception. Avec ces deux formes, ce sont les pronoms toniques simples qui servent de pronom personnel sujet.

II.1.2.1.2. Pronoms sujets enclitiques

Un certain nombre de mots invariables, comme la particule aspectuelle **dja** ou la conjonction de subordination **si**, lorsqu'ils sont placés devant le verbe, ont la faculté d'attirer le pronom personnel sujet et de produire une forme contractée avec le pronom à certaines personnes. Le pronom sujet est alors dit enclitique.

Voici le tableau des pronoms personnels sujets enclitiques, combinés avec la particule de l'actuel **dja** et la conjonction de subordination **si**, *si*.

Personne	+ **DJA** (modèle en **a**)		+ **SI** (modèle en **i**)	
mi	**dja-m** bem	*me voici (venu)*	**si-m** bem	*si je viens*
bo	**dja-u** bem	*te voici*	**s-u** bem	*si tu viens*
nhó	**dja-nhu** bem	*vous voici*	**si nhu** bem	*si vous venez*
nha	**dja-nha** bem	*vous voici*	**si nha** bem	*si vous venez*
el	**dj-e** bem	*le voici*	**s-e** bem	*s'il vient*
nós	**dja-nu** bem	*nous voici*	**si nu** bem	*si nous venons*
nhós	**dja-nhós** bem	*vous voici*	**si nhós** bem	*si vous venez*
ês	**dj-ês** bem	*les voici*	**s-ês** bem	*s'ils viennent*

Suivent le modèle en **a** : les conjonctions de subordination **ma, pa, sima**, la négation **ka** à l'impératif (voir plus bas).

Suivent le modèle en **i** : le relatif/ conjonctif **ki**, les conjonctions de subordination **di** et **óki**.

N.B. : à la personne **bo**, la forme enclitique est toujours facultative. On peut dire indifféremment **dja-u bem** ou **dja-bu bem**, *te voici*, **s-u bem** ou **si bu bem**, *si tu viens*.

II.1.2.2. Pronoms atones objets

Pronoms atones objets				
Personne	Premier ordre	Traduction	Second ordre	Traduction
mi	e odjâ-**m**	*il m'a vu*	e pistâ-**nh**-el	*il me l'a prêté*
bo	e odjâ-**u**	*il t'a vu*	e pistâ-**u**-el	*il te l'a prêté*
nhó	e odja-**nhó**	*il vous a vu*	e pista-**nhó**-el	*il vous l'a prêté*
nha	e odja-**nha**	*il vous a vu*	e pista-**nha**-el	*il vous l'a prêté*
el	e odjâ-**l**	*il l'a vu*	e pistâ-**l**-el	*il le lui a prêté*
nós	e odjá-**nu**	*il nous a vu*	e pistá-**nu**-el	*il nous l'a prêté*
nhós	e odja-**nhós**	*il vous a vu*	e pista-**nhós**-el	*il vous l'a prêté*
ês	e odjâ-**s**	*il les a vu*	e pistâ-**s**-el	*il le leur a prêté*

Les pronoms atones objets sont exclusivement employés avec les verbes à l'actif-présent (voir plus bas).

Il en existe deux types :

- les pronoms objets de premier ordre (POPO) sont utilisés lorsque le verbe n'est suivi directement que d'un seul pronom objet.

- les pronoms objets de second ordre (POSO) sont utilisés lorsque le verbe est suivi de deux pronoms objets. Le pronom le plus proche du verbe prend la forme du POSO tandis que le second reste à la forme tonique simple.

N.B. : le verbe **tem**, *avoir (de façon inaliénable)*, constitue une exception. En effet, même à l'actif-présent, il n'admet que des pronoms objets à la forme tonique simple : **bu tem-mi**, *tu m'as moi (à tes côtés, dans ta vie...).*

II.2. Les possessifs

II.2.1. Possessifs atones

Personne	Possessif	Traduction
mi	**nha**	*mon/ ma*
bo	**bu**	*ton/ ta*
el	**si**	*son/ sa*
nós	**nós**	*notre*
nhós	**nhós**	*votre*
ses	**ses**	*leur*

Les possessifs atones sont toujours placés devant le nom possédé et ils ont une valeur d'adjectifs.

Exemple : **bu téra é bunitu**, *ton pays est joli.*

Aux personnes **mi, bo, el**, les possessifs atones peuvent former un pluriel régulier : **nhas, bus, ses**, *mes, tes, ses*, mais la marque du pluriel peut aussi être portée par le nom qui suit : on peut dire indifféremment **nhas armum** ou **nha armuns**, *mes frères et sœurs.*

Aux autres personnes, la marque du pluriel, quand elle est employée, est toujours portée par le substantif : **nós armuns**, *nos frères.*

N.B. : il n'existe pas de possessif atone aux personnes **nhó** et **nha**.

II.2.2. Possessifs toniques

Personne	Possessif	Traduction
mi	**di meu**	*le mien, la mienne, les miens/ miennes*
bo	**di bo**	*le tien, la tienne, les tiens/ tiennes*
nhó	**di nhó**	*le/ la vôtre, les vôtres (masc.)*
nha	**di nha**	*le/ la vôtre, les vôtres (fém.)*
el	**di sel**	*le sien, la sienne, les siens/ siennes*
nós	**di nós**	*le/ la nôtre, les nôtres*
nhós	**di nhós**	*le/ la vôtre, les vôtres*
ses	**di ses**	*le/ la leur, les leurs*

Les possessifs toniques sont toujours placés derrière le nom possédé. Ils peuvent servir :

- d'adjectifs : **téra di nhó é bunitu**, *votre pays est joli.*
- de pronoms : **di nhó é bunitu**, *le vôtre est joli.*

Les possessifs toniques sont invariables en genre (à l'exception des personnes **nhó/ nha**) et en nombre : en fonction du contexte, **di nha** peut signifier *le vôtre, la vôtre* ou *les vôtres.*

II.3. Les démonstratifs

Le démonstratif le plus courant est **kel**, *ce/ celui/ celle*, pluriel **kes**, qui peut être adjectif ou pronom. On peut former un proche et un éloigné au moyen des adverbes **li**, *ici* et **la**, *là* :

- **kel-li**, **kel-la** (souvent prononcés **ke-li**, **ke-la**), *celui-ci/ ceci, celui-là/ cela.*
- **kel kása-li, kel kása-la**, *cette maison-ci, cette maison-là.*

Es est un autre démonstratif qui ne s'emploie guère qu'au singulier pour désigner un être ou une chose à proximité immédiate (dans l'espace ou dans le temps) : **es kása-(li)**, *cette maison-ci (où nous sommes)*, **es bés-(li)**, *cette fois-ci.*

N.B. : en cas de doute, employez plutôt **kel**, excepté pour les expressions désignant le moment du temps où l'on se trouve ou le futur proche. Dans des expressions comme **es ánu, es noti**, *cette année (où nous sommes), ce soir (c'est-à-dire le soir d'aujourd'hui)*, **es** est obligatoire.

II.4. Les indéfinis : cas des indéfinis emphatiques

Le capverdien possède deux adjectifs indéfinis à valeur emphatique : **um** et **uma** (respectivement **uns**, **umas** au pluriel), signifiant tous les deux *un sacré, un de ces.*

Exemples :

- **m-odja <u>um</u> mudjer ki ka ta da pa-m diskesi**, *j'ai vu une (sacrée) femme que je ne pourrai pas oublier (parce qu'elle se distingue par une qualité particulière : la beauté, l'intelligence...).*
- **frenti kel kása, stába <u>uma</u> katchor ki ta po tud'algem ku médu**, *devant cette maison; il y avait un énorme chien qui faisait peur à tout le monde, "était un de ces chiens qui mettait tout le monde avec la peur".*

Retenons que :

- comme le montrent les exemples ci-dessus, l'alternance **um/ uma** n'a rien à voir avec le genre des substantifs concernés. En fait, **uma** est davantage employé en milieu urbain, tandis que **um** (à valeur emphatique) est plus répandu dans les zones rurales.

- **um** à valeur emphatique est généralement très fortement accentué (ton haut), par contraste avec **um** numéral, qui est atone.

II.5. Les interrogatifs

Voici la liste des principaux interrogatifs créoles :

- **kal ?**, *lequel/ laquelle ?*, plur. **kas**
- **kántu ?**, *combien ?*
- **kenha/ kem ?**, *qui ?*
- **ki** + nom **?**, *quel/ quelle ?*
- **ki témpu/ ánu/ més/ diâ/ óra ?**, *quand (quel temps/ année/ mois/ jour/ heure) ?*
- **kusé ?**, *quoi ?*
- **módi ?**, *comment ?*
- **pa kê ?**, *dans quel but ?*
- **pamódi ?**, *pourquoi (à cause de quoi) ?*
- **undi ?**, *où ?*

Retenons les principales caractéristiques de l'usage des interrogatifs en créole :

- 1. l'interrogatif est normalement placé en tête de phrase.

Exemple : **módi bu tchoma ?**, *comment t'appelles-tu ?*

- 2. en revanche, l'interrogatif est régulièrement placé après les formes du verbe **ser**, *être*, dans les interrogations directes ou indirectes.

Exemples :

- **é kusé ?**, *qu'est-ce que c'est ?* (interrogation directe).

- **m-ka sabi é kusé**, *je ne sais pas ce que c'est* (interrogation indirecte).

- 3. les interrogatifs monosyllabiques sont presque toujours suivis de la particule **ki**.

Exemple : **kal k-u kré** ?, *lequel veux-tu ?*, lit. "*lequel que tu veux ?*"

- 4. le créole santiagais ne possède pas de forme unique correspondant à l'interrogatif français *quand ?* On pose la question en fonction de la réponse attendue : *quelle année ?, quel jour ?*, etc. Si on a aucune idée de la réponse possible, on aura recours à **ki témpu ?**, *quel temps/ moment ?*

- 5. au présent seulement, l'interrogatif **undi** se construit normalement sans verbe locatif et est suivi directement du nom sur lequel porte la question.

Exemple : **undi Djom ?**, *où est Jean ?*

Lorsqu'il est suivi d'un pronom personnel, **undi** se comporte comme un verbe polysyllabique en **e** et le pronom prend la forme de l'objet atone de premier ordre :

Personne	Capverdien	Français
mi	**undê-m ?**	*où suis-je?*
bo	**undê-u ?**	*où es-tu ?*
el	**undê-l ?**	*où est-il/ elle ?*
nhó	**undi-nhó**	*où êtes-vous (Monsieur) ?*
nha	**undi-nha**	*où êtes-vous (Madame) ?*
nós	**undê-nu ?**	*où sommes-nous ?*
nhós	**undi-nhós ?**	*où êtes-vous (tous) ?*
ês	**undê-s ?**	*où sont-ils/ elles ?*

N.B. : au contraire du français écrit, le capverdien ne change jamais la place du sujet et du verbe dans les questions.

II.6. L'absence d'article

À l'instar du russe, du latin ou du kabyle, le capverdien moderne ne connaît pas d'article à proprement parler. En fonction du contexte, un nom créole peut être défini ou indéfini :

- **m-mesti kópu (pa-m bebi)**, *j'ai besoin d'un verre (pour boire).*
- **undi kópu** ?, *où est le verre ?*

Dans un certain nombre de cas :

- le démonstratif créole **kel** peut avoir la valeur d'un article défini : **é kel mas grándi**, *c'est le plus grand.*
- l'indéfini ou le numéral **um** peuvent faire penser à l'article indéfini : **m-odja um mudjer**, *j'ai vu une femme.* Cependant, en créole, une telle phrase signifie davantage qu'on a vu *une seule femme* (par opposition à plusieurs) ou alors (si **um** est fortement accentué, donc emphatique) *une femme très particulière (belle, imposante...).*

III. Les mots-outils

III.1. Les prépositions

Les prépositions les plus couramment utilisées en créole capverdien sont :

- **di**, *de*
- **ku**, *avec*
- **na**, *en, à, dans, sur, chez*
- **pa**, *pour, par*
- **riba/ ruba**, *sur, au-dessus de*
- **sem**, *sans*
- **ti**, *jusqu'à*

Quatre de ces prépositions peuvent produire des formes contractées en présence des pronoms toniques simples **el**, *lui/ elle* et **ês**, *eux/ elles*.

	Contraction	
Préposition	Avec **el**	Avec **ês**
di	**d-el**	**d-ês**
ku	**ku el** /kwel/	**ku ês** /kwes/
na	**n-el**	**n-ês**
sem	**senh-el**	**senh-ês**

N.B. : avec **na**, les formes contractées sont facultatives : on entend couramment **na el** et **na ês** en alternance libre avec **n-el** et **n-ês**.

III.2. Les conjonctions

III.2.1. Conjonctions de coordination

II.2.1.1. Généralités

Comme le français, le créole peut coordonner des propositions indépendantes au moyen de conjonctions, essentiellement **i, má, ontom**, *et, mais, alors/ donc*. Mais l'usage des conjonctions de coordination est beaucoup plus réduit en capverdien qu'en français. Dans la conversation courante, la langue capverdienne préfère souvent juxtaposer les phrases, l'élément de liaison étant déduit du contexte.

Exemple : **m-bá bu kása, m-ka atchâ-u**, *je suis allé chez toi (mais) je ne t'ai pas trouvé*. On peut dire **m-bá bu kása, má m-ka atchâ-u** en créole, cependant l'emploi de **má**, *mais*, dans une telle phrase sera souvent ressenti comme un peu lourd ou superflu.

II.2.1.2. L'alternance *ku/ i*

Le capverdien utilise deux conjonctions correspondant au français *et* :

- **ku** permet de relier au sein d'une même proposition des pronoms personnels, des noms, des groupes nominaux ou plus rarement des verbes.

Exemples :

- **mi ku bo**, *toi et moi*, lit. "*moi et toi*" (pronoms).
- **nha mai ku nha pai**, *mes parents*, lit. "*mon père et ma mère*" (groupes nominaux).
- **nu ka podi kumi ku bebi omésmu témpu**, *nous ne pouvons pas boire et manger en même temps* (verbes).

- **i** s'utilise dans deux types de contextes :

- 1. pour relier entre elles des propositions.

Exemple : **nha kása romba i gósi m-ka sabi undi ki-m ta mora**, *ma maison s'est écroulée et maintenant je ne sais pas où je vais habiter.*

- 2. dans la numération, pour relier les différents composants d'un nombre (centaines, dizaines, unités...).

Exemple : **duzéntus-i-sinku**, *deux cent cinq.*

N.B. : le **i** peut parfois être incorporé graphiquement au nombre qui le précède : **korénta**, *quarante* > **koréntí-trés**, *quarante-trois.*

III.2.2. Conjonctions de subordination

On insistera ici sur les conjonctions dont l'emploi contraste nettement avec le système du français.

III.2.2.1. Conjonctions complétives

Le capverdien de Santiago emploie essentiellement six conjonctions complétives (permettant d'introduire une subordonnée dépendant d'un verbe transitif). Ces six conjonctions peuvent toutes être traduites par *que* en français, néanmoins elles ont chacune une sphère d'usage bien délimitée en créole :

- **pa**, *que*, est employé après les verbes exprimant une notion de volonté, de souhait ou de désir, tels que **dizeja, gosta, kré**, *désirer, aimer, vouloir.*

Exemple : **e kré pa-u bai**, *il veut que tu y ailles.*

- **ma**, *que*, est employé après les verbes déclaratifs, introduisant un récit, une opinion ou une certitude, tels que **konta, sukundi, pensa, átcha, sabi**, *raconter, dissimuler (le fait que...), penser, trouver (que...), savoir.*

Exemple : **m-ta pensa m-e ta bem**, *je pense qu'il viendra.*

- **si**, *si/ que*, est employé après certains verbes déclaratifs à la forme négative ou après des verbes exprimant une idée de doute.

Exemples :

- **m-ka sabi si-m ta bai**, *je ne sais pas si j'irai* (verbe déclaratif).

- **e diskesi s-u bemba**, *il a oublié que tu venais/ viendrais* (verbe de doute).

- **ki**, *que*, n'est employé que dans quelques expressions figées, telles que **Diós ta djuda ki**, *Dieu veuille que*, et après un petit nombre de verbes, tel **rapendi**, *regretter.*

Exemple : **dja-m rapendi ki-m bem**, *je regrette d'être venu*, lit. "*que je suis venu*".

- **di**, *que*, est employé dans quelques locutions, telles que **ser kapás**, *être possible.*

Exemple : **é kapás di-m bai**, *il est possible que j'y aille.*

- **sima**, *que*, introduit une proposition indiquant le résultat d'une action.

Exemple : **m-fika kontenti sima bu mudjer ránxa trabádju**, *je suis content que ta femme ait trouvé du travail.*

N.B. : un même verbe peut être employé avec différentes conjonctions, en fonction de son sens. C'est par exemple le cas du verbe **fla** :

- suivi de **ma**, il signifie *dire, raconter (que quelque chose a eu lieu)* : **m-fla-l ma-m ta bai**, *je lui ai dit que j'y irais.*

- suivi de **pa**, il signifie *dire, conseiller, ordonner (de faire quelque chose)* : **m-fla-l p-e ka bai**, *je lui ai dit de ne pas y aller.*

III.2.2.2. Conjonctions temporelles : *quand* et *dès que*

Le badiais dispose de deux équivalents pour chacune des conjonctions temporelles françaises *quand* et *dès que* :

- 1. traduction de la conjonction temporelle française *quand* (ou *lorsque*) :

- dans un contexte prospectif (si l'action n'a pas encore eu lieu = futur ou conditionnel), on emploie **óki** (variantes : **óra ki, óras ki**).

Exemple : **óki-m bá Práia, m-ta kumpra sukri**, *quand j'irai à Praia, j'achèterai du sucre.*

- dans un contexte réalisé (si l'action a déjà eu lieu = passé composé ou passé simple), on emploie **kántu (ki)**.

Exemple : **kántu m-bá Práia, m-kumpra sukri**, *quand je suis allé à Praia, j'ai acheté du sucre.*

***

- 2. traduction de la conjonction temporelle française *dès que* (ou *sitôt que*) :

- en contexte prospectif, on emploie **só**.

Exemple : **só m-tchiga, m-ta ligâ-u**, *dès que j'arriverai, je t'appellerai (au téléphone).*

- en contexte réalisé, on emploie **sima**.

Exemple : **sima-m tchiga, m-ligâ-l**, *dès que je suis arrivé, je l'ai appelé.*

En fait, dans le cas des deux conjonctions temporelles étudiées, les langues française et capverdienne recourent à deux stratégies différentes :

- le français distingue les contextes prospectif et réalisé au moyen du temps verbal (futur ou conditionnel pour le prospectif, passé composé ou passé simple pour le réalisé).

- le capverdien distingue lui les mêmes contextes par des conjonctions différentes (**óki** et **só** pour le prospectif, **kántu ki** et **sima** pour le réalisé), tandis que le verbe ne change pas sa flexion (généralement l'aspect[3] accompli).

N.B. : lorsque le verbe est employé à l'habituel dans une subordonnée temporelle (cas assez rare), il faut toujours employer la conjonction du prospectif.

Exemple : **óki-m ta bá Práia, tudu bés m-ta kontrába ku el**, *quand j'allais à Praia, je le rencontrais à chaque fois.*

III.3. Les relatifs

Le santiagais connaît deux pronoms relatifs :

- 1. **ki** peut avoir les fonctions de pronom sujet, complément d'objet ou prépositionnel.

Exemples :

- sujet : **ómi ki bem**, *l'homme qui est venu.*

- objet : **ómi ki-m odja**, *l'homme que j'ai vu.*

- complément prépositionnel : **ómi ki-m bem ku el**, *l'homme avec lequel je suis venu*, lit. "*l'homme que je suis venu avec lui*".

- 2. **undi** peut substituer uniquement des compléments circonstanciels locatifs (désignant le lieu où se trouve quelque chose).

Exemple : **m-bá la undi bu stába**, *je suis allé là où tu étais.*

IV. Les numéraux

IV.1. Les cardinaux

IV.1.1. De 0 à 19

0	**zéru**	10	**dés**
1	**um**	11	**ónzi**
2	**dós**	12	**duzi**
3	**trés**	13	**treizi**
4	**kuátu**	14	**katorzi**
5	**sinku**	15	**kinzi**
6	**sax, séx**	16	**dizasax, dizaséx**
7	**séti**	17	**dizaséti**
8	**oitu**	18	**dizoitu**
9	**nóvi**	19	**dizanóvi**

---

3 Pour la notion d'aspect, voir plus bas la partie consacrée au verbe.

N.B. : dans le décompte des heures, on emploie la forme **duâs**, *deux*, pour dire l'heure qu'il est : **sta duâs óra**, *il est deux heures.*

En revanche, s'il s'agit d'une durée, on emploiera **dós**, même devant le substantif **óra** : **es filmi ta dura dós óra**, *ce film dure deux heures.*

IV.1.2. Les dizaines

20	**vinti**	60	**saséntà**
30	**trinta**	70	**saténta**
40	**koréntà**	80	**oiténta**
50	**sunkuénta**	90	**novénta**

Les noms des dizaines se combinent régulièrement avec les unités : **vinti-dós**, *vingt-deux.*

Les noms des dizaines autres que 20 changent leur **-a** en **-i** lorsqu'ils sont suivis d'une unité : **koréntà**, *quarante* > **korénti-oitu**, *quarante-huit.*

IV.1.3. Les centaines

100	**sem**	600	**saiséntus**
200	**duzéntus**	700	**sétuséntus**
300	**trezéntus**	800	**oituséntus**
400	**kuátuséntus**	900	**nóviséntus**
500	**kinhéntus**		

Lorsque les centaines sont suivies de dizaines ou d'unités :
- **sem** devient **senti**.
Exemple : **senti-sinku**, *cent cinq.*
- les autres centaines sont suivies de la conjonction **i**, *et.*
Exemple : **duzéntus-i-trinti-kuátu**, *deux cent trente-quatre.*

IV.1.4. Les grands nombres

Les principaux sont :
- 1.000 = **mil**
- 1.000.000 = **mil mil** ou **um miliom**.
- 1.000.000.000 = **um biliom**.

***

Lorsqu'il y a plusieurs milliers ou millions, on se contente de les faire précéder du nombre voulu.

Exemples : **trés mil, kuátu miliom**, *trois mille, quatre millions.*

Lorsque les milliers ou les millions sont suivis de centaines, de dizaines ou d'unités :

- **mil** devient **mili**.

Exemple : **mili-kinhéntus-i-dés**, *mille cinq cent dix.*

- les autres nombres sont suivis de la conjonction **i**.

Exemple : **trés miliom i duzéntus algem**, *trois millions deux cents personnes.*

Au-delà de 1.000, les nombres composés ne sont plus précédés de **i**.

Exemple : **kuátu miliom trezéntus mili-saiséntus-i-saténti-oitu**, *quatre millions trois cent mille six cent soixante-dix-huit.*

Lorsque le nom compté est directement précédé de **miliom** ou de **biliom**, on intercale la préposition **di**, *de*, comme en français :

Exemple : **dós miliom di fransés**, *deux millions de Français.*

IV.2. Les ordinaux

La langue moderne parlée ne connaît que les formes suivantes : **purmeru, sugundu, tirseru, kuártu**, *premier/ première, second(e), troisième, quatrième*. Au-delà, on utilise seulement les cardinaux.

Exemples :

- **dja sinku bés ki-m odjába-bo**, *c'était la cinquième fois que je te voyais*, lit. "*déjà cinq fois que je t'avais vu*".

- **kel libru-li é vinti libru ki-m lé na nha bida**, *ce livre est le vingtième que j'aie lu dans ma vie.*

N.B. : en portugais, les noms de cinq des sept jours de la semaine sont formés à partir des ordinaux (portugais *segunda feira*, "*lundi*", lit. "*second jour*"). Ils ont été intégrés sous une forme figée en créole :

Capverdien	Portugais	Français
sugunda fera	*segunda feira*	*lundi*
térsa fera	*terça feira*	*mardi*
kuárta fera	*quarta feira*	*mercredi*
kinta fera	*quinta feira*	*jeudi*
sésta fera	*sexta feira*	*vendredi*

V. L'adverbe

Les adverbes capverdiens présentent peu de particularités au niveau de la morphologie. On évoquera brièvement trois points fondamentaux.

V.1. Formation des adverbes de manière

Le capverdien moderne de Santiago, bien qu'ayant un lexique d'origine majoritairement portugaise, ne dérive généralement pas d'adverbes de manière à partir des adjectifs au moyen d'un suffixe équivalent au portugais *–mente* ou au français *–ment*. En revanche, dans de très nombreux cas, l'adjectif qualificatif peut être employé tel quel comme adverbe de manière.

Exemple :

- **es káru é bunitu**, *cette voiture est jolie* (emploi adjectival de **bunitu**, *joli*).
- **bu kumpra bunitu**, *tu as fait de beaux achats*, lit "*tu as acheté joli(ement)*" (emploi adverbial de **bunitu**).

N.B. : on trouve néanmoins, même dans les parlers ruraux, quelques adverbes en **–menti** qui ont été empruntés directement au portugais à date ancienne : **antigamenti, prinsipalmenti**..., *autrefois, principalement*... Par ailleurs, certains urbains tendent à utiliser de plus en plus fréquemment une dérivation en **–menti** sous l'influence du portugais.

V.2. Formes initiales et libres

Quatre adverbes couramment employés connaissent le même phénomène d'alternance de formes toniques initiales (en **a-**) et de formes simples que celui observé à propos des pronoms personnels toniques (voir plus haut).

Formes initiales	Formes simples	Traduction
a-gó (ou **a-góra**)	**gó** (ou **góra**)	*maintenant, cependant*
a-si (ou **a-sim**)	**si** (ou **sim**)	*ainsi, comme cela*
a-li	**li**	*ici (près)*
a-la	**la**	*là-bas (loin)*

Les formes toniques initiales ne s'emploient qu'en début de phrase ou de proposition.

Exemple : **a-si ka ta da**, *comme ça, ça ne peut pas marcher*, lit. "*ainsi, ça ne donnera pas*".

Les formes simples s'emploient dans toutes les autres positions et peuvent aussi apparaître en position initiale.

Exemple : **ka-u fasi si !**, *ne fais pas comme ça !*

V.3. Emploi de *na* avec les adverbes de temps

La préposition **na** peut précéder facultativement un grand nombre d'adverbes de temps.

Exemples : **na antigamenti, na ónti**, autrefois, hier, lit. "*dans l'autrefois, dans hier*" (on peut aussi dire **antigamenti, ónti**, sans changer significativement le sens de l'adverbe).

VI. Le verbe

VI.1. Morphologie synthétique de l'élément verbal

À la différence du français ou du portugais, le verbe créole ne change jamais de forme en fonction du sujet.

Exemple : **m-odja, bu odja, e odja**, *j'ai vu, tu as vu, il a vu.*

Étant donné que le sujet n'intervient pas dans la flexion verbale, par convention, on prendra pour modèle de conjugaison le verbe à la troisième personne du singulier, c'est-à-dire précédé du pronom sujet **e**, *il/ elle*[4].

La forme de base de tout verbe capverdien est appelée forme libre (FL) ou non suffixée. C'est sous cette forme que le verbe apparaît dans un dictionnaire de créole.

Exemple : **odja**, *voir.*

Par ailleurs, le verbe capverdien peut apparaître sous une forme clitique (FC), dite aussi liée ou suffixée, lorsqu'il est suivi :

- soit d'un suffixe de temps et/ ou de voix.

- soit d'un pronom personnel objet de premier ou de deuxième ordre aux personnes **mi, bo, el, nós** ou **ês**.

VI.1.1. Flexion du verbe en fonction de la voix et du temps

Le verbe créole prend toujours en compte dans sa flexion :

- 1. la voix : active ou passive.
- 2. le temps : présent ou passé (éloigné).

Voix + Temps	Verbe fléchi	Forme	Traduction[5]
Actif-présent (AP)	e odja	FL	*il a vu*
Actif-passé (APas)	e odjá**ba**	FC	*il avait vu*
Passif-présent (PP)	e odjá**du**	FC	*il a été vu*
Passif-passé (PPas)	e odjá**da**	FC	*il avait été vu*

En ce qui concerne les flexions de voix et de temps, la forme libre correspond à l'actif-présent. Toutes les autres formes sont suffixées.

---

4 Pour les formes des pronoms personnels sujets, voir plus haut la partie consacrée aux pronoms personnels.

5 Pour la question des temps verbaux employés dans les traductions françaises, on se reportera plus bas à la partie consacrée à l'aspect.

Valeur des voix et temps concernés :

- l'actif (ou voix active) rend compte d'une action effectuée par le sujet.

- le passif (ou voix passive) rend compte d'une action subie par le sujet. Selon les cas, il correspond au passif français (être + participe passé : *il a été vu*) ou bien à des tournures impersonnelles (*on l'a vu, les gens l'ont vu*).

- le présent rend compte de tout ce qui est relié au moment où le locuteur parle (présent, futur, passé proche).

- l'éloigné (ou passé) rend compte d'un moment passé éloigné du présent (imparfait, plus-que-parfait, conditionnel).

VI.1.2. Flexion du verbe en fonction des pronoms personnels objets

Le verbe capverdien peut également changer de forme en fonction du pronom objet de premier ordre (POPO) ou de second ordre (POSO[6]) qui le suit.

Objet	Verbe fléchi	Forme	Traduction
mi	e odj**â-m**	FC	*il m'a vu*
bo	e odj**â-u**	FC	*il t'a vu*
nhó	e odja-nhó	FL	*il vous a vu (Monsieur)*
nha	e odja-nha	FL	*il vous a vue (Madame)*
el	e odj**â-l**	FC	*il l'a vu*
nós	e odj**á-nu**	FC	*il nous a vus*
nhós	e odja-nhós	FL	*il vous a vus (vous tous)*
ês	e odj**â-s**	FC	*il les a vus*

Lorsque le verbe est associé à un POPO ou à un POSO, il est :

- à la forme libre aux personnes **nhó, nha, nhós**.

- à la forme clitique aux personnes **mi, bo, el, nós, ês**.

Par ailleurs, on notera que la présence d'un pronom personnel objet ne peut provoquer le passage du verbe à la forme clitique qu'à l'actif-présent. Aux autres voix et temps, le pronom personnel employé sera toujours la forme tonique simple.

Exemple : **e odjába-mi**, *il m'avait vu.*

---

[6] Pour les formes des pronoms objets de second ordre, on se reportera au chapitre consacré aux pronoms personnels. Le verbe change de forme exactement de la même façon lorsqu'il est combiné à un POPO ou à un POSO.

VI.1.3. Récapitulation sur la morphologie synthétique du verbe

Pour maîtriser les formes de la conjugaison d'un verbe créole, il faut donc savoir le fléchir :

- en temps et en mode (4 formes).
- en fonction de la personne de l'objet (8 formes).

Les tableaux de conjugaison d'un verbe capverdien comporteront donc 12 formes dans ce mémento.

VI.2. Les 6 groupes morphologiques

La voyelle thématique du verbe est la dernière voyelle de la forme clitique du verbe suivi du pronom personnel de premier ordre à la personne **nós** ou du suffixe d'actif-passé -**ba**.

Exemple : **odja**, *voir* > **e odj<u>á</u>-nu**, *il nous a vus*, **e odj<u>á</u>ba**, *il avait vu*. La voyelle thématique du verbe **odja** est **á**.

Il existe six voyelles thématiques différentes en capverdien de Santiago : **á, e, i, o, u, em**. Chacune de ces voyelles caractérise un groupe morphologique de verbes créoles. On trouvera ci-dessous des tableaux-types de conjugaison pour chacun de ces groupes.

N.B.1. : à l'intérieur de chaque groupe, différents modèles sont distingués en fonction des types de forme libre (polysyllabique, monosyllabique...).

N.B.2. : un seul verbe capverdien ne s'insère dans aucun des 6 groupes morphologiques considérés. Il s'agit du verbe **ser**, *être*, auquel sera consacré un paragraphe particulier plus bas.

VI.2.1. Tableaux de conjugaison des différents groupes morphologiques

VI.2.1.1. Groupe des verbes en *á*

Ce groupe comporte cinq modèles :

- polysyllabes.
- monosyllabes (dont la dernière consonne du radical n'est pas /w/ {**u**} ou /j/ {**i**}).
- monosyllabes en –**iâ**.
- monosyllabes en –**uâ**.
- monosyllabes en –**ai**.

Modèle polysyllabique : **odja**, *voir*		
	Voix/ temps	Traduction
AP	e odja	*il a vu*
APas	e odjába	*il avait vu*
PP	e odjádu	*il a été vu*
PPas	e odjáda	*il avait été vu*

	Pronoms objets	
mi	e odjâ-m	*il m'a vu*
bo	e odjâ-u	*il t'a vu*
nhó	e odja-nhó	*il vous (masc.) a vu*
nha	e odja-nha	*il vous (fém.) a vue*
el	e odjâ-l	*il l'a vu*
nós	e odjá-nu	*il nous a vus*
nhós	e odja-nhós	*il vous (tous) a vus*
ês	e odjâ-s	*il les a vus*

Modèle monosyllabique : **fla**, *dire*		
	Voix/ temps	Traduction
AP	e fla	*il a dit*
APas	e flába	*il avait dit*
PP	e fládu	*on lui a dit*
PPas	e fláda	*on lui avait dit*
	Pronoms objets	
mi	e fla-m	*il m'a dit*
bo	e fla-u	*il t'a dit*
nhó	e fla-nhó	*il vous (masc.) a dit*
nha	e fla-nha	*il vous (fém.) a dit*
el	e fla-l	*il lui a dit*
nós	e flá-nu	*il nous a dit*
nhós	e fla-nhós	*il vous (tous) a dit*
ês	e fla-s	*il leur a dit*

Modèle monosyllabique en –**iâ** : **spiâ**, *scruter*		
	Voix/ temps	Traduction
AP	e spiâ	*il a scruté*
APas	e spiába	*il avait scruté*
PP	e spiádu	*on l'a scruté*
PPas	e spiáda	*on l'avait scruté*
	Pronoms objets	
mi	e spiâ-m	*il m'a scruté*
bo	e spiâ-u	*il t'a scruté*
nhó	e spiâ-nhó	*il vous (masc.) a scruté*
nha	e spiâ-nha	*il vous (fém.) a scrutée*
el	e spiâ-l	*il l'a scruté*
nós	e spiá-nu	*il nous a scrutés*
nhós	e spiâ-nhós	*il vous (tous) a scrutés*
ês	e spiâ-s	*il les a scrutés*

Modèle monosyllabique en –**uâ** : **suâ**, *suer/ en suer*		
	Voix/ temps	Traduction
AP	e suâ	*il a sué*
APas	e suába	*il avait sué*
PP	suádu	*les gens en ont sué*
PPas	suáda	*les gens en avaient sué*
	Pronoms objets	
mi	suâ-m	*j'en ai sué*
bo	suâ-u	*tu en as sué*
nhó	suâ-nhó	*vous (masc.) en avez sué*
nha	suâ-nha	*vous (fém.) en avez sué*
el	suâ-l	*il en a sué*
nós	suá-nu	*nous en avons sué*
nhós	suâ-nhós	*vous (tous) en avez sué*
ês	suâ-s	*il en ont sué*

Modèle monosyllabique en –**ai** : **bai**, *aller*		
	Voix/ temps	Traduction
AP	e bai	*il est allé*
APas	e bába	*il était allé*
PP	bádu	*les gens sont allés*
PPas	báda	*les gens étaient allés*
	Pronoms objets	
mi	e ba-m	"*il m'est allé*[7]"
bo	e ba-u	"*il t'est allé*"
nhó	e bá-nhó	"*il vous (masc.) est allé*"
nha	e bá-nha	"*il vous (fém.) est allé*"
el	e ba-l	"*il lui est allé*"
nós	e bá-nu	"*il nous est allé*"
nhós	e bá-nhós	"*il vous (tous) est allé*"
ês	e ba-s	"*il leur est allé*"

[7] Le verbe **bai**, *aller*, peut être suivi régulièrement de n'importe quel pronom personnel objet dans des contextes tels que **mutor ba-m báxu**, *j'ai calé, mon moteur a calé*, lit. "*le moteur m'est allé en bas*".

VI.2.1.2. Groupe des verbes en *e*

Ce groupe comporte trois modèles :

- polysyllabes.
- monosyllabes (dont la dernière consonne du radical n'est pas /w/ {**u**} ou /j/ {**i**}).
- monosyllabes en –**ué**.

Modèle polysyllabique : **djobi**, *regarder*		
	Voix/ temps	Traduction
AP	e djobi	*il a regardé*
APas	e djobeba	*il avait regardé*
PP	e djobedu	*il a été regardé*
PPas	e djobeda	*il avait été regardé*
	Pronoms objets	
mi	e djobê-m	*il m'a regardé*
bo	e djobê-u	*il t'a regardé*
nhó	e djobi-nhó	*il vous (masc.) a regardé*
nha	e djobi-nha	*il vous (fém.) a regardée*
el	e djobê-l	*il l'a regardé*
nós	e djobê-nu	*il nous a regardés*
nhós	e djobi-nhós	*il vous (tous) a regardés*
ês	e djobê-s	*il les a regardés*

Modèle monosyllabique : **kré**, *aimer*		
	Voix/ temps	Traduction
AP	e kré	*il aime*
APas	e kreba	*il aimait*
PP	e kredu	*il est aimé*
PPas	e kreda	*il était aimé*
	Pronoms objets	
mi	e kre-m	*il m'aime*
bo	e kre-u	*il t'aime*
nhó	e kré-nhó	*il vous (masc.) aime*
nha	e kré-nha	*il vous (fém.) aime*
el	e kre-l	*il l'aime*
nós	e krê-nu	*il nous aime*
nhós	e kré-nhós	*il vous (tous) aime*
ês	e kre-s	*il les aime*

Modèle monosyllabique en –**ué** : **rué**, *calomnier*		
	Voix/ temps	Traduction
AP	e rué	*il a calomnié*
APas	e rueba	*il avait calomnié*
PP	e ruedu	*il a été calomnié*
PPas	e rueda	*il avait été calomnié*
	Pronoms objets	
mi	e ruê-m	*il m'a calomnié*
bo	e ruê-u	*il t'a calomnié*
nhó	e rué-nhó	*il vous (masc.) a calomnié*
nha	e rué-nha	*il vous (fém.) a calomniée*
el	e ruê-l	*il l'a calomnié*
nós	e ruê-nu	*il nous a calomniés*
nhós	e rué-nhós	*il vous (tous) a calomniés*
ês	e ruê-s	*il les a calomniés*

VI.2.1.3. Groupe des verbes en *i*

Ce groupe comporte quatre modèles :

- polysyllabes.
- monosyllabes (dont la dernière consonne du radical n'est pas /w/ {**u**} ou /j/ {**i**}).
- verbes en –**ai**.
- verbes en –**ui**.

Modèle polysyllabique : **obi**, *entendre*		
	Voix/ temps	Traduction
AP	e obi	*il a entendu*
APas	e obiba	*il avait entendu*
PP	e obidu	*il a été entendu*
PPas	e obida	*il avait été entendu*
	Pronoms objets	
mi	e obí-m	*il m'a entendu*
bo	e obí-u	*il t'a entendu*
nhó	e obi-nhó	*il vous (masc.) a entendu*
nha	e obi-nha	*il vous (fém.) a entendue*
el	e obí-l	*il l'a entendu*
nós	e obí-nu	*il nous a entendus*
nhós	e obi-nhós	*il vous (tous) a entendus*
ês	e obí-s	*il les a entendus*

Modèle monosyllabique : **fri**, *blesser*		
	Voix/ temps	Traduction
AP	e fri	*il a blessé*
APas	e friba	*il avait blessé*
PP	e fridu	*il a été blessé*
PPas	e frida	*il avait été blessé*
	Pronoms objets	
mi	e fri-m	*il m'a blessé*
bo	e fri-u	*il t'a blessé*
nhó	e fri-nhó	*il vous (masc.) a blessé*
nha	e fri-nha	*il vous (fém.) a blessée*
el	e fri-l	*il l'a blessé*
nós	e frí-nu	*il nous a blessés*
nhós	e fri-nhós	*il vous (tous) a blessés*
ês	e fri-s	*il les a blessés*

Modèle monosyllabique en **-ai** : **sai**, *sortir*		
	Voix/ temps	Traduction
AP	e sai	*il est sorti*
APas	e saíba	*il était sorti*
PP	saídu	*les gens sont sortis*
PPas	saída	*les gens étaient sortis*
	Pronoms objets	
mi	e saí-m	"*il m'est sorti*[8]"
bo	e saí-u	"*il t'est sorti*"
nhó	e sai-nhó	"*il vous (masc.) est sorti*"
nha	e sai-nha	"*il vous (fém.) est sorti*"
el	e saí-l	"*il lui est sorti*"
nós	e saí-nu	"*il nous est sorti*"
nhós	e sai-nhós	"*il vous (tous) est sorti*"
ês	e saí-s	"*il leur est sorti*"

8 Le verbe **sai**, *sortir*, peut être suivi régulièrement de n'importe quel pronom personnel objet dans des contextes tel que **kel kusa saí-m káru**, *cette chose/ affaire m'a coûté cher*, lit. "*cette chose m'est sorti cher*".

Modèle en -**ui** : **sunsui**, *saupoudrer*		
	Voix/ temps	Traduction
AP	e sunsui	*il a saupoudré*
APas	e sunsuíba	*il avait saupoudré*
PP	e sunsuídu	*il a été saupoudré*
PPas	e sunsuída	*il avait été saupoudré*
	Pronoms objets	
mi	e sunsuí-m	*il m'a saupoudré*
bo	e sunsuí-u	*il t'a saupoudré*
nhó	e sunsui-nhó	*il vous (masc.) a saupoudré*
nha	e sunsui-nha	*il vous (fém.) a saupoudrée*
el	e sunsuí-l	*il l'a saupoudré*
nós	e sunsuí-nu	*il nous a saupoudrés*
nhós	e sunsui-nhós	*il vous (tous) a saupoudrés*
ês	e sunsuí-s	*il les a saupoudrés*

VI.2.1.4. Groupe des verbes en *o*

Ce groupe comporte deux modèles :
- polysyllabes.
- verbes en -**oi**.

Modèle polysyllabique : **konku**, *frapper*		
	Voix/ temps	Traduction
AP	e konku	*il a frappé*
APas	e konkoba	*il avait frappé*
PP	e konkodu	*il a été frappé*
PPas	e konkoda	*il avait été frappé*
	Pronoms objets	
mi	e konkô-m	*il m'a frappé*
bo	e konkô-u	*il t'a frappé*
nhó	e konku-nhó	*il vous (masc.) a frappé*
nha	e konku-nha	*il vous (fém.) a frappée*
el	e konkô-l	*il l'a frappé*
nós	e konkô-nu	*il nous a frappés*
nhós	e konku-nhós	*il vous (tous) a frappés*
ês	e konkô-s	*il les a frappés*

Modèle en **–oi** : **poi**, *mettre*		
	Voix/ temps	Traduction
AP	e poi	*il a mis*
APas	e poba	*il avait mis*
PP	e podu	*il a été mis*
PPas	e poda	*il avait été mis*
	Pronoms objets	
mi	e po-m	*il m'a mis*
bo	e po-u	*il t'a mis*
nhó	e po-nhó	*il vous (masc.) a mis*
nha	e po-nha	*il vous (fém.) a mise*
el	e po-l	*il l'a mis*
nós	e pô-nu	*il nous a mis*
nhós	e po-nhós	*il vous (tous) a mis*
ês	e po-s	*il les a mis*

VI.2.1.5. Groupe des verbes en *u*

Ce groupe ne comporte que des polysyllabes.

Modèle polysyllabique : **bombu**, *porter sur le dos*		
	Voix/ temps	Traduction
AP	e bombu	*il a porté sur le dos*
APas	e bombuba	*il avait porté sur le dos*
PP	e bombudu	*il a été porté sur le dos*
PPas	e bombuda	*il avait été porté sur le dos*
	Pronoms objets	
mi	e bombú-m	*il m'a porté sur le dos*
bo	e bombú-u	*il t'a porté sur le dos*
nhó	e bombu-nhó	*il vous (masc.) a porté sur le dos*
nha	e bombu-nha	*il vous (fém.) a portée sur le dos*
el	e bombú-l	*il l'a porté sur le dos*
nós	e bombú-nu	*il nous a portés sur le dos*
nhós	e bombu-nhós	*il vous (tous) a portés sur le dos*
ês	e bombú-s	*il les a portés sur le dos*

VI.2.1.6. Verbes en *em*

Ce groupe ne comporte que deux verbes monosyllabiques, **bem**, *venir*, et **tem**, *avoir (de façon inaliénable).*

Modèle monosyllabique : **tem**, *avoir*		
	Voix/ temps	Traduction
AP	e tem	*il a*
APas	e temba	*il avait*
PP	tendu	*les gens ont*
PPas	tenda	*les gens avaient*
	Pronoms objets	
mi	e tem-mi	*il m'a moi*
bo	e tem-bo	*il t'a toi*
nhó	e tem-nhó	*il vous (masc.) a vous*
nha	e tem-nha	*il vous (fém.) a vous*
el	e tenh-el	*il l'a lui*
nós	e tem-nós	*il nous a nous*
nhós	e tem-nhós	*il vous (tous) a vous*
ês	e tenh-ês	*il les a eux*

VI.2.2. Quelques remarques pratiques sur la conjugaison des différents modèles

VI.2.2.1. Voyelle thématique et forme libre

La forme libre (FL) ne suffit pas toujours pour connaître le groupe morphologique auquel appartient un verbe :

- les verbes polysyllabiques à voyelle thématique **e** ou **i** ont une FL terminée en **i**[9].

Exemple : **kumi**, *manger*, est un verbe à voyelle thématique **e**, mais **obi**, *entendre*, est un verbe à voyelle thématique **i**.

- les verbes polysyllabiques à voyelle thématique **o** ou **u** ont une FL terminée en **u**.

---

[9] Quelques parlers ruraux santiagais maintiennent la voyelle thématique à la forme libre et présentent donc des formes libres en **e** (**kume**, *manger*) et en **o** (**kompo**, *réparer*), mais ces parlers sont nettement minoritaires et même dans les régions où on les entend, les formes libres en **e** et **o** sont généralement l'apanage des personnes âgées.

Exemple : **kompu**, *réparer*, est un verbe à voyelle thématique **o**, mais **bombu**, *porter sur le dos*, est un verbe à voyelle thématique **u**.

Pour éviter toute confusion, et comme tous les verbes donnés en entrée dans le lexique capverdien-français sont à la forme libre, ils seront systématiquement suivis de la voyelle thématique qui leur est associée.

Exemple : **kumi** (**e**), **obi** (**i**), **kompu** (**o**), **bombu** (**u**).

Il est absolument nécessaire de connaître cette voyelle thématique pour pouvoir conjuguer correctement un verbe créole.

VI.2.2.2. Cas des verbes dont la forme libre se termine en voyelle + *i*

Deux cas se présentent :

- soit le –**i** final disparaît à la forme liée ou plus généralement toutes les fois que le verbe est suivi d'un complément. Dans ce cas, la voyelle thématique est celle qui précède le -**i**. Ce cas de figure ne concerne que deux verbes courants capverdiens, **bai**, *aller* (voyelle thématique **á**) et **poi**, *mettre* (voyelle thématique **o**), ainsi que leurs dérivés (**dispoi**, *disposer*...).
- soit le –**i** final se maintient à la forme liée. La voyelle thématique est alors **i**. Ce cas de figure est celui des verbes, **kai**, **sai**, **mui**, **sunsui**, *tomber, sortir, moudre, saupoudrer*, ainsi que de leurs dérivés (**subusai**, *se débrouiller*...).

VI.3. L'aspect verbal

De même que la flexion du verbe créole prend toujours en considération les notions de voix et de temps, elle tient aussi systématiquement compte de l'aspect, c'est-à-dire de la manière dont s'effectue l'action. L'aspect est le cœur du système verbal capverdien : il faut se pénétrer de sa logique pour comprendre le fonctionnement de toute forme verbale créole.

Deux catégories de verbes peuvent être distinguées en fonction de leur comportement aspectuel : les verbes faibles et les verbes forts. Nous étudierons successivement chacune de ces catégories[10].

---

[10] Le cas particulier du verbe **ser** est étudié plus loin.

VI.3.1. Système aspect-voix-temps des verbes faibles

VI.3.1.1. Présentation des particules aspectuelles

Les verbes faibles représentent la grande majorité des verbes créoles (plus de 99%). Tout verbe faible capverdien peut se combiner avec cinq particules d'aspect différentes, dont voici la liste et la valeur sémantique :

- **ta** est la marque de l'aspect habituel. Elle indique que l'action verbale est faite habituellement, indépendamment du temps.

Exemple : **Djom ta kánta**, *Jean chante (habituellement), Jean chantera, Jean chantait (dans un énoncé au passé).*

N.B. : en pratique, la particule **ta** est presque toujours employée lorsque l'action considérée prend place dans le futur : **Djom ta kánta manham**, *Jean chantera demain.*

- **sata** est la marque de l'aspect progressif. Elle indique que l'action verbale est en train de se faire.

Exemple : **Djom sata kánta**, *Jean est en train de manger.*

- ZÉRO est la marque de l'aspect accompli. Elle indique que l'action verbale est complètement faite au moment où l'on parle.

Exemple : **Djom** () **kánta**, *Jean a chanté, Jean chanta.*

- **dja** est la marque de l'aspect actuel. Elle indique que l'action verbale action vient d'être finie au moment où l'on parle et que les conséquences de cette action se prolongent dans le présent.

Exemple : **Djom dja kánta**, *Jean a fini de chanter ; ça y est : Jean a chanté.*

- **al** est la marque de l'aspect potentiel. Elle indique qu'une action est susceptible de se produire. En créole moderne, le potentiel est rarement employé.

Exemple : **Djom al kánta**, *il se peut que Jean chante, peut-être Jean chantera-t-il.*

VI.3.1.2. Syntaxe des particules aspectuelles

Les particules aspectuelles précèdent toujours le verbe :

- **al, sata, ta**, ZÉRO sont placées entre le sujet et le verbe.

Exemples : **Djom ta bem; e ta bem**, *Jean viendra; il viendra.*

- si le sujet n'est pas un pronom personnel, la particule **dja** est aussi placée entre le sujet et le verbe.

Exemple : **Djom dja bem**, *Jean est arrivé ; ça y est : Jean est venu.*

- en revanche, si le sujet est un pronom personnel, la particule **dja** est placée devant le sujet.

Exemple : **dj-e bem**, *il est arrivé ; ça y est : il est venu.*

VI.3.1.3. Combinaison des particules aspectuelles

Dans la plupart des cas, une même forme verbale ne peut se combiner qu'avec une seule particule aspectuelle. Il existe cependant quelques exceptions à la règle :

- **al** peut précéder le progressif.

Exemple : **e al sata kumi**, *il doit être en train de manger.*

- **dja** peut se combiner au moins avec **ta** et **sata**.

Exemples :

- **a-mi dja-m sata bai**, *moi je m'en vais*, lit. "*moi + ça y est + je + être en train de + partir*".

- **kumida dja ta strága**, *la nourriture s'avariera sûrement (si on la laisse ainsi)*, lit. "*nourriture + ça y est + futur (dans ce contexte) + s'avarier*".

VI.3.1.4. Le système aspect-voix-temps

Pour rendre plus abordable cette introduction de la notion d'aspect verbal, nous n'avons jusqu'à présent considéré l'emploi des particules aspectuelles qu'en association avec des verbes à l'actif-présent. Mais les particules d'aspect peuvent être combinées avec n'importe quel temps ou voix d'un verbe donné (sauf restrictions de sens).

Exemples :

- **tudu diâ, e ta odjába si fidju**, *tous les jours, il voyait son fils.* Ici, le verbe **odja**, *voir*, est conjugué à l'aspect habituel, à la voix active et au temps passé (suffixe –**ba**). Une action que le sujet fait habituellement dans le passé est souvent traduite par un imparfait en français, comme *voyait* dans cet exemple.

- **ánu pasádu, e odjába si fidju na Práia**, *l'année dernière, il avait vu son fils à Praia.* Ici, le verbe **odja** est conjugué à l'aspect accompli, à la voix active et au temps passé (suffixe –**ba**). Au moment où se situe le récit (temps passé), l'action a été complètement faite (aspect accompli) : l'accompli du passé correspond donc à quelque chose qui a été fait dans le passé du passé, c'est-à-dire bien souvent au plus-que-parfait français (*il avait vu*)[11].

---

[11] C'est ce qui explique que le plus-que-parfait ait été retenu pour traduire la majorité des formes au passé (Pas) dans les tableaux de conjugaison donnés plus haut (la marque d'aspect est ZÉRO dans ces tableaux : elle correspond donc à l'accompli).

- **es ánu sata bendedu tcheu káru na Kau Berdi**, *cette année, il se vend beaucoup de voitures au Cap-Vert*, lit. "*cette année de nombreuses voitures sont en train d'être vendues au Cap-Vert.*" Ici, le verbe **bendi**, *vendre*, est conjugué à l'aspect progressif, à la voix passive et au temps présent (suffixe **–du**). Au moment, où je parle (temps présent) le sujet est en train de (aspect progressif) subir l'action (voix passive). Ici, le français préfère une tournure impersonnelle (*il se vend*) à un passif pour traduire le verbe capverdien.

- **na 1980, faseda fésta bedju pa diâ di indipendénsia**, *en 1980, on avait fait une grande fête pour le jour de l'indépendance*, lit. "*en 1980, une fête vieille avait été faite pour le jour de l'indépendance*". Ici, le verbe **fasi**, *faire*, est conjugué à l'aspect accompli, à la voix passive et au temps passé (suffixe **–da**). Au moment où se situe le récit (temps passé), l'action a été complètement faite (aspect accompli) et le sujet a subi l'action (voix passive). Une forme impersonnelle au plus-que-parfait (*on avait fait*) semble être un bon choix de traduction en français. En fonction du contexte, on aurait pu aussi traduire **faseda** par un verbe français au passé simple (*on fit*), sachant que le passé capverdien a aussi une valeur d'éloigné : on peut l'utiliser simplement pour insister sur l'importance de l'éloignement dans le temps (par exemple ici, les vingt-trois ans qui séparent 1980 de l'année 2003, temps de référence de cette méthode).

Il serait vain de multiplier les exemples. Ce qu'il est important de retenir ici, c'est que :

- 1. tout verbe capverdien est toujours conjugué à un aspect, une voix et un temps donnés : vous devez donc être capable d'identifier chacun de ces trois paramètres dans toute forme verbale rencontrée.

- 2. il n'existe pas d'équivalence simple entre le système aspect-voix-temps (AVT) du capverdien et le système des modes et des temps du français. Chacun de ces deux systèmes verbaux a son propre mode de fonctionnement qui ne correspond pas à celui de l'autre. Autrement dit, il est rigoureusement impossible de dire à quoi correspond exactement en français telle ou telle combinaison AVT rencontrée en créole : souvent il peut y avoir plusieurs traductions possibles en fonction du contexte. Le seul moyen de vous habituer vraiment au système verbal capverdien est de réfléchir à sa structure (telle qu'elle vous est expliquée ici sans oublier d'aller aussi regarder ailleurs !) et...de pratiquer la langue autant que vous le pourrez !

À titre purement indicatif, le tableau ci-dessous vous propose quelques possibilités d'équivalence approximative entre le système aspect-temps capverdien des verbes faibles et les temps et modes les plus couramment employés en français.

Français		Capverdien	
Temps/ mode	Exemple	Aspect-temps	Exemple
Présent indicatif : - habituel - en train d'avoir lieu	 *il fait (souvent...)* *il fait (maintenant)*	 **ta** + présent **sata** + présent	 **e ta fasi** **e sata fasi**
Futur	*il fera*	**ta** + présent	**e ta fasi**
Imparfait indicatif : - habituel - en train d'avoir lieu	 *il faisait (souvent)* *il faisait (à ce moment-là)*	 **ta** + passé **sata** + passé	 **e ta faseba** **e sata faseba**
Conditionnel	*il ferait*	**ta** + passé	**e ta faseba**
Passé composé	*il a fait*	ZÉRO/ **dja** + présent	**e fasi**
Passé simple	*il fit*	ZÉRO + présent	**e fasi**
Plus-que-parfait	*il avait fait*	ZÉRO/ **dja** + passé	**e faseba**
Subjonctif	*pour qu'il fasse*	ZÉRO + présent/ passé	**p-e fasi**

VI.3.2. Système aspectuel des verbes forts

VI.3.2.1. Liste des verbes forts

Il existe au moins 15 verbes forts en badiais moderne[12]. Voici la liste de ceux qui sont connus :

bali, *valoir.*
debi, *devoir.*
gosta, *aimer.*
konxi, *connaître.*
kré, *vouloir/ aimer.*
kustuma, *avoir l'habitude de.*
meresi, *mériter.*
mesti, *avoir besoin de.*
mora, *habiter.*
podi, *pouvoir.*
sabi, *savoir.*
sta, *être, se trouver.*
tchoma, *s'appeler.*
tem, *y avoir, avoir (de façon inaliénable).*
teni, *avoir, être momentanément en possession de.*

VI.3.2.2. Fonctionnement aspectuel des verbes forts

Les verbes forts se fléchissent en voix et en temps de la même façon que les verbes faibles. En revanche, ils ont un comportement distinct de ces derniers en ce qui concerne l'aspect :

12 Il n'existe pas à l'heure actuelle de liste complète des verbes forts impersonnels (vfi, mentionnés dans la leçon 12). Le comportement aspectuel des vfi ne diffère pas de celui des autres verbes forts.

- l'accompli (marque ZÉRO) d'un verbe fort coïncide généralement avec le moment où l'on parle (donc le présent pour un verbe à l'accompli-présent, le passé pour un verbe à l'accompli-passé).

Exemples :

- **m-sabi**, *je sais.*
- **m-sabeba**, *je savais*[13].

- l'habituel (marque **ta**) a presque toujours une valeur de futur.

Exemple : **m-ta sabi**, *je saurai.*

- l'actuel (marque **dja**) a généralement une valeur exclusivement adverbiale avec un sens plus ou moins équivalent au français *déjà.*

Exemple : **dja-m sabi**, *je (le) sais déjà.*

Le progressif (marque **sata**) n'est pratiquement pas employé avec les verbes forts.

Seule la particule **al** garde la même valeur qu'avec les verbes faibles.

En fait, un verbe fort n'est normalement employé qu'avec trois particules aspectuelles : ZÉRO, **al** et **ta** (étant donné que **dja** a une valeur d'adverbe).

On trouvera ci-dessous un tableau d'équivalence entre le système aspect-temps capverdien des verbes forts et les temps et modes les plus couramment employés en français.

Français		Capverdien	
Temps/ mode	Exemple	Aspect-temps	Exemple
Présent indicatif	*il sait*	ZÉRO + présent	**e sabi**
Futur	*il saura*	**ta** + présent	**e ta sabi**
Imparfait indicatif	*il savait*	ZÉRO + passé	**e sabeba**
Conditionnel	*il saurait*	**ta** + passé	**e ta sabeba**
Passé composé	*il a su*	**bem** + présent	**e bem sabi**
Passé simple	*il sut*	**bem** + présent	**e bem sabi**
Plus-que-parfait	*il avait su*	**bem** + passé	**e bem sabeba**
Subjonctif	*pour qu'il sache*	ZÉRO + présent/ passé	**p-e sabi**

---

[13] Le fait que l'accompli-présent d'un verbe fort créole corresponde généralement au présent de l'indicatif français et que l'accompli-passé d'un verbe fort corresponde généralement à l'imparfait de l'indicatif français explique pourquoi les temps français utilisés dans les tableaux de conjugaisons pour traduire les formes des verbes forts **kré**, *aimer*, et **tem**, *avoir (de façon inaliénable)*, sont différents des temps utilisés pour traduire les formes des tableaux de tous les autres verbes, qui sont faibles.

N.B. : il n'existe pas vraiment de forme spécifique des verbes forts capverdiens correspondant aux passés ponctuels (passé composé ou passé simple) du français. La plupart du temps, l'équivalent créole le plus proche de ces temps français est une construction employant un auxiliaire placé devant le verbe, comme **bem**, *venir, se mettre à*, ou **pása ta**, *se mettre à, commencer à.*

VI.4. Autres caractéristiques du verbe capverdien

VI.4.1. La négation verbale

VI.4.1.1. Cas général

La négation verbale est **ka**. Elle est régulièrement placée devant le verbe, entre le sujet et la particule aspectuelle.

Exemple : **e ta kánta sábi**, *il chante bien.*

> **e <u>ka</u> ta kánta sábi**, *il <u>ne</u> chante <u>pas</u> bien.*

N.B. : à de très rares exceptions près, les verbes conjugués à l'aspect actuel ne connaissent pas de forme négative.

VI.4.1.2. En présence d'un indéfini ou d'un adverbe négatif

Le capverdien possède un certain nombre d'indéfinis et d'adverbes qui ont un sens clairement négatif :

- **náda**, *rien*
- **num**, *aucun (adjectif)*
- **nungem**, *personne*
- **nunhum**, *aucun (pronom)*
- **nunka**, *jamais*

Comme en français, mais à l'inverse du portugais ou de l'anglais, les indéfinis et adverbes négatifs sont systématiquement employés avec la négation **ka** en créole capverdien, même lorsqu'ils sont placés devant le verbe.

Exemple : **nungem <u>ka</u> parsi**, *personne <u>n</u>'est venu*, lit. "*personne n'est apparu*", à opposer à l'anglais *nobody has come* et au portugais *ninguém veio* (dans ces deux dernières langues, il n'y a pas de négation verbale quand l'indéfini négatif est placé devant le verbe).

VI.4.2. Place des suffixes de voix et de temps dans les suites verbe modal + verbe

Lorsqu'un verbe modal (comme **kré, podi, debi**...*vouloir, pouvoir, devoir*) précède le verbe principal, c'est ce dernier verbe qui porte les suffixes de voix et de temps.

Exemples :

- **e kré matába-el**, *il voulait le tuer/ il avait voulu le tuer.*

- **kel-li ka podi fasedu**, *ça n'est pas possible*, lit. "*ceci ne peut pas être fait*".

VI.5. Cas du verbe *ser*

Le verbe **ser**, *être*, échappe à toute tentative de classification : il est différent de tous les autres verbes, aussi bien en ce qui concerne sa morphologie de temps et de voix que du point de vue de son comportement aspectuel.

Voici ses principales caractéristiques :

- 1. le verbe **ser** n'a pas de forme passive.

- 2. il possède des formes propres, non dérivées du radical **ser**, lorsque le temps de l'action correspond à celui du récit (sorte de progressif) :

- présent : **el é**, *il est (maintenant).*

- passé : **el éra**, *il était (à ce moment-là).*

- 3. le radical **ser** peut être utilisé en combinaison avec toutes les particules aspectuelles à l'exception de **sata**. Il a alors une forme passée régulière, **serba**. Avec le verbe **ser** :

- **ta** (habituel) a presque toujours une valeur de futur.

- les autres marques d'aspect ont la même valeur qu'avec un verbe faible (voir plus haut).

Exemples :

- **um diâ, e ta ser riku**, *un jour, il sera riche* (habituel-présent à valeur de futur).

- **um diâ, e ta serba riku**, *un jour, il serait riche* (habituel-passé à valeur de conditionnel).

- **nunk-e ka ser riku**, *il n'a jamais été riche* (accompli-présent).

- 4. à la forme **é** seulement, la négation suit normalement[14] le verbe (au contraire de tous les autres verbes et de toutes les autres formes verbales de **ser**).

---

[14] Il peut cependant arriver que l'on entende la forme **é** précédée de la négation **ka**, sûrement du fait d'une influence portugaise récente. Exemple : **Djom ka é riku**, *Jean n'est pas riche.* Il vaut mieux privilégier l'emploi de la forme **é ka**.

Exemple : **Djom é ka riku**, *Jean n'est pas riche.*

- 5. la forme **é** est souvent élidée, en particulier (mais pas seulement) en contexte exclamatif, en présence de la négation **ka** et dans des tournures comparatives.

Exemples :

- **Djom ka mutu spértu**, *Jean n'est pas très intelligent* (négation).
- **Djom más grándi ki Pálu**, *Jean est plus grand que Paul* (comparaison).
- **káru bunitu !**, *cette voiture est bien jolie !, qu'est-ce qu'elle est jolie cette voiture !* (exclamation).

- 6. les pronoms personnels sujets associés aux formes **é** et **éra** sont les formes toniques simples ou initiales. Voici le paradigme du verbe **é** précédé de ses pronoms personnels sujets (toniques simples) :

- **mi é**, je suis
- **bo é**, tu es
- **nhó é**, vous (masc.) êtes
- **nha é**, vous (fém.) êtes
- **el é**, il/ elle est

nós é, *nous sommes*
nhós é, *vous êtes*
ês é, *ils sont*

VI.6. L'impératif des verbes

Le mode impératif connaît cinq personnes en capverdien de Santiago. À titre d'exemple, voici les formes de l'impératif positif et négatif du verbe **kánta**, *chanter.*

Impératif positif		Impératif négatif	
kánta!	*chante!*	**ka-u** kánta!	*ne chante pas!*
nhu kánta!	*chantez (monsieur)!*	**ka-nhu** kánta!	*ne chantez pas!*
nha kánta!	*chantez (madame)!*	**ka-nha** kánta!	*ne chantez pas!*
nu kánta!	*chantons!*	**ka-nu** kánta!	*ne chantons pas!*
nhós kánta!	*chantez (vous tous)!*	**ka-nhós** kánta!	*ne chantez pas!*

N.B. : le radical impératif du verbe **ser** est **ser**.

Exemple : **ser bom rapás!**, *sois un bon garçon!*

ÉLÉMENTS DE SYNTAXE

I. Ordre des constituants de la phrase : généralités

L'ordre de base de l'énoncé capverdien est l'ordre SVO (Sujet-Verbe-Objet), soit le même que celui du français.

Exemple : **e odja si pai**, *il a vu son père.*

Il n'existe pas d'inversion verbe-objet dans les questions, qui sont uniquement marquées par une intonation propre.

Exemple : **e odja si pai ?**, *a-t-il vu son père ?*

En fait, l'ordre SVO est très rarement modifié en capverdien, à l'exception des cas d'emphase.

II. Place et ordre des compléments directs

II.1. Notion de complément direct

Le capverdien connaît trois types de compléments dits directs (c'est à dire qui suivent le verbe sans être introduits par une préposition) :

- le complément d'objet indirect (COI), qui désigne le bénéficiaire ou le destinataire de l'action.

Exemple : **e da Djom dós pom**, *il a donné deux pains à Jean.*

- le complément d'objet direct (COD).

Exemple : **e odja trés kása**, *il a vu trois maisons.*

- le complément de destination (CDE), qui désigne le lieu vers lequel on se dirige.

Exemple : **m-sata bá Práia**, *je vais à Praia.*

N.B. : tout complément direct peut être remplacé par un pronom personnel.

Exemple : **m-sata bá Práia**, *je vais à Praia* > **m-sata ba-l**, *j'y vais*, lit. "*je la vais*".

II.2. Place des compléments directs dans la phrase

Sauf cas d'emphase (voir plus bas), le complément direct est placé immédiatement après le verbe, de préférence à un complément prépositionnel.

Exemple : **Sándra bá Lisbuâ na aviom**, *Sandra est allée en avion à Lisbonne*. En créole, le complément direct de destination **Lisbuâ**, *Lisbonne*, précède le complément prépositionnel de moyen, **na aviom**, *en avion.*

II.3. Ordre des compléments directs

Lorsque plusieurs compléments directs dépendent d'un même verbe, ils se suivent toujours dans l'ordre suivant : **COI-COD-CDE.**

Exemple : **lebâ-nh-ês Práia**, *emmène-les-moi (mes enfants...) à Praia*, lit. "*emmène-moi-les Praia*", où **nh** est COI, **ês** est COD et **Práia** est CDE.

II.4. Cas des compléments d'accompagnement

Avec les verbes de mouvement, essentiellement **bai**, *aller*, et **bem**, *venir*, les compléments d'accompagnement (CA) introduits par la préposition **ku**, *avec*, sont souvent placés devant le complément direct de destination.

Exemple : **m-bá ku el Práia**, *je suis allé à Praia avec lui.* **Ku el** (CA), est placé devant **Práia** (CDE). Le CA, bien que prépositionnel, se comporte ici comme un complément d'objet direct : on l'appellera complément pseudo-direct.

III. Cas d'emphase

III.1. Généralités sur l'emphase

Le capverdien peut mettre en emphase divers constituants de la phrase. Dans tous les cas étudiés ici (il en existe d'autres), l'élément mis en emphase est placé en début de phrase et suivi du relatif **ki**. Cet élément peut être :

- le sujet de la phrase : **Djom kumi tudu katchupa**, *Jean a mangé toute la catchoupa* > **Djom ki kumi tudu katchupa**, *c'est Jean qui a mangé toute la catchoupa.*

- un complément direct (COI, COD, CDE) : **m-odja si káru**, *j'ai vu sa voiture* > **si káru ki-m odja**, *c'est sa voiture que j'ai vue.*

- un complément prépositionnel : **m-fika na si kása**, *j'ai logé dans sa maison*, lit. "*je suis resté dans sa maison*" > **na si kása ki-m fika**, *c'est dans sa maison que j'ai logé.*

N.B. : le complément prépositionnel peut aussi être placé devant le verbe sans sa préposition et repris après le verbe par la préposition suivie d'un pronom personnel (dit de rappel) : **si kása ki-m fika n-el**, *c'est dans sa maison que j'ai logé.* Dans ce cas, le pronom de rappel est toujours à la personne **el**, quelle que soit la personne de l'antécédent : **bo ki-m gosta d-el**, *c'est toi que j'aime*, lit. "*toi que je l'aime*".

- un adverbe : **ónti, e bá Práia**, *hier, il est allé à Praia* > **ónti k-e bá Práia**, *c'est hier qu'il est allé à Praia.*

III.2. L'emphase des pronoms

Lorsque l'élément mis en emphase est un pronom personnel, on utilise presque toujours la forme tonique simple.

Exemple : **m-ta kánta**, *je vais chanter* > **mi ki ta kánta**, *c'est moi qui vais chanter.*

Aux personnes **el** et **ês**, un **é** de renforcement est souvent introduit entre le pronom emphatique et le relatif **ki**.

Exemple : **e sabi**, *il (le) sait* > **el ki sabi** ou **el é ki sabi**, *c'est lui qui sait.*

IV. Les constructions passives

En santiagais moderne, sauf dans des constructions calquées du portugais, le verbe à la voix passive n'admet généralement pas d'agent.

Exemples :

- *Jean a été tué en Angola* peut se traduire en santiagais en utilisant un verbe à la voix passive : **Djom matádu na Angóla**. Jean a subi l'action (il a été tué), l'agent n'est pas exprimé (on ne sait pas qui a tué Jean), donc l'emploi du passif est justifié.

- en revanche, *Jean a été tué par un soldat en Angola* ne peut normalement pas se traduire en créole en employant la voix passive, car l'agent est exprimé (c'est un soldat qui a tué Jean). Dans un cas semblable, le créole préférera produire un énoncé actif où le *soldat* sera le sujet du verbe et *Jean* l'objet : **soldádu máta Djom n'Angóla**, *un soldat a tué Jean en Angola*, ou bien l'on produira deux énoncés plus brefs pour rendre la phrase passive française : **Djom móri n'Angóla, soldádu ki matâ-l**, *Jean est mort en Angola, c'est un soldat qui l'a tué.*

QUELQUES NOTES SUR LE SAINT-VINCENTIN

Cette présentation n'a pas pour but de vous fournir un exposé complet de la grammaire du saint-vincentin (ou mindélien), mais juste de vous sensibiliser à la question des différences entre les divers parlers créoles du Cap-Vert. Le mindélien est (après le santiagais) le second dialecte de la langue capverdienne, en termes de prestige et de nombre de locuteurs. En quelques paragraphes, voici les principales caractéristiques de ce parler, par contraste avec le créole de Santiago. Beaucoup des particularités du mindélien se retrouvent dans toute la partie Nord de l'Archipel du Cap-Vert (le Barlavento).

I. Prononciation

I.1. Le chuintement du *s*

Dans certaines positions, la lettre {s} est chuintée en mindélien :

- devant une consonne, elle est prononcée comme le {*ch*} du français ***chtimi***.

Exemple : santiagais **e skesê-l**, *il l'a oublié*, prononcé "*é skéssél*".

≠ mindélien **el skesê-l**, prononcé "*él chkéssél*".

- en fin de mot, elle est prononcée comme le {*j*} du français ***jeu***.

Exemple : santiagais **pás**, *paix*, prononcé "*passe*".

≠ mindélien **pás**, prononcé "*page*".

N.B. : dans certains vocables, on trouve en mindélien en fin de mot le son /s/, c'est-à-dire celui des lettres {*ss*} du mot français *poisse*. Le son /s/ est alors transcrit {*ss*}, pour éviter la confusion avec la chuintante : mindélien **póss, ess,** *pas, ce*, prononcés "*posse, ésse*".

I.2. La chute des voyelles atones *–i* et *-u*

Quand un mot santiagais comporte une ou plusieurs voyelles atones **u** ou **i**, ces voyelles ne sont généralement pas prononcées dans son correspondant mindélien.

Exemples : santiagais **filís, bunitu, sodádi**, *heureux, joli, nostalgie.*

≠ mindélien **flis, bnit, sodád.**

N.B.1. : certains auteurs capverdiens écrivent parfois un {**e**} "muet" à la place des voyelles disparues pour souligner le lien étymologique avec le santiagais (ou le portugais). Les trois mots donnés ci-dessus peuvent donc être graphiés **felís, benite, sodáde**.

N.B.2. : il arrive que d'autres voyelles atones santiagaises soient éclipsées en mindélien, mais ces phénomènes sont plus irréguliers.

I.3. La règle du *a* + *u*

Lorsqu'un mot santiagais se termine par **á** ou **â** tonique suivi d'un –**u** atone, la voyelle tonique du mot mindélien correspondant est généralement **ó**, tandis que la voyelle finale disparaît.

Exemple : santiagais **e odjâ-bu, e odjá-nu, tántu, kansádu**, *il t'a vu, il nous a vus, tant, fatigué.*

≠ mindélien **el oió-b, el oió-n, tónt, kansód**.

Retenez en particulier que la plupart des mots terminés par –**ádu** (terminaison très courante dans la langue) en santiagais finissent généralement en –**ód** en mindélien.

I.4. Équivalence du *dj* santiagais

Entre deux voyelles, le -**dj**- santiagais correspond très souvent à -**i**- en mindélien, prononcé comme le {y} du français *yole.*

Exemple : santiagais **modja, odja**, *mouiller, voir.*

≠ mindélien **moiá, oiá**, prononcés "*Meaux-ya, eau-ya*".

I.5. Présence du "r" grasseyé

Le mindélien connaît au moins un son totalement absent du santiagais : c'est une consonne articulée à peu près comme la lettre {r} du français *Corée* ou les lettres {rr} du portugais *arroz.* En saint-vincentin, cette consonne est généralement transcrite {**r**} à l'initiale du mot et {**rr**} à l'intérieur ou en fin de mot.

Exemple : santiagais **rótcha, téra, káru**, *rocher, pays, voiture* (avec "r" roulé, comme en espagnol ou en portugais).

≠ mindélien **rótcha, térra, kórr** (le "r" et les "rr" sont prononcés grasseyés, c'est-à-dire comme en français standard).

N.B. : attention ! À l'intérieur ou à la fin des mots, le mindélien connaît aussi le "r" roulé, transcrit {r}. Ainsi, dans les mots **fóra**, *dehors*, ou **amor**, *amour*, le "r" est prononcé roulé, en mindélien comme en santiagais.

II. Morphologie

II.1. Les pronoms personnels et les possessifs

II.1.1. Les pronoms personnels

Le mindélien, comme le badiais, possède huit personnes grammaticales :

- 4 au singulier : **1.** *moi*, **2a.** *toi*, **2b.** *vous (Monsieur, Madame)*, **3.** *il/ elle/ ça* ;
- 4 au pluriel : **1.** *nous*, **2a.** *vous*, **2b.** *vous (respect)*, **3.** *ils/ elles.*

La principale différence entre les deux systèmes réside dans les formes de respect (ou de vouvoiement) :

- le mindélien ne fait pas de distinction de genre au vouvoiement singulier.
- le mindélien connaît une forme de vouvoiement pluriel, absente en badiais.

Vous trouverez ci-dessous les paradigmes de trois types de pronoms mindéliens (à comparer aux santiagais) : toniques simples ; atones sujets ; atones objets de premier ordre.

Pronoms toniques simples	
Personne	Traduction
mi	*moi*
bo	*toi*
bosê	*vous (M. ou Mme)*
el	*lui/ elle/ ça*
nós	*nous*
bzot	*vous (tous)*
bosês	*vous (MM. ou Mmes)*
ês	*eux/ elles*

Pronoms atones			
Sujet	Traduction	Objet 1er ordre	Traduction
um kantá	*j'ai chanté*	el oiá-**m**	*il m'a vu*
bo kantá	*tu as chanté*	el oió-**b**	*il t'a vu*
bosê kantá	*vous avez chanté*	el oiá-**bosê**	*il vous a vu*
el kantá	*il/ elle a chanté*	el oiá-**l**	*il l'a vu*
no kantá	*nous avons chanté*	el oió-**n**	*il nous a vu*
bzot kantá	*vous avez chanté*	el oiá-**bzot**	*il vous a vu*
bosês kantá	*vous avez chanté*	el oiá-**bosês**	*il vous a vu*
ês kantá	*ils ont chanté*	el oiá-**s**	*il les a vu*

N.B. : en mindélien, le pronom objet de premier ordre –**m** est prononcé comme la lettre {m} du mot français *paume*.

Exemple :

- mindélien **el oiá-m**, *il m'a vu*, se prononce "*hé + l'eau + yame*".

≠ santiagais **e odjâ-m**, prononcé "*hé + odjan*".

II.1.2. Les possessifs

Atones		Toniques	
Personne	Traduction	Personne	Traduction
nha	*mon, ma*	**d'meu/ d'minha**	*le mien, la mienne*
bo	*ton, ta*	**d'bo/ d'bósa**	*le tien, la tienne*
bosê	*votre (M./ Mme)*	**d'bosê**	*le/ la vôtre (M./ Mme)*
se	*son, sa*	**d'seu**	*le sien, la sienne*
nós	*notre*	**d'nós/ d'nósa**	*le/ la nôtre*
bzot	*votre (tous)*	**d'bzot**	*le/ la vôtre (tous)*
bosês	*votre (MM./ Mmes)*	**d'bosês**	*le/ la vôtre (MM./ Mmes)*
ses	*leur*	**d'seus**	*le/ la leur*

II.2. Le verbe

Comme dans l'ensemble des îles du Cap-Vert (à l'exception de Santiago), les verbes mindéliens polysyllabiques sont toujours accentués sur la dernière syllabe à la forme libre.

Exemple :

- mindélien **kantá**, *chanter* ≠ santiagais **kánta**.

Comme le mindélien a une tendance généralisée à la chute des voyelles atones (cf. plus haut), ces différences d'accentuation peuvent parfois entraîner d'importants écarts de prononciation entre le saint-vincentin et le badiais.

Exemple : mindélien, **tchá, bdi**, *laisser, demander*

≠ santiagais **dexa, pidi**.

À première vue, il n'est pas si évident de penser que le mindélien **tchá** et le santiagais **dexa** sont apparentés. En fait, on arrive assez facilement à passer de l'un à l'autre :

- 1. accentuez le santiagais sur la dernière syllabe : cela donne **dexâ/ dexá**.

- 2. supprimez la voyelle {**e**}, devenue atone : on obtient **dxá**, prononcé et écrit (ici) **tchá**.

Il est bon de vous habituer à ce genre de gymnastique si vous voulez naviguer sans trop d'encombre au milieu du foisonnement des dialectes capverdiens !

II.2.1. Les particules aspectuelles

On retrouve peu ou prou en mindélien l'équivalent des cinq particules aspectuelles du santiagais, avec des valeurs proches. Voici le tableau des équivalences entre les deux dialectes.

Aspect	Mindélien	Santiagais
accompli	ZÉRO	ZÉRO
actuel	**já**	**dja**
habituel	**ta**	**ta**
potentiel	**á-d**	**al**
progressif	**ti ta**	**sata**

Exemple : mindélien **um ti ta kantá**, *je suis en train de chanter*
= santiagais **m-sata kánta**.

II.2.2. L'opposition entre verbes faibles et verbes forts

Elle existe aussi en mindélien.

Exemple :

- **el kantá**, *il a chanté* (verbe faible, accompli-présent à valeur de passé).

- **el sabê**, *il sait* (verbe fort, accompli présent à valeur de présent de l'indicatif).

En revanche, la liste des verbes forts ne comporte que cinq verbes en saint-vincentin : **tá, tem, kré, podê, sabê**, *être (quelque part), avoir, vouloir, pouvoir, savoir.*

Ainsi, le verbe signifiant *connaître*, est-il :

- fort en santiagais : **m-konxê-l,** *je le connais* (forme libre **konxi**).

- faible en mindélien : **um ta konxê-l**, *je le connais* (forme libre **konxê**).

II.2.3. La voix

Il n'y a pas à proprement parler de passif synthétique en saint-vincentin. Le verbe mindélien possède une désinence –**d**, comparable à la marque –**du** du santiagais.

Exemple : mindélien **kmed**, *mangé* = santiagais **kumedu**.

Mais les constructions passives emploient systématiquement l'auxiliaire **ser**, *être*, en saint-vincentin.

Exemple : mindélien **el foi matód**, *il a été tué*, lit. "*il fut tué*" (emploi de **foi**, forme du passé simple de l'auxiliaire **ser**).

≠ santiagais **e matádu**, lit. "*il tué*" (pas d'auxiliaire).

En fait, les formes verbales mindéliennes en –**d** sont employées de la même façon que le participe passé en portugais ou en français : elles servent aussi à produire des temps composés (voir plus bas). La forme santiagaise du passif-passé en –**da** est sans équivalent dans les créoles du Barlavento.

II.2.4. Le temps

C'est dans le domaine de la structuration temporelle du verbe que le mindélien diffère le plus radicalement du santiagais. Retenons que :

- **1.** le mindélien connaît des temps composés, produits avec l'auxiliaire **tem**, *avoir*, et le participe passé, c'est-à-dire sur un modèle proche du portugais et du français.

Exemple :

- mindélien **el tem kantód, el tinha kantód**, *il a chanté, il avait chanté* (forme libre **kantá**, *chanter*).

≠ santiagais **e kánta, e kantába** (forme libre **kánta**).

- **2.** le mindélien utilise couramment des passés simples (ou prétérits) dérivés du portugais, pour les verbes forts.

Exemples :

- mindélien **el tem/ tá, el kré, el podê**, *il a/ est (quelque part), il veut, il peut*

> **el tiv, el kris, el pud**, *il eut/ fut, il voulut, il put.*

Sauf dans quelques parlers urbains très lusitanisés, le prétérit n'existe pas en santiagais.

- **3.** le mindélien fléchit certains verbes forts au subjonctif futur (SF) et imparfait (SI), comme en portugais.

Exemple : le verbe **tem**, *avoir* (dans les deux dialectes) donne :

- mindélien **s-el tiver, s-el tivés**, *s'il a (dans le futur*, SF*), s'il avait (supposition*, SI*)*

≠ santiagais **s-e tem, s-e temba**.

- **4.** la marque de passé est le plus souvent portée par un auxiliaire et non par le verbe principal.

Exemple :

- mindélien **el tava ta kantá**, *il était en train de chanter*, lit. "*il était + habituel + chanter*". La marque de passé **–va** est portée par l'auxiliaire **tá**, *être.*

≠ santiagais **e sata kantába**, lit. "*il + progressif + chanter à l'actif-passé*". La marque de passé **–ba** est portée par le verbe principal, ici **kánta**, *chanter.*

Toutes ces particularités donnent au verbe mindélien des caractéristiques très nettement distinctes du système santiagais. À bien des égards, le système verbal saint-vincentin (et des créoles du Nord) peut être considéré comme intermédiaire entre celui du portugais et celui des créoles du Sud (dont fait partie le badiais).

III. Lexique

Le mindélien et le badiais ont en commun une bonne partie de leur vocabulaire, issu du portugais. Cependant, le lexique du mindélien présente aussi de notables différences avec celui du santiagais.

Exemples : les mots français *dire, champignon, cochon*, correspondent :

- en mindélien à : **dzé, tchapê d'gongom, tchuk**.

- en santiagais à : **fla, tamboru di finádu, porku**.

À ce jour, il n'existe hélas aucun dictionnaire complet ou facilement utilisable du mindélien ou des dialectes du Nord. Le vocabulaire spécifique des îles du Barlavento ne peut donc être acquis que par la pratique quotidienne. On peut aussi s'aider des textes des nombreuses chansons capverdiennes écrites en saint-vincentin : c'est par exemple dans ce dialecte que Cesária Évora a interprété la majorité de ses succès.

LEXIQUE CAPVERDIEN-FRANÇAIS

DES MOTS DES LEÇONS

On trouvera dans ce lexique la liste alphabétique de tous les mots capverdiens[15] utilisés dans les textes des leçons 1 à 22 de la méthode. Chacun de ces termes est suivi de sa (ou de ses) traduction(s) française(s). De plus :

- pour chaque entrée, on a signalé le numéro de la leçon où apparaît pour la première fois le terme considéré (ou l'une de ses acceptions). Ce numéro est toujours entre parenthèses et en caractères gras.

Exemple : **afrikánu**, *adj*, **(16)**, africain.

- les voyelles thématiques des verbes ont été systématiquement indiquées, étant donné qu'il est indispensable de les connaître pour pouvoir conjuguer un verbe à toutes ses formes (cf. grammaire).

Exemple : **diskesi (e)**, *v*, **(9)**, oublier.

- les mots issus de dialectes autres que le santiagais sont donnés en italique.

Exemple : ***abrí*** (BV), *v*, **(21)**, ouvrir, v. **abri**.

Les termes propres au dialecte de Brava sont suivis de l'abréviation (BV) et ceux propres au dialecte de Saint-Vincent de l'abréviation (SV).

Pour l'explicitation des abréviations, on se reportera à la liste des abréviations fournie en début d'ouvrage.

N.B. : plusieurs dictionnaires capverdien-français et capverdien-portugais sont actuellement disponibles sur le marché. Vous en trouverez les références dans la Bibliographie.

abrí (BV), *v*, **(21)**, ouvrir, v. **abri**.
abri (i), *v*, **(21)**, ouvrir.
Áfrika, *npr*, **(16)**, Afrique.
afrikánu, *adj*, **(16)**, africain.
a-gó, *adv*, **(12)**, 1. à présent, maintenant, 2. cependant.
aguenta (á), *v*, **(20)**, supporter.
ai, *itj*, **(11)**, ouf, ah.

[15] Les pronoms personnels, les possessifs ainsi que les formes fléchies (pluriels des noms, passés et passifs des verbes...) régulières n'ont toutefois pas été inclus dans ce lexique. Les informations nécessaires sur ces catégories et flexions sont fournies dans le mémento grammatical ainsi que dans les commentaires grammaticaux des leçons (utiliser l'index grammatical).

aiam, *adv*, **(4)**, oui.
al, *pa*, **(20)**, marque du potentiel (cf. grammaire).
a-la, *adv*, **(8)**, là-bas.
alâ/ ala, *adv*, **(15)**, voilà, base du présentatif éloigné (cf. grammaire).
albés, *adv*, **(14)**, parfois.
alê/ ali, *adv*, **(15)**, voici, base du présentatif proche (cf. grammaire).
algem, *subst/ indéf*, **(8)**, être humain, personne, quelqu'un, **(17)**, **tud'algem**, tout le monde, lit. "toutes les personnes".
algum, *indéf*, **(12)**, quelque.
a-li, *adv*, **(2)**, ici, voici.
aliás, *conj*, **(14)**, d'ailleurs.
alkánsa (á), *v*, **(21)**, atteindre.
alkansâ (BV), *v*, **(21)**, atteindre, v. **alkánsa**.
almusa (**á**), *v*, (**3**), déjeuner.
áltu, *adj*, **(11)**, haut, v. **riba**.
altura, *subst*, **(14)**, époque, moment.
amigu, *subst*, **(3)**, ami.
amor, *subst*, **(21)**, amour.
antigamenti, *adv*, **(19)**, autrefois, dans le temps.
antigu, *adj*, **(14)**, ancien.
areia (SV), *subst*, **(22)**, sable, v. **riâ**.
armum, *subst*, **(9)**, frère.
ása, *subst*, **(21)**, aile.
a-si, *adv*, **(9)**, ainsi.
átcha (á), *v*, **(4)**, trouver.
até (SV), *prép*, **(22)**, jusqu'à, v. **ti**.
azágua, *subst*, **(14)**, 1. saison des pluies, 2. récolte.
bá, *v*, **(3)**, aller, variante de **bai**.
bába, *fv*, **(17)**, actif-passé de **bai**.
badiu, *adj*, **(4)**, badiais, santiagais, originaire de l'île de Santiago.
bádja, *v*, **(3)**, danser.
bádju, *subst*, **(3)**, danse.
bafiu, *subst*, **(13)**, amuse-gueule, zakouski, nourriture destinée à accompagner une boisson.
bai (á), *v*, **(3)**, aller.
báka, *subst*, **(20)**, vache.
Baréla, *npr*, **(8)**, Varela.
básta (á), *vfi*, **(12)**, suffire, **básta ma**, pourvu que, il suffit que.
batáta, *subst*, **(2)**, patate douce.
batuk (SV), *subst*, **(22)**, batouque, v. **batuku**.
batuku, *subst*, **(16)**, batouque, danse traditionnelle de l'île de Santiago.
bazófu, *adj*, **(20)**, fanfaron, fier.
bebi (e), *v*, **(13)**, boire.
bedju, *adj*, **(8)**, vieux.
bem (em), *v*, **(3)**, venir.
bendidera, *subst*, **(2)**, vendeuse.
bénsu, *subst*, **(19)**, bénédiction.
bera, *subst*, **(18)**, bord.
bera-már, *subst*, **(3)**, plage.
berdiánu, *subst*, **(1)**, capverdien.
bés, *subst*, 1. **(14)**, fois, **um bés**, autrefois, dans le temps, 2. **(10)**, fois, multiplié par (mathématiques).
bibi (e), *v*, **(12)**, vivre.
bida, *subst*, **(1)**, vie.
bika, *subst*, **(5)**, dénuement.
bira (á), *v*, **(16)**, devenir, **bira ta**, se mettre à.
Bisenti, *npr*, **(19)**, Vincent.
bo tárdi, *loc*, **(5)**, bonjour, lit. "bonne après-midi", salutation utilisée entre midi et la tombée de la nuit.
boi, *subst*, **(20)**, taureau.
bóka, *subst*, **(19)**, 1. bouche, 2. discours, bavardage.
bolta (á), *v*, **(22)**, revenir.
bom, *adj*, **(3)**, bon.
bombu (u), *v*, **(16)**, porter (qqun)

sur le dos.
bránku (fém. **bránka**), *adj*, **(20)**, blanc.
briliá (SV), *v*, **(22)**, briller, v. **limia**.
buáti, *subst*, **(5)**, discothèque, boîte de nuit.
buleia, *subst*, **(18)**, fait de prendre qqun en auto-stop.
bunitu (fém : **bunita**), *adj*, **(8)**, joli, beau.
burmedju, *adj*, **(20)**, rouge.
buru, *adj/ subst*, **(20)**, âne, idiot.
buska (á), *v*, **(15)**, chercher.
d', *prép*, **(10)**, de, variante de **di** devant voyelle.
da (á), *v*, **(5)**, 1. donner, 2. convenir.
Dakár, *npr*, **(16)**, Dakar.
debi ser, *loc*, **(19)**, probablement.
déntu, *prép*, **(3)**, dans, à l'intérieur de.
dés, *num*, **(10)**, dix.
desk-e, **(15)**, contraction de **déski + e**.
déski, *conj*, **(15)**, depuis que.
Deus, *subst*, **(21)**, Dieu, variante de **Diós**.
dexa (á), *v*, **(17)**, laisser, **dexa di**, abandonner, renoncer à.
di, *prép*, **(1)**, de.
dia (SV), *subst*, **(22)**, jour, v. **diâ**.
diâ, *subst*, **(4)**, jour, **(3)**, **diâ dimingu**, dimanche.
dibidi (i), *v*, **(10)**, diviser, **dibidi pa**, divisé par.
difisi, *adj*, **(4)**, difficile.
dimâs, *adv*, **(20)**, 1. trop, 2. très.
dinheru, *subst*, **(3)**, argent.
Diós, *subst*, **(1)**, Dieu.
diskánsa (á), *v*, **(3)**, se reposer.
diskesi (e), *v*, **(9)**, oublier.
disnafrága (á), *v*, **(11)**, arriver au bout de ses peines, lit. "se dénaufrager".
dispidida, *subst*, **(20)**, adieu, fête d'adieu.
dispós, *conj*, **(4)**, ensuite.
dixâ (BV), *v*, **(21)**, laisser, v. **dexa**.
dixi (i), *v*, **(18)**, descendre.
dizanóvi, *num*, **(19)**, dix-neuf.
dizasax, *num*, **(16)**, seize.
dizaséti, *num*, **(17)**, dix-sept.
dizoitu, *num*, **(18)**, dix-huit.
dj-, *pa*, **(11)**, variante de **dja** employée devant **e** et **ês**.
dja ki, *conj*, **(6)**, puisque, étant donné que.
dja, *conj/ pa*, I. *conj*, **(19)** du coup, et donc, de ce fait ; II. *pa*, **(11)**, marque de l'actuel (cf. grammaire).
djánta (á), *v*, **(6)**, dîner.
dj-e, **(20)**, contraction de **dja + e**.
dj'é, **(20)**, contraction de **dja + é**.
Djom, *npr*, **(1)**, Jean.
Djonsinhu, *npr*, **(10)**, Jeannot, diminutif de **Djom**.
djuda (á), *v*, **(10)**, aider.
djuga (á), *v*, **(16)**, jouer.
djuntu, *adv*, **(13)**, ensemble.
Djuzé, *npr*, **(8)**, Joseph.
dodu, *adj*, **(17)**, fou.
donu, *subst*, **(14)**, grand-père, **donus**, grands-parents.
dós, *num*, **(5)**, deux.
dretu, *adj/ adv*, **(1)**, correct, correctement, bien.
dué (e), *v*, **(9)**, faire mal.
duenti, *adj*, **(5)**, malade.
dura (á), *v*, **(7)**, durer, **dura ku**, mettre longtemps à.
duru, *adj*, **(14)**, difficile, dur (en parlant de la vie).
duzéntus, *num*, **(2)**, deux cents.
duzi, *num*, **(10)**, douze.
é, *fv*, **(1)**, présent du verbe **ser**, être, **(14)**, **é pa**, il faut que.

entra (**á**), *v*, (**10**), entrer
entri, *prép*, (**21**), entre.
éra, *fv*, (**14**), passé du verbe **ser**, être.
es, *dém*, (**1**), ce, ce...-ci.
ess (SV), *dém*, (**22**), ce, ce...-ci, v. **es**.
fabor, *itj*, (**10**), s'il te/ vous plaît.
fálta, *subst*, (**17**), manque, **ku fálta di**, en manque de.
familia, *subst*, (**17**), 1. famille, 2. membre de la famille, parent.
fasi (**e**), *v*, (**3**), faire.
fáxi, *adj/ adv*, (**4**), 1. rapide, vite, 2. facile, facilement.
Fazénda, *npr*, (**11**), Fazenda, quartier de Praia situé en bordure de la route qui mène à Assomada et à Pedra Badejo.
feiu (fém. **feia**), *adj*, (**20**), laid.
fémia, *adj/ subst*, (**9**), femelle.
késta, *subst*, (**11**), fête.
fidju, *subst*, (**10**), enfant.
fika (**á**), *v*, (**3**), rester.
fim, *subst*, (**3**), fin, **fim di sumána**, week-end, fin de semaine.
fixi, *adv*, (**5**), super (mot familier).
fla (**á**), *v*, (**1**), dire, **fla mantenha**, saluer.
flor, *subst*, (**21**), fleur.
fómi, *subst*, (**14**), faim.
fóra, *adv/ subst*, I. *adv*, (**18**), dehors, **fóra'l mó**, hors de portée, isolé, lit. "hors de la main" ; II. *subst*, 1. (**14**), campagne, 2. (**12**), village.
fórsa, *subst*, (**21**), force.
fórti, *adv*, 1. (**4**), beaucoup, 2. (**22**), tant.
fra (**á**), *v*, (**7**), 1. (se) trouer, 2. crever (pneu).
Fránsa, *npr*, (**1**), France.
fransés, *adj/ subst*, (**4**), français.
frenti, *adv*, (**9**), devant, en avant.
friu, *adj/ subst*, (**8**), froid.
fronta (**á**), *v*, (**13**), 1. en avoir assez, 2. être en excès.
funaná, *subst*, (**22**), founana, musique originaire de l'île de Santiago.
Funti Lima, *npr*, (**18**), Fonte Lima, village situé dans le centre de l'île de Santiago, au pied de la ville d'Assomada.
fuxi (**i**), *v*, (**20**), fuir, s'enfuir.
gazádju, *subst*, (**4**), hospitalité, asile.
genti, **gentis**, *subst*, 1. (**21**), gens, 2. (**1**), famille.
giâ (**á**), *v*, (**18**), conduire.
gizádu, *subst*, (**6**), ragoût, plat mijoté.
gó, *adv*, (**10**), maintenant, à présent.
Gómi, *npr*, (**8**), Gomes.
gósi, *adv*, (**6**), maintenant, **gósi-li**, 1. (**5**), immédiatement, tout de suite, 2. (**7**), à l'instant, il y a peu.
gosta (**á**), *vf*, (**6**), aimer.
grándi, *adj*, 1. (**8**), grand, de grande dimension, 2. (**14**), âgé (à propos d'une personne).
grásas-a Diós, *loc*, (**1**), Dieu merci.
grógu, *subst*, (**13**), grogue, rhum blanc.
Gudim, *npr*, (**18**), Godim, village situé sur la route qui relie Praia et Assomada, approximativement à mi-chemin entre les deux villes.
i (SV), *conj*, (**22**), et, v. **ku**.
i, *conj*, (**5**), et.
Ilias, *npr*, (**3**), les îles du Cap-Vert autres que Santiago.
inda, *adv*, (**11**), encore.
ingri, *adj*, (**11**), escarpé, abrupt.

intchi (**i**), *v*, (**18**), (se) remplir.

ka, *adv*, (**2**), ne... pas (négation verbale).

ká, *v*, (**18**), finir de, contraction de **kába**.

kába 1, *conj*, (**16**), d'ailleurs.

kába 2 (**á**), *v*, (**11**), finir, (s')achever.

kabésa, *subst/ pronom*, I. *subst*, (**9**), tête ; II. *pronom*, (**17**), sert à former le réfléchi (cf. grammaire).

Kabrinka, *npr*, (**8**), Kabrinka, nom de femme.

kada, *indéf*, (**2**), chaque.

kafé, *subst*, (**19**), café.

kai (**i**), *v*, (**12**), tomber.

kal (plur. **kas**), *inter*, (**8**), lequel

kaminhu, *subst*, (**11**), chemin.

kánsa (**á**), *v*, (**11**), (se) fatiguer.

kansádu, *adj*, (**12**), fatigué.

kántu 1, *conj*, (**11**), quand (cf. grammaire).

kántu 2, *inter*, (**2**), combien

kapás, *adj*, (**15**), possible, **é kapás di**, il se peut que, il est possible que.

kárta, *subst*, (**15**), lettre.

káru, *adj*, (**2**), cher.

kása, *subst*, (**3**), maison.

ka-sábi, *subst*, (**8**), désagrément.

kasáku, *subst*, (**13**), veste, pull, tout vêtement couvrant la partie supérieure du corps.

katorzi, *num*, (**14**), quatorze.

Kau Berdi, *npr*, (**3**), Cap-Vert.

kau, *subst*, (**5**), lieu, **kau mau !**, tout va mal !, pas de chance !

k'é, (**16**), contraction de **ki** + **é**.

k-e, (**9**), contraction de **ki** + **e**.

kebra (**á**), *v*, (**12**), casser.

kel (plur. **kes**), *dém*, (**2**, **13**), ce, ceci, cela, v. **óra**.

ke-li, *dém*, (**16**), ceci, forme abrégée de **kel-li**.

kem, *inter/ rel*, I. *inter*, (**10, 22**), **kem ki**, qui ; II. *rel*, (**17**), **kem ki**, celui qui.

kenha, *inter*, (**3**), qui.

k-ês, (**14**), contraction de **ki** + **ês**.

ki , *conj/ inter/ rel*, (**4**), I. *conj*, que ; II. *inter*, quel ; III. *rel*, qui, que.

kilu, *subst*, (**2**), kilo.

kinzi, *num*, (**15**), quinze.

kiria (**á**), *v*, (**19**), 1. grandir, 2. faire grandir.

kiriolu, *adj/ subst*, (**4**), créole, capverdien.

kláru, *adj*, (**16**), clair, évident, **kláru !**, bien sûr !

koitádu, *adj/ subst*, (**17**), pauvre, malheureux.

koku, *subst*, (**3**), 1. noix de coco, 2. cocotier.

koladera, *subst*, (**22**), coladéra, genre musical typique du Nord de l'Archipel des Îles du Cap-Vert.

kombérsu, *subst*, (**17**), conversation.

kompu (**o**), *v*, (**7**, **12**), 1. réparer, 2. soigner.

konku (**o**), *v*, (**10**), frapper (à la porte...).

konta (**á**), *v*, (**14**), raconter.

kónta, *subst*, (**10**), calcul.

kontenti, *adj*, (**8**), content, satisfait.

kontra (**á**), *v*, (**7**), (se) rencontrer.

konxê (BV), *vf*, (**21**), connaître, v. **konxi**.

konxi (**e**), *vf*, (**3**), connaître.

koráxu, *subst*, (**11**), courage.

kóri (**e**), *v*, (**9**), 1. courir, 2. se passer.

korpu, *subst*, (**1**), corps.

kotchi (**i**), *v*, (**16**), battre le maïs au

mortier de façon à en décortiquer les grains.

kré (**e**), *vf*, (**2**), vouloir.

kredu, *itj*, (**13**), tudieu, nom d'un chien.

kré-tcheu, *subst*, (**21**), chéri, amour, être aimé.

ku, *prép*, (**3**), avec.

kuáji, *adv*, (**11**), presque.

kuárta, *subst*, (**15**), mercredi, forme abrégée de **kuárta-fera**.

kuártu, *num*, (**4**), quatrième.

kuátu, *num*, (**5**), quatre.

kudádu, *subst*, (**18**), attention, **toma kudádu**, faire attention, lit. "prendre attention".

kudi (**i**), *v*, (**9**), répondre.

kuma (BV), *conj*, (**21**), comme, v. **sima**.

kumbida (**á**), *v*, (**17**), inviter.

kumi (**e**), *v*, (**4**), manger.

kumida, *subst*, (**17**), nourriture.

kumpánha (**á**), *v*, (**20**), accompagner.

kumpanheru, *pronom*, (**17**), sert à former le réciproque (cf. grammaire).

kumpra (**á**), *v*, (**5**), acheter.

kumpridu, *adj*, (**8**), long.

kunsa (**á**), *v*, (**3**), faire qqch ensuite/ après.

kurtu, *adj*, (**8**), court.

kusa, *subst*, (**6**), chose.

kusé, *inter*, (**2**), quoi.

kusia (**á**), *v*, (**6**), cuisiner.

kustuma (**á**), *v*, (**15**), avoir déjà fait qqch.

'l, *prép*, (**18**), de, variante de **di**.

la, *adv*, (**3**), là-bas, (**13**), **kel...-la**, ce...-là.

leba (**á**), *v*, (**18**), emmener, emporter.

lembra (**á**), *v*, (**14**), se rappeler.

li, *adv*, (**3**), ici, (**13**), **kel...-li**, ce...-ci.

libra (**á**), *v*, (**19**), protéger, délivrer.

libru, *subst*, (**15**), livre.

limia (**á**), *v*, (**22**), briller.

lingua, *subst*, (**4**), langue.

liseu, *subst*, (**19**), lycée.

lisom, *subst*, (**1**), leçon.

lója, *subst*, (**13**), épicerie-bar.

lonj (SV), *adj*, (**22**), lointain, v. **lonji**.

lonji, *adj/ adv*, (**12**), éloigné, lointain, loin.

lus, *subst*, (**14**), 1. lumière, 2. électricité.

ma, *conj*, (**12**), que.

má, *conj*, (**4**), mais.

mafáfa, *subst*, (**2**), sorte d'igname.

mai, *subst*, (**9**), mère.

mal, *adv*, (**4**), mal, **pása mal**, s'ennuyer, ne pas s'amuser.

mánda (**á**), *v*, 1. (**15**), envoyer, 2. (**17**), donner l'ordre de faire qqch.

mángi, *subst*, (**14**), mangue.

manham, *adv*, (**5**), demain.

mantenha, *subst*, (**1**), salutation.

már, *subst*, (**21**), mer.

maria (**á**), *v*, (**13**), faire attendre.

más, *adv*, 1. (**2**), plus, (**8**), **más...ki**, plus...que, 2. (**10**), plus (mathématiques).

máta (**á**), *v*, (**17**), tuer.

mátchu, *adj/ subst*, (**9**), mâle.

matimátika, *subst*, (**10**), mathématiques.

mau, *adj*, (**5**), mauvais.

mbárka (**á**), *v*, (**20**), émigrer, aller vivre à l'étranger.

mé, *adv*, (**3**), vraiment, à proprement parler.

m-e, (**12**), contraction de **ma** + **e**.

meiu, *subst*, (**3**), milieu, **na mei di**, au milieu de.

Mendónsa, *npr*, (**8**), Mendonça.
ménus, *adv*, (**6**), moins.
merés, *subst*, (**2**), escudo (unité monétaire capverdienne).
Mérka, *npr*, (**4**), États-Unis d'Amérique.
merkánu, *adj/ subst*, (**4**), américain, états-unien.
m-ês, (**14**), contraction de **ma** + **ês**.
mesti (**e**), *vf*, (**2**), avoir besoin de.
midida, *subst*, (**21**), 1. mesure, 2. limite.
midjora, *v*, (**12**), 1. (s')améliorer, 2. guérir, se rétablir.
midju, *subst*, (**16**), maïs.
minina, *subst*, (**1**), jeune fille.
mininu, *subst*, (**16**), bébé, enfant.
minotu, *subst*, (**13**), minute.
mó, *subst*, (**12**), 1. main, 2. bras.
móda, *conj*, (**16**), comme.
módi, *inter*, (**1**), comment.
modja (**á**), *v*, (**22**), (se) mouiller.
moiá (SV), *v*, (**22**), (se) mouiller, v. **modja**.
mok'é, (**8**), contraction de **moki** + **é**.
moki, *inter*, (**3**), comment.
moku, *adj/ subst*, (**13**), I. *adj*, ivre, II. *subst*, cuite, **toma moku**, se saouler, prendre une cuite (mot familier).
mora (**á**), *vf*, (**1**), habiter.
mórna, *subst*, (**22**), morne, genre musical capverdien au rythme lent et aux accents langoureux.
mórti, *subst*, (**21**), mort.
mós, *subst*, (**10**), garçon.
mosindádi, *subst*, (**13**), jeunesse.
mostra (**á**), *v*, (**18**), montrer, **m-ta mostra-nhós**, je vais vous faire voir de quel bois je me chauffe, lit. "je vous montrerai".
mostrá (SV), *v*, (**22**), montrer, v. **mostra**.
mporta, *vfi*, (**12**), importer, être important.
mudjer, *subst*, (**13**), femme.
mund (SV), *subst*, (**22**), monde, v. **mundu**.
mundu, *subst*, (**17**), monde.
munti, *subst*, (**14**), montagne, **um munti** (**di**), beaucoup de.
musturu, *subst*, (**16**), mélange.
mutu, *adv*, (**12**), très.
n'/ n-, *prép*, (**6**, **16**), dans, en, sur, chez, variantes de **na**.
na, *prép*, (**1**), dans, en, sur, chez.
náda 1, *indéf*, (**2**), rien, (**4**), **nád'aver**, rien à voir.
náda 2 (**á**), *v*, (**3**), nager.
napundi, *inter*, (**14**), où.
nasi (**e**), *v*, (**16**), naître.
nau, *adv*, (**2**), non.
nem, *conj*, (**3**), **nem...ka**, même pas.
n-es, (**13**), contraction de **na** + **es**.
Ngenhu, *npr*, (**16**), Ribeira dos Engenhos, vallée située au centre de l'île de Santiago, près de la ville d'Assomada.
nglés, *adj/ subst*, (**4**), anglais.
nha, *pp*, (**2**), Madame.
Nhága, *npr*, (**18**), Nhagar, village situé à la sortie d'Assomada sur la route qui relie cette ville à Tarrafal.
nóbu, *adj*, (**8**), neuf, récent.
noti, *subst*, (**6**), nuit.
nóvi, *num*, (**9**), neuf.
ntendi (**e**), *v*, (**4**), comprendre.
ntridja (**á**), *v*, (**18**), se tordre (le pied).
nunhum, *indéf*, (**19**), aucun.
nunka, *adv*, (**8**), jamais.
nxina (**á**), *v*, (**9**), enseigner.
o, *conj*, (**4**), ou, ou bien.
obi (**i**), *v*, (**5**), entendre, **obi-li** !, écoute !

obrigádu, *itj*, (**5**), merci.
odja (**á**), *v*, (**7**), voir.
oi, *itj*, (**22**), ah !, oh !
oitu, *num*, (**8**), huit.
ók-, *conj*, (**11**), quand, lorsque, variante de **óki**.
óki, *conj*, (**9**), quand, lorsque.
óla, *subst*, (**3**), cours.
omésmu, *indéf*, (**20**), même.
ómi, *subst*, (**13**), homme.
ónti, *adv*, (**5**), hier.
ontom, *conj*, (**4**), alors.
ónzi, *num*, (**10**), onze.
óra, *subst*, (**7**), heure, (**17**), **kel óra**, immédiatement, aussitôt, sur-le-champ, tout de suite.
ori, *subst*, (**16**), awélé, jeu traditionnel africain.
Orópa, *npr*, (**16**), Europe.
oroportu, *subst*, (**9**), aéroport.
otu, *indéf*, (**15**), autre.
oxi, *adv*, (**7**), aujourd'hui, (**15**), **oxi-mé**, aujourd'hui même.
pa, *conj/ prép*, I. *conj*, (**12**), que, de, v. **é** ; II. *prép*, 1. (**5**), pour, vers, (**20**), **pa...dexa**, plutôt...que, 2. (**10**), par.
padisi (**e**), *v*, (**14**), souffrir de la faim.
pádri, *subst*, (**19**), prêtre.
pága (**á**), *v*, (**3**), payer.
pai, *subst*, (**9**), père.
palábra, *subst*, (**4**), mot.
Pálu, *npr*, (**12**), Paul.
paluménu, *adv*, (**14**), au moins.
pamódi, *conj*, (**4**), parce que.
pánha (**á**), *v*, (**13**), ramasser, prendre.
papai, *subst*, (**19**), papa.
papáia, *subst*, (**2**), papaye.
papia (**á**), *v*, (**4**), parler.
pára (**á**), *v*, (**14**), (s')arrêter
pari (**i**), *v*, (**20**), accoucher (de).
parmanham, *adv*, (**3**), le matin, **di parmanham**, le matin.
parsi (**e**), *v/ vfi*, I. *v*, (**4**), ressembler ; II. *vfi*, (**17**), sembler, **parsê-m ma**, il me semble que.
párti(**s**), *subst*, (**14**), anecdote, histoire.
pása (**á**), *v*, (**3**), passer, v. **mal**, **sábi**.
pasia (**á**), *v*, (**6**), se promener.
pastel, *subst*, (**5**), beignet salé.
p-e, (**12**), contraction de **pa** + **e**.
pé, *subst*, (**18**), pied, (**14**), **pé-na-tchom**, à pied, lit. "pied sur le sol".
Pedru, *npr*, (**3**), Pierre.
pekador, *subst*, (**19**), 1. pécheur, 2. être humain, personne.
pensa (**á**), *v*, (**8**), penser.
perdi (**e**), *v*, (**16**), (se) perdre, disparaître.
pidi (**i**), *v*, (**18**), demander.
pikéna, *subst*, (**13**), jeune fille.
pikinóti, *adj*, (**8**), petit.
pilidu, *subst*, (**8**), nom de famille.
Pilom Kam, *npr*, (**12**), Pilão Cão, village situé à l'Est de Santiago, non loin de Pedra Badejo.
pilorinhu, *subst*, (**2**), marché (où l'on vend de la nourriture).
pista (**á**), *v*, (**15**), prêter.
póbr (SV), *adj*, (**22**), pauvre, v. **póbri**.
póbri, *adj*, (**8**), pauvre.
poda, *fv*, (**16**), passif-passé de **poi**.
podi (**e**), *vf*, (**3**), pouvoir.
podu, *fv*, (**16**), passif-présent de **poi**.
poi (**o**), *v*, 1. (**3**), mettre, 2. (**17**), obliger qqun à faire qqch.
poku, *adv*, (**9**), peu.
póntchi, *subst*, (**13**), ponche, grogue coupé avec du sirop de canne.

pontu, *subst*, (**10**), contrôle, interrogation écrite.
pórta, *subst*, (**10**), porte.
prabulema, *subst*, (**10**), problème.
Práia, *npr*, (**1**), Praia, sur l'île de Santiago, capitale du Cap-Vert.
prendi (**e**), *v*, (**3**), apprendre.
prétu (fém. **préta**), *adj*, (**20**), noir.
primu, *subst*, (**20**), cousin.
própi, *adv*, (**11**), vraiment.
p-undi, *inter*, (**7**), où, vers où, contraction de **pa** + **undi**.
purba (**á**), *v*, (**6**), goûter.
purisu, *conj*, (**4**), pour cela, de ce fait.
purmeru, *num*, (**1**), premier.
purpára (**á**), *v*, (**6**), préparer.
pursebi (**e**), *v*, (**4**), comprendre, percevoir.
pursor, *subst*, (**3**), professeur.
Purtugal, *npr*, (**16**), Portugal.
purtugés, *adj/ subst*, (**4**), portugais.
raís, *subst*, (**16**), racine.
ramedi, *subst*, (**12**), remède, solution.
ránxa, *v*, (**19**), trouver, **ránxa ku**, sortir avec, fréquenter (qqun).
rapás, *subst*, (**13**), garçon, jeune homme
rastora (**á**), *v*, (**20**), se remettre, reprendre des forces.
rátu, *subst*, (**14**), rat, souris.
réi di, *loc*, (**6**), très, extrêmement.
réstu, *subst*, (**12**), reste.
riâ, *subst*, (**22**), sable
riba, *prép*, (**11**), sur, **riba d'áltu**, sommet, point le plus élevé.
riku, *adj*, (**17**), riche.
róda, *subst*, (**7**), roue.
róstu, *subst*, (**12**), visage, **poi róstu pa**, partir en direction de, lit. "mettre le visage vers".
rótcha, *subst*, (**22**), roche, rocher.
Rubera da Bárka, *npr*, (**18**), Ribeira da Barca, village de pêcheurs situé sur la côte Nord-ouest de l'île de Santiago.
ruspeta (**á**), *v*, (**20**), respecter.
s-, *conj*, (**11**), variante de **si**.
sáb (SV), *adj*, (**22**), agréable, v. **sábi**.
sabi (**e**), *vf*, (**2**), savoir.
sábi, *adj*, (**2**), bon, agréable, (**3**), **pása sábi**, s'amuser, se divertir, v. **só**.
sábru, *subst*, (**3**), samedi.
sai (**i**), *v*, (**5**), sortir.
Sam Nikulau, *npr*, (**22**), Saint-Nicolas, une des îles du Cap-Vert.
Sam Tomé, *npr*, (**22**), São Tomé, île principale de la République de São Tomé et Príncipe (en Afrique Équatoriale).
Samedu, *npr*, (**8**), Semedo.
Sándra, *npr*, (**3**), Sandra.
Santiágu, *npr*, 1. (**1**), île de Santiago, dans l'Archipel du Cap-Vert, 2. (**12**), Pedra Badejo, principale ville sur la côte Est de Santiago.
sarabedja, *subst*, (**13**), bière.
sat'á, (**19**), contraction de **sata** + **bá/ bai**.
sata, *pa*, (**6**), marque du progressif (cf. grammaire).
saúdi, *subst*, (**12**), santé.
sax, *num*, (**6**), six.
s-e, (**19**), contraction de **si** + **e**.
sedi, *subst*, (**13**), soif.
sédu, *adv*, (**20**), tôt.
sem, *prép*, (**5**), sans.
sempri, *adv*, (**5**), toujours.
Senegal, *npr*, (**16**), Sénégal.
senh-, *prép*, (**5**), variante de **sem**.
senti-oiténta, *num*, (**2**), cent quatre-vingts.

ser, *v*, (**17**), être.
serba, *fv*, (**17**), actif-passé de **ser**.
sésta-fera, *subst*, (**15**), vendredi.
seta (**á**), *v*, (**9**), accepter.
séti, *num*, (**7**), sept.
seu, *subst*, (**21**), ciel.
si 1, *adv*, (**7**), ainsi
si 2, *conj*, (**4**), si (valeur conditionnelle).
sidádi, *subst*, (**12**), ville.
sim, *adv*, 1. (**2**), si, renforce l'affirmation verbale, 2. (**3**), ainsi, comme ça, variante de **si**.
sima, *conj*, (**8**), comme, aussi...que, **ka...sima**, pas aussi...que, moins...que.
simé, *adv*, (**4**), ainsi.
simenti, *subst*, (**21**), graine, semence.
sinéma, *subst*, (**3**), cinéma.
Sinhor, *subst*, (**21**), Seigneur (sens religieux), **Nós Sinhor**, Notre Seigneur, Dieu.
sinku, *num*, (**5**), cinq.
skesê (SV), *v*, (**22**), oublier, v. **diskesi, skesi**.
skesi (**e**), *v*, (**22**), oublier, variante de **diskesi**.
skóla, *subst*, (**10**), école.
skrebi (**e**), *v*, (**15**), écrire.
skrevê (SV), *v*, (**22**), écrire, v. **skrebi**.
só, *adv*, 1. (**3**), seulement, **sábi só sábi**, extrêmement agréable, fantastique, 2. (**5**), précédé d'un pronom tonique simple : tout seul.
sodád (SV), *subst*, (**22**), nostalgie, regret, v. **sodádi**.
sodádi, *subst*, (**20**), nostalgie, regret.
sol, *subst*, (**8**), soleil.
Som Niklau (SV), *npr*, (**22**), Saint-Nicolas, v. **Sam Nikulau**.
Som Tomé (SV), *npr*, (**22**), São Tomé, v. **Sam Tomé**.
som, *subst*, (**3**), sono.
Somáda, *npr*, (**1**), Assomada, principale ville du centre de Santiago.
spadjádu, *adj*, (**22**), éparpillé, dispersé.
spaiód (SV), *adj*, (**22**), éparpillé, dispersé, v. **spadjádu**.
spéra (**á**), *v*, (**7**), attendre.
spital, *subst*, (**12**), hôpital.
sta (**á**), *vf*, (**1**), être (quelque part, dans un état donné).
stória, *subst*, (**15**), histoire.
stráda, *subst*, (**18**), route.
stranjeru, *adj/ subst*, (**8**), étranger (personne, pays).
stréla, *subst*, (**22**), étoile.
studa (**á**), *v*, (**6**), étudier.
subi (**i**), *v*, (**18**), monter.
sugundu, *num*, (**2**), second
sumána, *subst*, (**3**), semaine, v. **fim**.
sumu, *subst*, (**13**), soda, toute boisson sucrée aromatisée aux fruits.
sunkuénta, *num*, (**10**), cinquante.
ta, *pa*, (**4**), marque de l'habituel (cf. grammaire).
també, *adv*, (**2**), aussi, également, variante urbaine de **támbi**.
támbi, *adv*, (**1**), aussi, également.
tántu, *adv*, (**22**), tant.
Tarafal, *npr*, (**3**), Tarrafal, ville située au Nord de l'île de Santiago.
tárda (**á**), *v*, (**13**), tarder, prendre du retard.
tárdi, *adv/ subst*, I. *adv*, (**11**), tard ; II. *subst*, (**5**), après-midi, (**3**), **di párti-tárdi**, l'après-midi.
tarsi (**e**), *v*, (**12**), amener, apporter.
tchábi, *subst*, (**21**), clé.

Tcháda Grándi, *npr*, **(7)**, Achada Grande, quartier de Praia situé près de l'aéroport de la capitale.
Tchadinha, *npr*, **(15)**, Achadinha, quartier de Praia.
tchau, *itj*, **(11)**, ciao, salut.
tcheu, *adj/ adv*, **(4)**, nombreux, beaucoup.
tchiga (á), *v*, **(7)**, arriver.
tchom, *subst*, **(20)**, sol, **na tchom**, par terre, v. **pé**.
tchoma (á), *v/ vf*, I. *v*, **(12)**, appeler ; II. *vf*, **(1)**, (s')appeler.
tem (em), *vf*, **(3)**, avoir (de façon inaliénable), **tem ki**, devoir, être dans l'obligation de.
temba, *fv*, **(14)**, actif-passé de **tem**.
témpu, *subst*, **(6)**, temps.
teni (e), *vf*, **(3)**, avoir (à portée de la main).
téra, *subst*, **(8)**, pays.
térra (SV), *subst*, **(22)**, pays, v. **téra**.
ti, *prép*, **(5)**, jusqu'à, **ti manham**, à demain.
tiâ, *subst*, **(19)**, tante.
tilifona (á), *v*, **(5)**, téléphoner.
tirmódi, *adv*, **(14)**, de toute façon, quoi qu'il en soit.
tirseru, *num*, **(3)**, troisième.
tiu, *subst*, **(14)**, oncle.
tokatina, *subst*, **(18)**, petit concert de musique
tók-e, **(17)**, contraction de **tóki** + **e**.
tóki, *conj*, **(17)**, jusqu'à ce que.
tokinfim, *adv*, **(11)**, enfin, finalement.
toma (á), *v*, **(5)**, prendre, v. **kudádu**, **moku**.
tónt (SV), *adv*, **(22)**, tant, v. **fórti, tántu**.
torésma, *subst*, **(13)**, couenne de porc frite.
torna (á), *v*, **(14)**, faire qqch à nouveau.
tra (á), *v*, **(10)**, retirer, enlever, ôter, **bu tra**, moins (mathématiques), lit. "tu as retiré".
trabádja (á), *v*, **(4)**, travailler.
trabádju, *subst*, **(4)**, travail.
trankádu, *adj*, **(4)**, 1. fermé, verrouillé, 2. dur à comprendre (langue, idiome).
trankilu, *adj*, **(10)**, tranquille.
trás, *adv*, **(11)**, derrière, en arrière.
treizi, *num*, **(13)**, treize.
trena (á), *v*, **(10)**, s'entraîner (à).
trés, *num*, **(7)**, trois.
trinti-trés, *num*, **(10)**, trente-trois.
tudu, *adv*, **(1)**, tout, en totalité, v. **algem**.
ui, *itj*, **(9)**, ouh là là, aïe.
um, *num*, **(2)**, un.
uma, *indéf*, **(14)**, un de ces, un sacré (cf. grammaire).
undi (e), *v*, **(9)**, rendre visite à (toujours précédé de **bai** ou de **bem**).
undi, *inter*, **(1)**, où.
valor, *subst*, **(10)**, note (à l'école).
viáxi, *subst*, **(9)**, voyage.
vinti, *num*, **(10)**, vingt.
vinti-dós, *num*, **(22)**, vingt-deux.
vinti-um, *num*, **(21)**, vingt-et-un.
voltá (SV), *v*, **(22)**, revenir, v. **bolta**.
xa, *fv*, **(20)**, forme abrégée de **dexa**, laisser.
xatia (á), *v*, **(18)**, se fâcher.
xefri, *subst*, **(17)**, chef, patron.
xeia (á), *v*, **(18)**, (se) remplir.
xeiu, *adj*, **(16)**, plein, rempli, **xei di**, plein/ rempli de.
xinta (á), *v*, **(19)**, s'asseoir.
xintidu, *subst*, **(12)**, intellect, pensée, **ku xintidu kansádu**,

inquiet, lit. "avec l'esprit fatigué".

xipi, *subst*, (**13**), rhum (mot familier).

Zináida, *npr*, (**11**), Zinaïda (prénom de femme).

Zinhu, *npr*, (**7**), Jo, diminutif de **Djuzé**, Joseph.

zóna, *subst*, (**12**), village.

LISTE DES MOTS FRANÇAIS

EMPLOYÉS DANS LE TEXTE DES LEÇONS

On trouvera dans ce lexique la liste alphabétique des équivalents français de tous les mots capverdiens (sauf pronoms et possessifs et noms de personnes) utilisés dans les textes des leçons 1 à 22 de la méthode.

Les numéros en gras indiquent le numéro de la (ou des) leçon(s) où la traduction française a été employée.

Exemple : nager, *v*, **3**.

abandonner, *v*, **17**.
abrupt, *adj*, **11**.
accepter, *v*, **9**.
accompagner, *v*, **20**.
accoucher, *v*, accoucher (de), **20**.
Achada Grande, *npr*, **7**.
Achadinha, *npr*, **15**.
acheter, *v*, **5**.
achever, *v*, (s')achever, **11**.
adieu, *subst*, **20**.
aéroport, *subst*, **9**.
africain, *adj*, **16**.
Afrique, *npr*, **16**.
âgé, *adj*, (être humain), **14**.
agréable, *adj*, **2, 22**, extrêmement agréable, **3**.
ah, *itj*, **11, 22**.
aider, *v*, **10**.
aïe, *itj*, **9**.
aile, *subst*, **21**.
ailleurs, *adv*, d'ailleurs, **14, 16**.
aimer, *v*, **6**.
ainsi, *adv*, **3, 4, 7, 9**.
aller, *v*, **3, 17**.
alors, *conj*, **4**.
améliorer, *v*, (s')améliorer, **12**.
amener, *v*, **12**.
américain, *adj/ subst*, **4**.
ami, *subst*, **3**.
amour, *subst*, (sentiment), **21**, (être aimé), **21**.
amuse-gueule, *subst*, **13**.
amuser, *v*, s'amuser, **3**, ne pas s'amuser, **4**.
ancien, *adj*, **14**.
âne, *subst*, **20**.
anecdote, *subst*, **14**.
anglais, *adj/ subst*, **4**.
appeler, *v*, **12**, s'appeler, **1**.
apporter, *v*, **12**.
apprendre, *v*, **3**.
après, *adv*, faire qqch après, **3**.
après-midi, *subst*, **5**, l'après-midi, **3**.
argent, *subst*, **3**.
arrêter, *v*, (s')arrêter, **14**.
arrière, *adv*, en arrière, **11**.
arriver, *v*, **7**, arriver au bout de ses peines, **11**.
asile, *subst*, **4**.
asseoir, *v*, s'asseoir, **19**.
assez, *adv*, en avoir assez, **13**.
Assomada, *npr*, **1**.
atteindre, *v*, **21**.
attendre, *v*, **7**, faire attendre, **13**.
attention, *subst*, **18**, faire attention, **18**.
aucun, *indéf*, **19**.
aujourd'hui, *adv*, **7**, aujourd'hui même, **15**.
aussi, *adv*, **1, 2**, aussi...que, **8**.
aussitôt, *adv*, **17**.
auto-stop, *subst*, **18**.

LEXIQUE THÉMATIQUE FRANÇAIS-CAPVERDIEN

Nous avons limité ce lexique à 500 mots environ de la langue courante, qui vous permettront de faire les premiers pas lors d'une rencontre avec des créolophones au Cap-Vert.

Mots-clés

oui : **aiam, sim**
non : **nau**
et : **ku, i**
ou : **o**
si (condition) : **si**
bonjour : **bom diâ**
bonsoir (après-midi) : **bo tárdi**
bonne nuit : **bo noti**
merci : **obrigádu**
de rien : **kel-(li) é ka náda**
au revoir : **ti otu diâ, tóki nu torna odja**

Interrogatifs

qui... ? : **kenha...?**
quoi...? : **kusé...?**
quel...? : **ki...?**
lequel...? : **kal ?**
quand...? : **ki óra, ki diâ, ki témpu...?**
où...? : **undi...?**
comment...? : **módi, manera...?**
combien...? : **kántu...?**
pourquoi (à cause de quoi)...? : **pamódi...?**
pourquoi (dans quel but)...? : **pa kê...?**

Expressions usuelles

je veux..., je désire... : **da-m, m-mesti...**
où se trouve...? : **undi...?**
y a-t-il...? : **sta, tem...?**
combien coûte...? : **...é kántu ?**
donnez-moi... : **da-m...**
montrez-moi... : **mostrâ-m, xa-m djobi...**
allez à... : **bu ta bá...**
attendez-moi... : **sperâ-m...**
arrêtez-vous (ici)... : **pára (li)**
je ne sais pas : **m-ka sabi**
il n'y en a pas : **ka tem, ka sta**
comment allez-vous ? : **módi bu sta ?**
excusez-moi : **diskulpâ-m**
s'il vous plaît : **fabor, favor**
je vous en prie : **(fasê-m) fabor**
parlez-vous (français) ? : **bu ta papia fransés ?**
parlez-vous (créole) ? : **bu ta papia kiriolu ?**
bon appétit : **bom pititi**
je ne peux pas : **m-ka podi, ka ta da**

Adverbes

beaucoup : **tcheu**
peu : **poku**
assez : **(dja) sta bom, dja básta, dja tchiga**
trop : **dimâs, tcheu dimâs**
très : **mutu**
aussi : **támbi, també**
encore : **inda**
peut-être : **talbés**
jamais : **nunka**
toujours : **sempri**
maintenant : **gósi**
ensemble : **(tudu) djuntu**
ici : **li**
là : **la**
en bas : **li-báxu, la-báxu**
en haut : **li-riba, la-riba**
à droite : **pa ndreta**
à gauche : **pa skérda**
tout droit : **pa frenti, um bés**
devant : **pa frenti/ diánti**
derrière : **pa trás**
près : **pértu**
loin : **lonji**
vite : **fáxi**
lentement : **trankilu, dibagár**

Pronoms (personnels sujets et indéfinis)

je : **m-**
tu : **bu**
vous (Monsieur) : **nhu**
vous (Madame) : **nha**
il, elle : **e**
nous : **nu**
vous (tous) : **nhós**
ils, elles : **ês**
tous : **tud'algem**
quelqu'un : **algem**
personne : **nungem**

Prépositions (et locutions prépositives)

à, dans : **na**
hors de : **fóra (di)**
à partir de : **désdi, di...pa frenti/ diánti**
jusqu'à : **ti**
avant : **antis di**
après : **dispós di**
sur : **riba, ruba**
sous : **báxu**
à côté de : **pértu**
entre : **entri, na mei di**
au milieu de : **déntu, na mei di**
avec : **ku, djuntu ku**
sans : **sem**
par, pour : **pa**

Nombres : ***numbru***

Cardinaux

1 : **um**
2 : **dós**
3 : **trés**
4 : **kuátu**
5 : **sinku**
6 : **sax, séx**
7 : **séti**
8 : **oitu**
9 : **nóvi**
10 : **dés**
11 : **ónzi**
12 : **duzi**
13 : **treizi**
14 : **katorzi**
15 : **kinzi**
16 : **dizasax, dizaséx**
17 : **dizaséti**
18 : **dizoitu**
19 : **dizanóvi**
20 : **vinti**
21 : **vinti-um**
25 : **vinti-sinku**
30 : **trinta**
31 : **trinti-um**
40 : **koréntα**
50 : **sunkuénta**
60 : **saségnta**
70 : **saténta**
80 : **oiténta**
90 : **novénta**
100 : **sem**
101 : **senti-um**
200 : **duzéntus**
300 : **trezéntus**
400 : **kuátuséntus**
500 : **kinhéntus**
600 : **saiséntus**
700 : **sétuséntus**
800 : **oituséntus**
900 : **nóviséntus**
1.000 : **mil**
1.000.000 : **mil-mil, um miliom**

Fractionnaires et ordinaux

1/2 : **metádi**
1er : **purmeru**
2e : **sugundu**
3e : **tirseru**
4e : **kuártu**
5e : **sinku**

Temps : ***témpu***

année : **ánu**
mois : **més**
semaine : **sumána**
jour : **diâ**
heure : **óra**
aujourd'hui : **oxi**
demain : **manham**
hier : **ónti**
dimanche : **diâ dimingu**
lundi : **sugunda-fera**
mardi : **térsa-fera**
mercredi : **kuárta-fera**
jeudi : **kinta-fera**
vendredi : **sésta-fera**
samedi : **sábru**
matin : **di parmanham, di sédu**
après-midi : **di partárdi, di tárdi**
soir, obscurité : **sukuru**

Verbes : ***vérbu***

avoir (posséder) : **tem**
avoir (à sa disposition) : **teni**
être (exister) : **ser**
être (quelque part) : **sta**
aller : **bai**
venir : **bem**
entrer : **kámba, entra**
sortir : **sai**
ouvrir : **abri**
fermer : **fitcha**
envoyer : **mánda**
apporter : **tarsi, bem ku**
donner : **da**
acheter : **kumpra**
vendre : **bendi**
coûter : **kusta**
payer : **pága**
changer : **troka, muda**
montrer : **mostra**
prendre : **toma, pánha, pega**
mettre, placer : **poi**
s'arrêter : **pára**
suivre : **sigi, ánda trás di**
laisser : **dexa**
perdre : **perdi**
trouver : **átcha**
faire : **fasi**
essayer : **tenta**
appeler : **tchoma**
demander (question) : **purgunta**
demander (objet) : **pidi**
répondre : **kudi, ruspondi**
aider : **djuda**
accompagner : **kumpánha, bai ku**
rencontrer : **kontra ku**
conduire : **giâ**
habiter : **mora**
vouloir : **kré**
pouvoir : **podi**
devoir : **debi, tem ki**
choisir : **skodji**
chercher : **buska**
accepter : **seta**
refuser : **nega**
voir : **odja**
écouter : **sukuta**
comprendre : **ntendi**
savoir : **sabi**
remercier : **gardisi**
saluer : **fla mantenha**
attendre : **spéra**
parler : **papia**
traduire : **pása na**
oublier : **diskesi**
se rappeler : **lembra**
lire : **lé**
apprendre : **prendi, nxina**
écrire : **skrebi**
s'appeler : **tchoma**
répéter : **torna fla**
réveiller : **korda**
dormir : **durmi, drumi**
aimer : **gosta di**
se baigner : **toma bánhu**
laver : **lába**
manger : **kumi**
boire : **bebi**
cuire : **kusia**
bouillir : **ferbi**
repasser (vêtement) : **lisa**
coudre : **kosi**
couper : **korta**
compter : **konta**
réparer : **kompu**
rapiécer : **tchápa**
allumer : **sendi**
éteindre : **pága**
commencer : **komesa**
finir : **kába**
construire : **fasi (kása)**

Géographie et nature

Nord : **nórti**
Sud : **sul**
Est : **ésti, lésti**
Ouest : **uésti**

ciel : **seu**
soleil : **sol**
lune : **luâ**

pluie : **tchuba**
vent : **béntu**
nuage : **négua, nubri**
pays : **téra**
terre : **tchom**
mer : **már**
côte, plage : **bera-már, roi di már**
montagne, colline : **munti**
rivière : **riu**
source : **funti, odju'l águ**
puits : **funti, posu**
jardin : **órta, jardim**
campagne, brousse : **fóra**
forêt : **mátu, florésta**
arbre : **árvi, pé di pó, plánta**

Transports : ***transpórti***

voiture : **káru**
mini-bus (marque Hiace) : **iási**
bicyclette : **biskiléta**
garage : **garáji**
bateau : **bárku**
port : **kax**
rue, route : **stráda**
arrêt (lieu) : **kau-pára, paráji**
arrivée : **kau-tchiga**
départ : **kau-bai**

Nourriture : ***kumida***

boisson : **bebida**
eau : **águ**
lait : **leti**
thé, infusion : **xá**
café : **kafé**
bière : **sarabedja, serveja**
rhum : **grógu**
viande : **kárni**
bœuf : **báka**
mouton : **karnéru**
chevreau : **kabritu**
porc : **porku**
poulet : **galinha**
poisson : **pexi**
buccin : **buzu**
œuf : **óbu**
fromage : **kexu, keju**
pain : **pom**
gâteau : **bolu**
biscuit : **boláxa**
légume : **berdura**
patate douce : **batáta**
pomme de terre : **batáta ngléza**
tomate : **tumáti, kamáti**
riz : **arós**
farine : **farinha**
citron : **lumom**
orange : **laránxa, laránja**
mangue : **mángi**
sucre : **sukri**
sel : **sal**
poivre, piment : **margéta**
beurre : **mantega**
huile : **óli, seti, azeti**
vinaigre : **vinágri**
ail : **ádju**

Hôtel, restaurant : *otel ku rostoránti*

petit-déjeuner : **kafé**
déjeuner : **almosu, almusu**
dîner : **djánta**
bouteille : **garáfa**
verre : **kópu**
bol, tasse : **xikra**
assiette : **prátu**
couteau : **fáka**
fourchette : **gárfu**

cuillère : **kudjer**
chambre : **kuártu-drumi**
lit : **káma**
couverture : **kubérta**
oreiller : **trabiseru**
serviette : **tuádja**
savon : **sabom**
bain : **bánhu**
note, addition : **kónta**

Vie domestique

maison : **kása**
étage : **andár**
adresse : **nderésu**

porte : **pórta**
clé : **tchábi**
loyer : **rénda**

papier : **papel**

livre : **libru, livru**

lumière : **lus**
lampe : **lámpa**
table : **mésa**

chaise : **kadera**
tapis : **tapeti**

toilettes : **kása-bánhu, kau-mixa**
habillement : **ropa**
souliers : **sapátu**

pantalon : **kálsa**
chemise : **kamisa**

coton : **algudom**
laine : **lam**
fil : **linha**
aiguille : **gudja**

allumettes : **fós**
feu : **lumi**
bruit : **barudju**
boucles d'oreille : **brinku**

Relations humaines

Monsieur : **nhu**
Madame : **nha**
nom de famille : **pilidu**
prénom : **nómi**
surnom, sobriquet : **nominhu**

ami : **amigu**
amitié : **amizádi**
amour : **amor**
hôte : **óspri**
hospitalité : **gazádju**

homme (général) : **algem**
homme : **ómi**

femme : **mudjer**

famille : **gentis**
mari : **maridu**
épouse : **mudjer**
enfant : **fidju**
parenté (membres famille) : **familias**
père : **pai**
mère : **mai**
frère : **armum mátchu**
sœur : **armum fémia**
fils : **fidju mátchu**
fille : **fidju fémia**
jeune fille : **minina, mémbra**
jeune homme : **mós, rapás**

Vie en société

vie : **bida**
mort : **mórti**
paix : **pás**
guerre, lutte : **géra**
force : **fórsa, kapáru**
attention : **kudádu**
vol : **robu**
voleur : **ladrom**
aide : **djuda**
secours : **sakor**
conseil : **konsedju**
renseignement, information : **nformasom**
prendre rendez-vous : **kumprimiti, márka, kumbina**

Économie

agriculture : **labora, agrikultura**
commerce : **nogósi**
marché : **pilorinhu, merkádu, sukupira**
boutique : **lója**
travail : **trabádju**
construction : **konstrusom**

argent : **dinheru**
or : **oru**
prix : **présu**
impôts : **désma**
crédit; dette : **dibra**
emprunter; faire un crédit : **pista (dinheru)**

Professions : ***prufisom***

travailleur : **trabadjador**
paysan : **labrador**
propriétaire : **dom di kása, dom di tchom, dónu**
médecin : **dotor, médiku**
tailleur : **kustureru, alfaiáti**
réparateur : **algem ki ta kompu, kompodor**
cuisinier : **kusiador, kusieru**
femme de ménage; bonne : **mpregáda**
journaliste : **jornalista**
écrivain : **skritor**
étudiant : **studánti**
cordonnier : **sapateru**

Politique : ***pulítika***

État : **Stádu**
peuple : **pobu, povu**
président : **prizidenti**
majorité : **más párti, maioriâ**
opposition : **opuzisom**
révolution : **ravolusom**
progrès : **prugrésu, purgésu**
enseignement : **skóla**
lycée : **liseu**

Religion : ***rilijom***

Dieu : **Diós, Dés**
église : **grexa**
curé, prêtre : **pádri**
prière : **orasom**
catéchisme : **dotrina**

Parties du corps : ***párti di korpu***

tête : **kabésa**
corps : **korpu**
bras : **mó, brásu**
jambe : **kanéla**
main : **mó**
pied : **pé**
cœur : **korasom**
estomac : **stángu**
poumon : **bófi-bófi**
intestin : **tripa**
œil : **odju**
oreille : **orédja**
nez : **narís**
bouche : **bóka**
lèvre : **bexu**
dent : **denti**
langue : **lingua, linga**
peau : **peli**
cheveux : **kabélu**
genou : **duedju**
coude : **kutubélu**

Animaux : ***lumária***

cheval : **kabálu**
chien : **katchor**
mouton : **karnéru**
bœuf, taureau : **boi**
vache : **báka**
âne : **buru**
cochon : **porku**
chèvre : **kábra**
lapin : **kuedju**
lièvre : **xibinhu**
pigeon : **pomba**
canard : **pátu**
pintade : **peláda**
oiseau : **pásu, ávi**
singe : **sántchu, makáku**
chat : **gátu**
loup : **lobu**
lézard : **lagartixa, lagártu**
mouche : **móska**
moustique : **muskitu**
papillon : **barbuléta**

Plantes : ***plánta***

baobab : **kalbisera**
rônier : **sibi**
fromager : **polom**
acajou : **mógunu**
jujubier : **simbrom**
arachide : **mankára**
salade : **alfása**
oignons : **sabóla**
datte, dattier : **támbra**
corossol : **pinha**
maïs : **midju**
riz : **arós**
haricot : **fixom**
fève : **mbónxi**

Adjectifs

lointain : **lonji**
proche : **pértu**
possible : **posivi, ki podi ser**
impossible : **ki ka podi ser**
cher : **káru**
bon marché : **barátu**
vrai : **vurdádi**
faux : **fálsu**
facile : **fáxi**
difficile : **difisi**
fatigué : **kansádu**
malade : **duenti**
sale : **xuxu**
propre : **limpu**
cassé, brisé : **kebrádu**
interdit : **probidu**
étranger : **stranjeru**
seul : **só**
autre : **otu**
fort : **fórti**
heureux : **filís, kontenti**
jeune, nouveau : **nóbu**
vieux : **bedju**
petit : **pikinóti**
grand : **grándi, tamánhu**
haut : **áltu**
bas : **báxu**
long : **kumpridu**
large : **lárgu**
beau, joli : **bunitu**
laid : **feiu**
bon : **bom**
mauvais : **mau**
froid : **friu**
chaud : **kenti**
cuit, bien cuit : **kusiádu, kusidu**
cru : **kru**
peu cuit : **kentádu**
mûr : **madur**
noir : **prétu**
blanc : **bránku**
rouge : **burmedju**
plein : **xeiu**
vide : **baziu**
rapide : **fáxi**
lent : **dibagarós**
affamé : **ku fómi**
assoiffé : **ku sedi**

INDEX GRAMMATICAL

Les numéros en gras sont ceux des leçons où les notions grammaticales sont traitées.

INDEX DES NOTES DE CIVILISATION

(LEÇONS 1 A 20)

INDEX DES CARTES

BIBLIOGRAPHIE ET DISCOGRAPHIE

La bibliographie et la discographie qui suivent sont forcément sommaires :

- en ce qui concerne les livres, j'ai sélectionné les ouvrages les plus faciles à lire et/ ou à trouver sur le marché, ainsi que quelques titres jugés emblématiques. Nombre de ces ouvrages contiennent eux-mêmes des listes de références plus fournies qui permettront aux personnes intéressées par le Cap-Vert d'étoffer leur culture sur le sujet.

- les indications discographiques sont avant tout des suggestions. La production musicale capverdienne est particulièrement riche et variée et un grand nombre de compositions sont désormais aisément accessibles partout en France et dans le monde.

1. Langue capverdienne

En français :

- QUINT Nicolas, *Lexique créole de Santiago-français*, Praia (République du Cap-Vert)/ Paris, Édition de l'auteur, 1996.
- QUINT Nicolas, *Dictionnaire français-cap-verdien*, Paris, Éd. L'Harmattan, 1997.
- QUINT Nicolas, *Dictionnaire cap-verdien-français*, Paris, Éd. L'Harmattan, 1999.
- QUINT Nicolas, *Grammaire de la langue cap-verdienne*, Paris, Éd. L'Harmattan, 2000.
- QUINT Nicolas, *Le cap-verdien: origines et devenir d'une langue métisse*, Paris, Éd. L'Harmattan, 2000.
- VEIGA Manuel, *Le Créole du Cap-Vert, Étude grammaticale et contrastive*, Paris-Praia, Éd. Karthala-Instituto de Promoção Cultural, 2000.

Autres langues :

- LANG Jürgen, *Dicionário do crioulo da ilha de Santiago (Cabo Verde)*, Tübingen, Éd. Gunter Narr, 2002.
- MENDES Mafalda, QUINT Nicolas, RAGAGELES Fátima & SEMEDO Aires, *Dicionário prático português-caboverdiano*, Lisbonne, Éd. Verbalis, 2002.
- QUINT Nicolas, *Dicionário de caboverdiano-português* (versions CD-rom et papier), Lisbonne, Éd. Verbalis, 1998. L'ouvrage est aussi consultable sur Internet en libre-service à l'adresse **http://www.priberam.pt/dcvpo**.

2. Civilisation capverdienne

En français :
- CABRAL Nelson Eunico, *Le moulin et le pilon, les îles du Cap-Vert*, Paris, Éd. L'Harmattan, 1980.
- LESOURD Michel, *État et société aux îles du Cap-Vert*, Paris, Éd. Karthala, 1995.
- PINA, Marie-Paule de, *Les îles du Cap-Vert*, Paris, Éd. Karthala, 1989.
- QUINT Nicolas, *Les îles du Cap-Vert aujourd'hui*, Paris, Éd. L'Harmattan, 1997.
- SILVA ANDRADE Elisa, *Les îles du Cap-Vert, de la «découverte» à l'indépendance nationale (1460-1975)*, Paris, Éd. L'Harmattan, 1996.

Autres langues :
- ALBUQUERQUE Luis de & MADEIRA SANTOS Maria Emília, *História geral de Cabo Verde*, Lisbonne/ Praia, Éd. Centro de Estudos de História & Cartografia Antiga, Instituto de Investigação Científica Tropical/ Direcção Geral do Património Cultural de Cabo Verde, 1991, Vol. I.
- CARREIRA António, *Cabo Verde (Aspectos sociais. Secas e fomes do século XX)*, Lisbonne, Éd. Ulmeiro, 1984.
- MADEIRA SANTOS Maria Emília, *História geral de Cabo Verde*, Lisbonne/ Praia, Éd. Centro de Estudos de História & Cartografia Antiga, Instituto de Investigação Científica Tropical/ Instituto Nacional da Cultura de Cabo Verde, 1995, Vol. II.

3. Guides touristiques

En français :
- MEDINA Georges, AUZIAS Dominique & LABOURDETTE Jean-Paul, *Cap-Vert*, Éd. Petit Futé/Nouvelles Éditions de L'Université, 2001.
- REQUEDAZ Sabrina & DELUCCHI Laurent, *Cap-Vert*, Genève, Éd. Olizane, 1999.
- SORGIAL, Pierre, *Guide des Îles du Cap-Vert*, Paris, Éd. Karthala, 1997.

Autres langues :
- COLUM Wilson & AISLING Irvin, *Cape Verde Islands, the Bradt Travel Guide*, Bucks, Éd. Bradt, 2001.
- COPONS Elisenda, *Rumbo a Cabo Verde*, Barcelone, Éd. Laertes, 2000.

4. Musique capverdienne

En saint-vincentin :

La plupart des chansons interprétées par Cesária ÉVORA sont écrites dans ce dialecte : il est possible de se procurer ses nombreux albums (*Miss Perfumado, Cesaria, São Vicente di longe...*) chez n'importe quel disquaire. On écoutera aussi avec profit :

- LIMA Nhone, *Volta crétcheu*, Pantin, Éd. Lusáfrica, 1995.
- PARIS Tito, *Dança ma mi criola*, Brockton (Massachusetts)/ Lisbonne, Éd. M.B. Records, 1994.

En santiagais :

La musique santiagaise est beaucoup moins connue à l'étranger que celle du Nord de l'Archipel. Pour la qualité de la langue, la célébrité des chanteurs ou l'intérêt des textes, on peut recommander :

- BELMIRO, *Stabilidadi*, Rotterdam, Éd. Belmiro, 1995.
- DIAS Alberto Beto, *Sodade*, Pantin, Éd. *Lusafrica*, 1992.
- FERRO GAITA, *Rei di funana*, Pantin, Lusafrica, 2001.
- FINAÇON, *Kel ki ta da ta da*, Lisbonne, Éd. Sonovox, 1995.
- GIL & THE PERFECTS, *Verdadi*, Amadora (Portugal)/ Praia, Éd. Zé Orlando-Sons d'África, 1995.
- KINO, *Nós tudu*, Amadora (Portugal)/ Praia, Éd. Zé Orlando-Sons d'África, 1995.

TABLE DES MATIÈRES

654002 - Mai 2016
Achevé d'imprimer par